欧洲新闻传播学名著译丛　　**刘昶** 主编

EL FUTURO DE LA COMUNICACIÓN

REDES, MEDIOS Y PODER

传播的未来

网络、媒体与权力

[西] 约瑟夫·马里亚·卡博内尔（Josep Maria Carbonell）著
宋海莲　杜　雯　译

U0913855

CUCP 中国传媒大学出版社
·北京·

中文版序

自本书第一版——加泰罗尼亚语版——问世已过去八年，其后西班牙语版的出版也已有六年。虽然这些年来传播领域经历了非常深刻的变革，但其中的一些变化在本书中已有预判，而且书中提出的理念和所做的相关论述我认为至今仍然行之有效。

在过去十年中，我们所看到的政治变革可能在当初是难以预见的：带有专制特点的新民粹主义的出现与某些西方国家极右翼政党的发展，国际关系恶化与应对国际冲突时“强硬政策”取代“柔性政策”，以及像中国这样被称为21世纪新兴大国的国家实力不断加强。在所有这些进程当中，媒体和数字网络已然成为变革的核心载体。

一些社会学家曾经声称，这些网络也被称为社交媒体，将会自然而然地造就一批更有主见的公民，他们会更为积极、自由地发表言论。而我们如今所看到的却是另一种与之相悖的情形，这在本书的第一章中可以看到：尽管交流的窗口越开越多，但大型媒体却步入了集中化的进程，特别是那些对公众舆论影响巨大的媒体机构。此外，我们还目睹了这样的恶性事件：一些社交网络通过“软件机器人和魔怪”蓄意操控舆论导向、破坏媒体传播的时事报道内容。

事实上，那些关于传播领域持续发生结构性变化的重大论断如今都已得到确认，而这些结构性变化也改变了传播与交流的整体状况及其对社会的影响。美国前总统唐纳德·特朗普对推特的利用就是这一新的传播体系及其交流模式的典型范例，通过这种形式，信息发出者可以直接与其受众对话，而不需要任何中介机构或专业人士插手。

信息的发布者与接收者之间不再需要中间环节。毫无疑问，这与20世纪的传播模式已完全不同。中间环节的逐渐消失使之前的传播模式受到质疑。在这样的巨变过程中，传统新闻业危机四伏，正在遭受强烈的冲击。

在美国，特朗普指出新闻媒体是“假新闻”的主要推手，而这恰恰是因为新闻媒体要按照职业道德准则和现实本身来履行检验总统言论的职能。在这样的国际背景中，一种新型的新闻媒体正应运而生，它能够承受权力和拥有权势之人施加的压力，能够深度分析当前的新闻事件，严谨地报道事实真相。总之，今天的新闻媒体要比以往任何时候都更加坚信这句新闻界的名言：“事实是神圣的，评论是自由的。”

随着“软件机器人和魔怪”这样的恶意软件的发明，操控社交网络的概念出现了，而社交网络被操控一说也削弱了其理论上的中立性。本书中提到的中立性概念再次引发关于大型通信公司进行技术操纵的争论，它们曾经被争论过，现在还在被争论。如今，我们应该再加上一个操纵意识形态的概念，这源于某些集团或国家不择手段地在数字环境中设局以左右争论的进程。它们一边说要构建一个畅所欲言、富有成效的话语环境，另一边却在做背道而驰的事——毁掉它，而使用的手段如出一辙。

本书出版已几年了，对于关注传播领域的学生和读者而言，我认为以下三个方面十分重要。

第一，传播技术正在经历一场前所未有的飞速变革，当人工智能、学习机、大数据以及第四次工业革命时代的所有技术都得以高速发展之际，传播领域的变革速度还会更快。

第二，传播技术及其各个方面都已成为当今社会基本的中间结构或网络。在绝大多数国家，我们看到了传统的价值调解与传播结构的危机：家庭、宗教、地方社区、政党和工会……在它们面前，社交网络，连同传统媒体——特别是电视——变成了霸权媒体。作为主导结构和中介网络，媒体的分量将会与日俱增，且增幅巨大。

公共监管政策是第三方面。本书广泛地谈论了相关的策略和措施，这些策略和措施对于消除资本主义市场霸权的重商主义倾向是必要的。公共干预不仅合法，而且是必要的。我是平等、自愿遵守公共政策的支持者，并以促进媒体作为公共利益服务于民众为己任。

最后，我想说的是，本书得以译成中文出版，能够让更多的人分享我的研究成果和反思，对我来说是莫大的荣幸。尽管这本书是在欧洲构思和写成的，但我真诚地希望它对世界上其他那些同样追求社会繁荣与和平发展的国家和地区能有一定的参考价值。

同时，我对中国传媒大学新闻学院院长刘昶博士表示感谢，因为他，这本书才得以来到中国这个非凡的国度。

约瑟夫·马里亚·卡博内尔

2018年9月于巴塞罗那

西班牙文版序

本书的初稿是加泰罗尼亚语版本，已出版近两年。在这个摇摆不定而又飞速发展的世界中，过去的十八个月恍若十年。尽管全球发展呈加速之势，但是中欧和南欧的许多国家却对未来深感茫然和恐惧。

事情还不止于此。欧盟中大部分国家的政府都改变了其政治特性，这是我们至今还在经历的经济、政治和社会危机造成的后果。我记得当我在牛津撰写本书的加泰罗尼亚语版本时，正值英国大选，我亲历了难得一见的“悬浮议会”，此后保守党联合自由党组建了联合政府，英国成为欧洲第一个宣布三年内公共支出平均削减25%的国家。这项财政预算削减政策已经实施两年，其间英国发生了“八月骚乱”（2011年），这是种族问题引发的抗议活动，之后演变为青年人制造的暴力事件，祸及多城；此外，各种限制和紧缩政策也没能抑制失业问题的加剧，各项经济指标更为恶化。如果说戴维·卡梅伦曾是欧洲宏观经济的指标，那么德国总理安吉拉·默克尔就是在践行这位英国保守党领袖所倡导的极端自由主义经济政策，而法国前总统萨科齐则自顾不暇，他还曾经希望能够像戴高乐一样建立一番功业。在西班牙，萨帕特罗输了选举，而拉霍伊则稳获议会多数票并登上首相之位。半年之后，虽然拉霍伊依然获得议会大多数支持，但无论是在西班牙还是在欧洲，他都明显是在孤军奋战：他没有得到普遍的社会认同，没有获得左翼与主张天主教王室正统论和极端自由主义的极右翼——西班牙茶党——这两派的公共舆论支持；也没有推出什么施政方案。这都因为西班牙右翼内部矛盾重重，并且其中还有一些人深受弗朗哥时代的影响。治理国家并非易事，尤其是在此时此刻，拉霍伊便是一个明证。我就不再讲贝卢斯科尼下野、希腊危机、荷兰政府更迭、比利时二十四个月的无政府状态、爱尔兰和葡萄牙的风云变幻，以及欧盟各机构的茫然无措了。坦率地说，我认为，我们选择了不成熟的领导人来执掌欧洲的要职，而我们正在为此付出沉重的代价：那就是德国过度而不均衡的领导。其总理出生于德意志民主共和国，而且是在国家分裂的黑暗年代接受的教育，所以很有可能她本人的思想背离了当初阿登纳的基督教民主主义，而基督教民主主义却奠定了当今欧盟的基本价值观。

如果说欧洲在不到两年的时间里如此变化多端，那么世界上其他地方也未能幸免，而且可以说是发生了更为深刻的变革。大家回想一下（2011年爆发的）所谓的“阿拉伯之春”吧。就在我撰写本序言的这几天，胡斯尼·穆巴拉克被判终身监禁，这距此前在北非伊斯兰国家发生的那次最为严重的骚乱已过去十五个月。从突尼斯爆发政变开始，埃及与利比亚相继步其后尘，紧接着，冲突蔓延至波斯湾的其他国家。由于北约的干预，卡扎菲在利比亚执政近四十年之际下台。在白宫的支持下，埃及由军队掌控，进入一段尚不明朗的过渡期。摩洛哥早在十多年前就已经开始推行穆罕默德六世的各项改革，组建的新政府比较温和，以伊斯兰教为国教，与突尼斯或者这几年的土耳其政府的情况近似。坦诚地说，我认为就在两年前，没有任何一个国际分析专家能够预测到在马格里布，或说得更广泛一些，大多数阿拉伯国家能发生如此翻天覆地的变化。

美国大选开始不过数月，支持共和党的茶党在联邦国会的选举中起到了决定性的作用，但随着米特·罗姆尼在角逐中败给对手巴拉克·奥巴马，茶党好像已经后劲不足。奥巴马执政近四年后，尽管在中期选举中失去了众议院的控制权，但却还能继续勉力解救濒临破产的美国。奥巴马改革举措能够实施的范围比较有限，特别是在医疗领域，但是他打破了上任总统在国际关系中所推行的单边主义政策，这在一定程度上有利于国际紧张局势的缓和。在拉丁美洲，从北端的墨西哥到南部的巴塔哥尼亚，政局的稳定、政体的巩固以及经济的普遍持续增长，使这一地区的发展更为强劲，但是社会不平等导致的各种问题依然存在。巴西已经成为无可争议的南美洲典范，卢拉·达席尔瓦也成为善政良治的标签。然而拉丁美洲依然隐藏着民粹主义卷土重来的风险，这是其常见的弊端之一。

亚洲人口总数约42亿，占世界总人口的60%以上，他们通过打造一个新的全球中心来巩固亚洲争取世界领导地位所做的努力。经过十年的持续增长后，中国、印度、日本、印度尼西亚和韩国站在了亚洲的最前沿，成为引领这片大陆的新主角。但它们的地位还比较脆弱，因为在这些国家内部，除了日本和韩国，贫富差异的问题还比较严重。撒哈拉以南的非洲地区，在南非共和国的道义领导下，似乎也摆脱了多年被遗忘、艾滋病泛滥和暴力冲突的境遇，日益稳定的政局、区域间的合作和经济的增长均使其元气有所恢复。

在我看来，以上这种对政治时局的速览虽不全面，但对于理解社会传播和电信网络领域所经历的变化却不可或缺。在所有这些进程当中，多媒体传播网络都发挥了十分重要的作用。假如没有半岛电视台和互联网，又如何理解“阿拉伯之春”呢？如果没有社交网络，2011年1500万人参加3月15日的大规模游行示威是否可能？没有福克斯新闻台，美国茶党还能发挥作用吗？在英国，没有鲁珀特·默多克的媒体支持，戴维·卡梅伦会赢得大选吗？私营媒体集团对欧洲公共电视台的围困是否会影响欧洲的社会和民主模式？拉丁美洲还将继续套用阿根廷那种倾向于限制私人垄断的视听媒体规制模式吗？

最近这两年，我们看到了两位传媒界巨头可能倒台的序幕：默多克和贝卢斯科尼。前者面临多起诉讼，这些诉讼可能会对其媒体帝国造成最直接的影响，但不管结果如何，都将杜绝由他操控天空电视台（SkyTV）的可能性，拿下这一平台一直是他最大的战略目标。后者在意大利的政治生涯已结束，而且他也是官司缠身，但他还掌管着梅迪亚塞特传媒集团（Mediaset）。此外，人们在这两年里可以看到，我在本书中就传播界的主要趋势提出的两个假设已得到确认：一是媒体和网络之间的融合，二是在与新的传播形式的抗衡中媒体和网络所有权的集中化，这也是社交网络以及互联网发展势不可挡的结果。同时，我认为最中心的假设也已经得以确立：媒体和电信网络在社会、文化、经济和政治进程中越来越重要，人们必须建立一套基于社会自由主义价值观的相关规制。这是当今社会所要应对的挑战。

我曾经主张并将继续主张，必须基于公开透明、程序合法的考量原则，为媒体和电信网络制定一套合理化、民主化的监管规制，以确保网络的无障碍和可用性，保证言论自由、公民的知情权、公共领域的多元与平等、信息真实可信、视听内容的品质，以及权力的透明化，但这不仅仅指公共权力。事实上，我曾经坚持，也会继续坚持这一理念：这一监管机制能够成为民主、公正和自由的同盟者，但前提是它必须有利于公开如今那些掌控世界机器的私人和跨国集团所拥有的权力，这些权力大到可以撼动一切；与之相较，公共权力就显得苍白无力，很多时候更是让人无所适从，隐于暗处求安稳，认为无所作为就不必承担责任，这导致极少数人继续独揽大权。如今，多媒体传播网络已成了为社会进步而战的重要阵地。

本书作者

2012年6月于巴塞罗那

目 录

引 言

有关媒体与权力的研究和著述颇多，所做的阐释众说纷纭，而且常常自相矛盾。我最近出版的一本书[1]分析了工业化社会的电信网络与视听媒体的演变和影响，以及两者之间的紧密联系。当今社会，网络和媒体的地位越来越重要，这一点已无可争议。在那次调研中，我记得詹姆斯·卡伦[2]是从七个角度来论述如何理解社会媒体的作用的。第一，他从媒体自身的角度论述了在政治权力民主化的过程中，媒体已经发挥而且正在继续发挥着很大的集中性作用；第二是从女性角度来看，他认为媒体在女性解放进程中发挥了决定性的作用；第三个角度基于民众主义，他认为民众运动的方式使传播实现了社会化，并且终结了精英文化，即便只是部分终结；第四个是文学角度，他认定在工业社会世俗化的过程中，媒体起到了核心作用；第五个是人类学角度，他肯定了媒体在民族构建中的作用；第六个角度是从根源上来考量，他认为媒体已经界定甚至抢占了公共舆论的空间；第七个角度，从麦克卢汉到卡斯特尔，都认为媒体给公共空间和人们的生活带来了变革性甚至是决定性的影响。从某种意义上来看，所有这些论述或多或少都与媒体在社会层面的重要性和对公民的广泛影响相契合。

其中，在上文提到的那本书和本书里，我引用了第六和第七个角度的相关论述。前者主要基于哈贝马斯的观点，首先认同前面几个角度的正面论述，因为媒体催生了一个公共领域，它置身于国

① *El Primer Poder*. Barcelona: Mina, 2008.

② CURRAN, 2005: 13-87.

家政体之外，人们可以在那里进行社交活动并使之民主化。然而，之后随着媒体的发展（广播和电视的诞生），其教化与操控作用使工业社会黯然失色，媒体的功能从本质上来说是负面的。后者主要从卡斯特尔的理论出发，特别是他有关社会发展中电信网络重要性的研究成果。这两个角度的论述都认同媒体强大的作用力。

在我的上一本书里，我认为视听媒体与电子通信网络日益融合，其影响力在公共领域中不断扩展，逐渐成为最具决定性的权力之一（或许是第一权力），并改变其在开放社会第四权力中所具有的历史性功能，而且很有可能成为当代社会最具影响力的首要权力之一，即从第四跳到第一，从监督权升为掌控权。我对关于媒体规制的各种提议还记忆犹新。汤普森提议“重新制定公共所有权制，用于创建超出国家机构之外的公共生活新方式”[①]，取代另一个基于“规制多元化原则”[②]的建议，后者可能接受独立的媒体组织。卡伦也提出了一个“媒体民主机制的运作模式”[③]，认为这虽很难落实但颇具新意。戈尔建议回归“公平原则”，并保证“网络的中立性”以及非歧视性。

本书续接上一本书而作，但写作的目的已经明确，研究也更为深入。于我而言，本书有很大的提升，旨在详细分析电信网络和多媒体传播的演变和现状。我把二者合并定义为多媒体传播网络，目的在于分析与之相关的监管体系，就多媒体传播网络的规制模式应包含的基本原则提出建议。我们会看到，它是立足于社会自由主义的基本价值观之上、并能圆满对接公共利益的。第一部分分析电信网络和视听传播的演变。这部分主要是对上本书的续写，但在我看来，有关演变过程和面向未来发展趋势的核心内容的定位更为精确。然而，本书的重点是对传播政策领域的公共利益进行调研，包括网络和内容及其在一些特定规制中的具体表现。在这个意义上，本书同时还将收集本人在传播领域十多年来理论研究的成果，

① THOMPSON, 1998: 304.
② THOMPSON, 1998: 310.
③ CURRAN, 2005: 273.

以及个人的亲身经验。本人最先从事的是传播领域的立法工作，之后在一个负责视听规制的政府机构任职，先是理事，然后是会长。[①]在这一领域理论与实践的知识积累让我能够写成这本书。本书在同类作品中并不多见，不但从整体出发全面而系统地分析研究对象，而且总是基于作者本人的观点，构建一个规制框架，并以最佳方式融合公共利益的需求以及我们身处的这个特定社会所捍卫的价值观。

本书分为以下五章。

第一章分析工业社会的演变以及电信网络和视听媒体同时发挥的核心作用。我们将看到多媒体传播网络在世界范围内正经历一次令人瞩目的爆发，并成为当今社会发展的轴心之一，而且已发展成为社会各界寻求自由和关联的不可或缺的网络。电信网络成为我们社会的脊梁，跨国公司在其结构配置中的分量日益增加。我始终坚信这样一个事实，即当今社会的生产方式越来越可能会被认定为一种跨国信息资本主义[②]，它正在重构全球经济、政治和文化网络中的新空间。这种生产方式正在推动全球化进程，这也意味着一张日益紧密而又广阔的国际传播之网已经铺开。同时，我们还将分析视听媒体在后工业社会演进中的重要性。

在此章中，我将把多媒体传播网络定义为由媒体和电子通信网络组成的那类网络，因为媒体和电信网络越来越以相互关联和融合的方式共同发挥作用：这种网络既能生成虚拟世界的符号系统、确立行使公民权利的准入条件，也对如何解读现实世界、创造与整合知识具有决定性意义。定义完毕后，我将分析其目前和未来的主要趋势：首先，媒介的转化以及由曼纽尔·卡斯特尔提出的一种新型传播方式——大众自我传播出现；其次，世界各大传播公司加强集中化，逐渐成为娱乐文化产业圈中的聚合者；最后，传播的商业化。多媒体传播网络越来越被理解为商品和经

① 笔者1995—2004年任加泰罗尼亚议会议员，负责拟定视听法律与议会事务方面的文件；2004—2009年任加泰罗尼亚视听委员会理事，之后任会长。

② FUCHS, 2008.

济产物，因而正在失去其社会或文化产物层面的意义。

在第二章中，我将分析不同的媒体模式及其与特定政治体制的对应关系。西伯特等人在20世纪60年代发表的一篇研究报告《传媒的四种理论》确定了媒介体制，相关论述多年来一直被视为范本，许多方面的观点至今仍被引用。之后，我将分析21世纪最初几年出现的其他一些反响较弱的有关媒体体制的论述。哈林和曼奇尼提出了西欧和美国的媒介体制模式，建构了三种不同的模式：其一，地中海模式或极化多元主义模式；其二，北欧/中欧模式或民主法团主义模式；其三，北大西洋模式或自由主义模式。虽然这种模式划分已成为众多大学的范本，但我会指出其明显的局限性和不足。

第三章将从历史视角分析大西洋两岸的多媒体网络与内容的相关规制情况。从规制起源开始，分析主要依据两个参照模式，一个是公司英国广播（BBC），另一个是美国联邦通信委员会（FCC）和《1934年通信法》。这一章也将分析20世纪80年代起在电子通信领域发生的第一波自由化和私有化浪潮，其在欧洲主要集中于视听传媒业。国际部分主要分析《麦克布莱德报告》及其失败原因，还会论及制定传播政策的主体从联合国教科文组织向国际电信联盟（IUT）和世界贸易组织（OMC）转移，但通过《文化多样性协定》，又有一部分权力向联合国教科文组织回流，因为该协定承认传播是一种文化资产。此外，互联网复杂而乏力的管理现状也是这一章的研究对象。

我还将分析国际上与多媒体通信网络领域相关的法律条文。从BBC皇家特许状（英国，1927）、《1934年通信法》（美国），到最新出台的法规：英国的《2003年通信法》和美国的《1996年电信法案》，还有法国1986年的《传播自由法》、1987/2007年的《欧洲视听业服务准则》、2002—2009年间颁布的各种欧洲电子通信指令，最后是欧洲委员会1989年公布的《欧洲跨国广播电视协议》。我们从这些法规中可以看清大多数民主国家的法令特征。作为规制部分的结尾，我们还将论及相关的监管机构，不管其是针对电信网络还是针对视听传播，论述包括其基本职能、有关限制以及良好运作的基本认定标准等。

第四章，在主张摒弃激进自由主义模式之后，主要论证本人倾向于关联社会自由主义模式的观点，解释为什么不能把公共利益理解成"公众利益"。我们不能缩小公共利益的所指范围或是将其替换为"公众利益"，它不是个体利益数量的叠加和最大化。多媒体传播网络不能只看经济价值，而应被看作具有文化、伦理及社会属性的产物。电信网络的运营者必须肩负起服务于公共利益的使命。我力主社会自由主义思想和社会民主理念，这一主张已经在两位重要的思想家那里得到验证：约翰·罗尔斯和尤尔根·哈贝马斯，他们都是康德思想的继承者。他们都论证过一个社会必须同时最大限度地追求自由和公正。社会自由主义和社会民主都寻求在自由和公正之间构建这种难以实现却又不容争辩的平衡。哈贝马斯的公共合理性与罗尔斯的公共理性就是在搭建这种社会共存的框架。通过对比研究他们的作品，可以归纳出确定网络社会自由主义体制目标的四条基本价值观：个人自主、自由、公平与正义思想。这是我在该章提出的十条规制准则的基础，意在使关乎多媒体传播网络的公共利益更为具体化。

第五章，作为结论，将论证在跨国信息资本主义大扩张的背景之下，制定这些规制的目的恰恰是为了使其在权力透明化以及公民重返公共领域方面发挥作用。在新权力枢纽中，多媒体传播网络并不是第一权力，但确实是这些新权力的核心组成部分，并正在分化着西方社会的民主。这就是基于四条价值观和十条准则制定一个合理、公平和灵活的规制的重要性所在。当规制合法化并为社会所认同时，就会成为自由的盟友和民主的关键。

阿明·马洛夫最近出了一本新书，题为《世界的翻天覆地》[1]，这是一部出类拔萃、不可或缺的作

① MAALOUF, A. *El desajuste del mundo*. Madrid: Alianza, 2009.

品。但是这“世界的翻天覆地”远远超出了马洛夫的反思：我们处于一个公民在公共领域的权力逐步“弱化”的过程中，这也就意味着公民行动的可能性减少了。网络社会最大的悖论可能是：尽管网络赋予了公民更多的权力，但同时又在编织着一张张巨大的、隐形的新权力网。

然而，本次研究并没有涉及影响多媒体传播网络的三个相当重要的方面，这也许可以作为将来更为具体的研究议题。这三个方面各有自己的侧重点，非常具体，通常不被纳入监管机构的职能要求。它们分别为：网络隐私与安全；多媒体传播网络产业；网络上的作者权利和权益管理。

第一个方面，网络隐私与安全，这实际上是多媒体传播网络演变与发展过程中十分重要，同时也非常具体的一个方面，融汇了技术、法律、经济和政治等诸多方面的因素。网络可以把我们带到一个“监控”[①]更多的世界或是一个更自由的世界。从某种程度上看，电信网络的相关法规和欧盟颁布的指令都已预见到这种情况，保护网络隐私、个人信息以及传输这些信息的安全十分必要。

第二个方面就是多媒体传播产业，或者像一些英语国家的学者定义的那样，称之为创意产业。本书的目的已相当明确，我无意于从经济角度研究这一产业的演进。不管怎样，我还是想强调，从经济属性专门研究这一领域的问题非常有必要，这对于当前的经济发展意义重大。

第三个我没有涉及的部分是网络传播这一新环境中作者权利和所有权的管理。这也是非常重要的一方面。我在分析互联网的演进时提到过那些共同规则，但是我很注意不再进一步扩展。与多媒体传播网络有关的人员主要有四类：第一类是知识产权的署名者和代理人，即创作者和出品者。无论是严格意义上的创作者、出品者，抑或权利代理公司，这一身份都至关重要；第二类是网络经营者（包括以前的电话公司和现在的接入服务供应商、以前的有线服

① MATTELART, A. *Un mundo vigilado*. Barcelona: Paidós, 2008.

务公司和现在的有线服务网络经营者与有线接入服务供应商，以及专门提供网络接入服务的公司、卫星平台经营者）；第三类是信息社会服务的提供商（包括搜索引擎，像谷歌和雅虎，以及提供内容打包服务但不负版权责任的经营者，比如YouTube）；第四类，多媒体传播服务的提供者，不管是在线的还是非在线的，我们会看到，他们都承担版权责任。除了第一类，后面的三类本书都有所论及。在我看来，作者的权利，出品人的权利，不管是直接接受管理还是通过第三方管理，对于传统版本和数字版本来说，其意义和有效期都应该一样。内容数字化及通过网络接入不能成为废除或轻视作者权利和知识产权的"借口"，而应被视为文化创作和管理带来重要收入的来源。

我很清楚该行业面临的问题以及衍生的挑战，如对现行权利治理体系的质疑、盗版以及一些不能明说的问题，例如网络"点对点"系统就会直接对知识产权造成负面影响。正如一些人所预言的，一个绝对自由的网络可能真的会摧毁视听内容的发行系统和其他涉及知识产权的发行系统。然而，我想重申，这个主题非常重要，但通常也不被纳入多媒体传播网络监管机构的监管范围，因为已经存在一个相关的民事、商业和刑事的立法机构。不管怎样，我都不想隐藏自己的立场：网络领域不能找借口限制或是轻视作者权益和知识产权，而应该用与传统行业类似的做法给予其相关的保障。这并不是在说经营模式是一样的。经营模式无疑已发生了根本性的变化，我们看一下音乐市场，还有出版业的电子书，但是不能因为经营模式的变化去损害知识产权的合法权益。

无论如何，我希望能够在将来就这些未能涉及的方面做相关的研究。尽管缺失了这三个方面的论述，但我认为本书给多媒体传播网络的进程以及服务于公共利益的规制建设呈现了一个全面的视角，目的就在于使权力具有更高的透明度（可公开性）以及公民能够重返公共领域。

本书梳理并系统化了我近几年主要的科研成果。首先要感谢

Miquel de Moragas博士的支持和指教；还要感谢Salvador Pié博士，布兰格尔纳（Blanquerna）基金会慈善理事会会长和Miquel Treserras，布兰格尔纳大学传播学系的创立人和前任系主任；特别感谢Joan Rovira博士这些年来的鼎力相助与支持。这项研究始于我在加泰罗尼亚视听委员会负责相关规制工作的经历，所以要感谢所有我认识的委员和他们所在部门的工作人员，特别感谢Joan Barata博士和Jordi Pericás，后者是我任会长期间的秘书长。此外，我在牛津大学的社会法律研究中心参加“比较传媒法与政策项目”（PCMLP）期间完成了本书的撰写，衷心感谢PCMLP的协调人Nicole Stremlau博士的接待和关照。最后，感谢我的妻子Montse、我的儿子Raimon和Marc给予我的所有的爱和无尽的耐心。

第一章

媒体与电子传播网络的发展趋势

第一节　工业化社会的演变

一、后工业社会的发展与全球化

为了理解媒体和电子传播网络(多媒体传播网络)的演变,我将会分析这一领域所经历的融合过程,也会回顾一下在过去的四十年间,发达的工业社会是如何在北半球优先发展起来的。近年来,虽说原东欧各国和其他的一些国家,特别是亚洲的几个国家和南美洲的一些地区,也已进入这一行列,但是后者毕竟与前者有所不同,它们的社会结构非常不平等,社会凝聚力问题凸显。

丹尼尔·贝尔应该是较先对此做出预言的人之一,他于1969年在《后工业社会的到来》①一书中表示,工业社会正在从物质经济向知识经济过渡。他预测了社会变化的进程,特别是北半球的社会状况。我的这项研究也已证实,我们正在经历前所未有的历史性变革,即向基于信息和知识的社会过渡。这些变革可能会影响与权力相关的方方面面,并重构政治、社会和文化价值观。在此进程中,信息技术将发挥核心作用并引领相关的社会变革。在贝尔看来,社

① BELL, D. *El advenimiento de la sociedad post-industrial*. Madrid: Alianza, 1994.

会转型和创新的力量源自五个方面，即知识、信息、教育、人力资本的中心作用以及基于服务业的新型经济。他认为，后工业社会意味着会出现一个新的轴心原则，即“从商品生产型社会过渡到信息或知识型社会”[①]。后工业社会的中心目标就是成为知识生产型社会。这种完全不同的战略定位可能会导致整个社会的转型：大学在科研、转型与推广方面的投入比例加大，科技发展力度增强，微电子学兴起。但是，还有最为根本的一点转变，那就是出现了一种新的国际分工。

三十五年之后，尽管在2008年中期开始出现经济危机和金融危机，但是那些最发达的国家都把这种以创新、科研和知识生产为主导的新型经济视为发展重心，涉及的产业集中在信息通信技术和生物技术两大领域，服务业也被包括在内，只是所占比例较小。这些国家的企业将最传统的生产活动迁到其他社会成本和环境成本较低的国家或地区；而各大跨国公司，即那些掌控着经济发展命脉的行业巨头，作为当前全球化进程中新的主导者，在很多层面都拥有决定权，也更具实力。教育、科研创新与技术非常重要，这意味着“拥有专业知识和技能的阶层获得更为优越的社会地位”[②]。中产阶级已经以某种方式成为拥有专业知识和技能的阶层，从中滋生了新的后物质主义价值观[③]，进而对社会的组织结构造成了一定的影响。事实上，这是英高赫在对二十六个国家进行二十多年深入细致的研究之后得出的结论，他认为公民的价值观已经发生了决定性的变化，这影响了他们的宗教信仰以及他们对共存关系、对社会所持有的信念。

柏林墙倒塌之后，与自由市场资本主义经济相对立的模式随之消失，资本主义社会用“历史的

① BELL, 1994: 425.

② BELL, 1994: 30.

③ 英高赫的《西方国家的价值观和政治立场》(1977)、《先进工业社会的文化转变》(1990)和《现代化和后现代化》(1997)这三本著作对这一概念的认定至关重要，对理解西方社会公民价值观的演变也非常重要。他使用后物质主义价值观这一概念来确定现代西方社会的新霸权主义价值观。INGLEHART, R. *The Silent Revolution: Changing Values and Political Stiles among Western*. Princeton: Princeton University Press, 1977; *Culture Shift in Advanced Industrial Society*. Princeton: Princeton University Press, 1990; *Modernization and Postmodernization*. Princeton: Princeton University Press, 1997.

终结”[①]这一幻念来表达其霸权主义的胜利，世界经济经历了扩张和世界化的过程。我们称这一过程为全球化。全球化进程主要由大型私有国际企业集团，即跨国公司主导，它们在全球范围内对各自产品的生产进行区域划分和市场分配，并可凌驾于国家、洲际或国际公共权力之上。在弗里德曼看来，全球化“以前所未有之势使市场、民族国家和技术一体化，让个人、企业和民族国家能够在全世界通行无阻……这种自由市场资本主义的扩张实际上已经发生在世界上所有的国家”[②]。斯蒂格利茨则认为，“它是世界各国、各民族之间最为密切的一体化，这源于交通成本的巨幅减少，物品、服务、资金和知识流动中人为障碍的清除，以及人员跨境流动的相对便利。国际大公司的运作不仅带动了资本和商品的跨境交易，也促进了技术交流，从而大大推动了全球化的进程”[③]。

事实上，全球化涵盖了以下一系列因素。

第一，它意味着存在一个超越国界的国际交流网络，这个网络越来越普及，越来越趋于标准化，利于人们形成相同的价值观、消费习惯、思维方式以及获得更高的效率，其背后隐含着一种社会的新自由主义观。赫尔德认为：“现代全球体系中，最具创新意义的就是在新的活动维度内或活动维度之间的社会关系的扩张……以及通过现代化的传播网络和新信息技术网络推行的互联规则。”[④]融资市场中有一个很好的例子：那些证券交易所看上去就像是相互依存的网络，而它们之间的相互关联也是整体性的。在近期爆发的金融危机中，我们看到了这一点。近年来发生的资金链断裂就是一个实例。实际上，这几年的危机已经让我们看到了美国银行业的高管们是如何不负责任和恶性管理的，他们在房地产市场价格高涨的时候发放抵押贷款，而且监管不力，这最终导致半个世界的金融市场

① FUKUYAMA, F. *El final de la Historia y el último hombre*. Barcelona: Planeta, 1994.

② FIREDMAN, T. L. *The Lexus and the Olive Tree*. Nueva York: Harper Collins, 1999, pp.7-8.

③ STIGLITZ, J. E. *El malestar de la globalización*. Madrid: Taurus, 2002, p.34.

④ HELD, D. *La democracia y el orden global*. Barcelona: Paidós, 1997, p.43{1995}.

和银行崩盘。毫无疑问，近年来相关政策的松懈、对银行和金融机构的管制乏力，以及促使管理层优先考虑股票价值短期增长的激励模式，无一不是造成金融体系几近崩溃的推手，也令人对布雷顿森林体系[①]制定的模式产生怀疑。但是，不管怎样，若要解释当前危机之所以波及广泛及其对全球和其他人类活动领域的影响，恰恰要从全球化及网络化运作方面着手。

事实上，国际运营网络的扩展同时碰到了两个问题：一是各国国内的监管越来越松懈，二是明显无力制定超国家性的规制框架。让我们回到2008年的金融危机这一话题上，之前我谈到了危机的一些成因。无论如何，在目前看来，国际社会和金融监管机构几乎没有任何实质性的举措来解决引发金融危机的一大原因，即世界金融业的那些“离岸”中心。它们始于瑞士，终于安道尔，成了避税和洗钱的乐园，是黑手党和高额融资的暗道。

第二，全球化正在使一些18世纪建立起来的民族国家在工业化社会中瓦解，同时也引起了人们对二战后形成的国际治理体系的质疑。这也是一个关键因素。在最发达的西方国家中，这一质疑出现于公民与执政者之间所建立的社会契约上。大多数自由主义体制的国家已逐步达成协议，此协议基于其宪法程序制定法定权力与公民权利之间的社会与政治契约框架。这一契约除了保护和保障公民的权利之外，还包括一个构建社会凝聚力的规程，此规程与社会保险、养老金、教育以及保证社会进步、人们平等相处的其他各个方面紧密相关。不过我们也要看清楚一点：欧盟的一些民族国家已经失去了，或者更确切地说，是向一个上级机构出让了自己对货币政策的掌控权，不仅如此，它们还部分地出让了对军队和安全部门的掌控权，而这两方面在几年前还是这些国家的重中之重。现在，面临危机之时，欧洲这些民族国家似乎已经

① 1944年7月1日至22日，二战末期，在美国布雷顿森林（新罕布什尔州）召开的联合国货币金融会议，通过了《布雷顿森林协定》。这次会议制定了西方发达国家商业和金融关系的游戏规则，确定创建世界银行和国际货币基金组织，并以美元作为国际货币。

丧失了操控政策的能力，似乎只能听从外部的命令。随着某些政府一心只想着如何减少公共债务和降低负债率，那些政策本身自然会受到质疑。

一些新的主导者应运而生，这证实了全球化所包含的一个重要因素：随着民族国家的瓦解，公共领域出现了新的政治角色，他们要求被赋予应有的地位与合法性。地方政府的权力日益凸显，特别是在那些一直以来都完全遵循辅助性原则的国家中更是如此。随着这些地方权力获得新的生机，地方性的传播活动也得以重现活力。我们也看到，美国的那些利益集团和游说机构发挥的作用越来越大，它们在世界各地出现的频率也越来越高；那些非政府组织及其人员的调动与号召能力也是有目共睹的。

或许，随着民族国家的权力缩减，想必人们已经在期待各自政府和联合国的区域合作机构能够做大做强。这已经是头等大事而非次要之事。事实上，欧盟所代表的“欧洲实验”是所有欧洲人和全世界的希望。过去曾经对立的国家能够相互理解并订立条约，以共同发展一个欧洲政府——尽管这种发展尚不稳定，却说明有可能存在多种区域政府的形式，而且这对于解决人类所面临的全球性重大问题都是不可或缺的。其他地区也在效仿欧盟走相似的路，但这还处于萌芽状态。即便如此，联合国框架内各成员国的多边合作机构的权力却已经被削弱。这一点很难理解。虽说联合国的领导力差强人意，但为什么在如今这样一个国际合作不可或缺的历史性时刻，它还在持续地走下坡路呢？

第三，全球化有利于新兴国家[①]登上国际舞台，它们的地位越来越重要，实力也越来越强大。这些国家指的是巴西、南非、印度、印度尼西亚、中国和俄罗斯。它们不是经济合作与发展组织成员，而是金砖国家组织成员。2009年6月16日，“金

① OECD. *Globalisation and Emerging Economies: Brazil, Russia, India, Indonesia, China and South Africa*. Paris: OECD, 2009; GLOSNY, M. A. "China and the BRICs: A Real (but Limited) Partnership in a Unipolar World", En *Polity*, vol. 42, núm. 1, Pp. 100-129, Jan 2010; THE ECONOMIST. *Emerging-Market Multinationals: The Challengers*, vol. 386, núm. 8562, Pp. 62-64, Jan 12-18, 2008.

砖四国”领导人首次会晤于俄罗斯叶卡捷琳堡，发表了关于多极世界治理的联合声明。[1]虽然金砖国家国内不平等问题仍然十分严重，但是经过多年的经济持续增长以及有利于政府更加稳定的结构性政策优化，各国的财富显著增长，这增强了社会整体的实力。这些新兴力量催生了新的国际动态，使得几年前还只是由北半球国家所掌控的网络获得新的权力平衡态势。

第四，全球化演变的纷繁复杂迫使我们越来越多地谈论“各种”全球化，而非“一种”全球化。虽然全球化的形式不同，但都具有一个共同的价值观，即所谓的个体化过程。彼得·L.伯杰和萨缪尔·亨廷顿[2]恰好针对世界各地不同表现形式的全球化开展了一项调研。在相关著作的引言中，伯杰指出，推动世界全球化的四个矢量是：其一，达沃斯文化，即胜券在握的资本主义和大型跨国公司文化通过媒体的广泛传播，影响全世界的年轻专业人才（被称为“国际雅皮士”）网络；其二，教师俱乐部文化，即教师网络、非政府组织、国际官员、基金会等，相关人士都是跨文化问题、性别、人权、环境、信息社会等领域的专家；其三，麦当劳文化，是流行文化的近义词，这种文化通过美国主流娱乐业扩展到了全世界；其四，其他种类的民众运动，如福音派新教运动，它源自基督教的五旬节。这四个矢量，如果说有什么共同之处，那就是：“个体化，新兴的全球文化所涉及的各个行业都拥护个体独立，而反对传统和集体性。”[3]“个体化”这一概念是乌尔里奇·贝克在定义“第二现代性”时提出的，他认为个体经历了一个过程：从不满足于“作为个体”受到原有社会群体的控制并抽离出来，到向其根本的目标——“成为独立的个体”行动。

虽然我们面临着各种不同的全球化文化表现形式，但我赞同伯杰和贝克的观点，这一因素可能是最重要的横向因素之一，它对于人们理解市场价值观，

① HALPIN, T."Brazil, Russia, India and China form bloc to challenge US dominance", *The Times*, 17de junio de 2009.

② BERGER, P.L.; HUNTINGTON, S. P. *Many Globalizations. Cultural Diversity in the Contemporary World.* Oxford: Oxford University Press, 2002.

③ BERGER, 2002: 9.

尤其是“竞争”的价值观文化，尤为重要。

二、信息社会和跨国信息资本主义

信息社会是指“信息的生成、处理和传输”[①]成为决定经济与社会进程总体方向的根本因素的社会。这是一个基本概念。

西蒙·诺拉和阿兰·孟克在日本之行后，可能最先预见了信息这一因素的重要性，尤其是信息技术的重要性，并出版了《社会的信息化》[②]这一著作。信息时代[③]象征着一个基于信息技术——信息的生成、处理和传输——建立的世界的开始，而信息技术也是当今社会生产活动和权力的主要来源，不仅对经济结构产生影响，还对文化、社会和政治生活产生影响。

新的电子传播网络，特别是新一代网络（RNG）为信息的流动提供了前人始料未及的可能性，推动了全世界的信息爆炸，加上信息数字化，这些都使得信息能够全方位地进行传输，点对点或点对多点传输，并且各种类型的内容都可传输，其中一些内容也历史性地具有了社交媒体的功能。

但是，电子传播网络是什么？“网络社会”或“网络中的社会”又是什么意思？是不是这种社会中的所有网络组成了那个“特定的网络”？当今社会飞速地变化着，变化的过程非常复杂，许多方面看起来似乎自相矛盾。因此，曼纽尔·卡斯特尔认为，“电子传播网络将成为我们生活的支柱”[④]。与此同时，“网络社会代表了人类经验的一次质变”[⑤]，人类生活在网络社会中，“信息是我们社会组织的关键要素，信息和图像从一些网络向另一些网络的流动构成了当今社会结构的主线”[⑥]。

在卡斯特尔看来，网络就是相互连接的各个节点的总和，是开放的结构，能够无限地扩展，并且只

① CASTELLS, 2003.

② NORA, S.; MINC, A. *L'informatisation de la societé*. París: La Documentation française, 1978.

③ CASTELLS, M. *L'Era de la informació. La societat xarxa*（tres volúmenes）. Barcelona: UOC, 2003; DUFF, A. *Information society studies*. Londres: Routledge, 2000; WEBSTER, F. *Theories of the Information Society*. Londres: Routledge, 2002.

④ CASTELLS, 2003: 431.

⑤ CASTELLS, 2003: 572.

⑥ CASTELLS, 2003: 573.

要整合和共享相同的通信代码就能够合成新的模式。网络代表了资本主义社会演进的一个阶段:“网络社会……目前是资本主义社会。实际上,这是历史上资本主义的生产方式第一次进入全世界的社会关系中。”[①]实质上,这是一种金融和全球性的资本主义,它作为一个个体进行实时行动,其运作和竞争都“需要以信息技术生成和处理过的知识为基础”[②]。

毫无疑问,信息时代或信息社会是理解后工业社会最先进的核心结构运作基本特征的关键概念,也是理解当今社会整体演变的关键概念,而且对于理解整个世界的经济和社会进程可能也是至关重要的。我们来看一下国际电信联盟[③]发布的最新数据:据估计,到2009年底,手机用户的数量将达到世界人口数量的67%,有46亿用户。仅中国就预计可拥有7.5亿用户,印度将拥有4.8亿用户。现在,世界人口的26%,即17亿人口已经习惯使用互联网,其中64%来自发达国家,17.5%来自发展中国家。目前已有5亿固定宽带用户,其中有1亿中国用户。宽带普及率在发达国家为23.3%,发展中国家为3.5%。6亿移动宽带用户中,1.6亿名用户来自发展中国家,2.2亿名用户来自欧洲,1300万名用户来自非洲。

这些数据非常惊人,尤其是当我们用比较的方式分析这些数据的时候,结果更为令人震撼。十年前,世界上只有7.5%的人口拥有移动电话,现在这一百分比为67%。相反,在过去十年内使用固定电话的人口比例维持在18%。互联网用户已经从占全球人口的2.5%上升到占25.9%。在全球范围内,移动宽带用户占9.5%,已超过固定宽带用户的7.1%。

这些数字解释了一系列国家,如中国、印度、巴西、南非,是如何逐步融入信息社会的,并且显示出这些国家的经济增长也要部分归功于网络的带动;再来看看韩国,它已是世界上宽带普及率最高的国家之一。

① CASTELLS, 2003: 566.

② CASTELLS, 2003: 567.

③ 2009年国际电信联盟年度报告,官方网站:www. itu. int。

信息社会为我们开辟了社会变革的新途径。信息经济以及信息技术的传播和正确使用能够释放出巨大的潜力。不管怎样，这一巨大潜力的定位尚未明确：卡斯特尔承认技术发展与社会现实之间存在着巨大的差异。[①]但是，换个角度看，我们不能忘记，卡斯特尔先生也不会忘记，由于未来的技术发展，我们所面临的自我毁灭性威胁还会不断增大。

曼纽尔·卡斯特尔出版了一本名为《传播力》[②]的厚重之作，这是其最新的研究成果。该书指出："所有的权力网络主要通过大众传播多媒体网络（但不是唯一手段），来行使权力以影响人类的思想。因此，多媒体传播网络是当今社会权力建构的基本网络。"[③]

卡斯特尔区分了与传播网络相关的四种不同的权力形式：网络权力（network power）[④]，可以理解为信息对网络协议与标准的适应度；网络化的权力（networking power），即具有信息过滤能力、更新传统"守门人"功能的程序员；网络内权力（networked power），即网络节点的控制；制造网络的权力（network-making power），也可以说是网络设置和编程的能力。只有承认那些具有"制造网络权力"的人——"那些拥有金融、法律、体制和技术资源来组织和经营大众传播网络的人"[⑤]的中心地位，才能够确定网络对其他诸如政治、经济、金融、媒体等权力核心的依附关系。

卡斯特尔在最新研究中提出的这四个概念可以帮助我们理解他所说的"信息资本主义"的功能，并看到其复杂性和依赖性。在这个资本主义的新阶段，卡斯特尔重申"建立在国家与政治体制环境中的权力网络确实在全球的权力网络中发挥着重要作用。因此，当传播网络在构建权力所设定的意义时，国家就是一种预先设定好的网络，以

① "我们的技术发展和我们的社会发展之间差距悬殊。我们的经济、社会和文化建立在利益、价值观、机构和代表体制等基础之上，这些因素通常会限制集体创造力，剥夺信息技术成果，并使我们的能量偏向自我毁灭的对抗中。这种状态并非必然如此。人的本性中没有永远的恶……" CASTELLS,2003: 437.

② CASTELLS, M. *Comunicació i Poder*. Barcelona. UOC PRESS, 2009.

③ CASTELLS, 2009: 547.

④ CASTELLS, 2009: 599-609.

⑤ CASTELLS, 2009: 602.

便其余的权力网络良好运转”[①]。然而，福克斯却认定，网络一直存在，并不完全是当代社会所特有的。本质上全新的地方在于“越来越多的体系，如经济、政治和互联网，成为全球范围内运作的跨国行动者”这一事实，如今的网络是全球性的跨国网络。从这个意义上讲，称其为“全球跨国资本主义或全球跨国信息资本主义”都更为恰当，因为“它更强调连续性和非连续性之间的辩证以及信息和电信技术在社会中的作用”[②]。

从这个意义上说，包括大型经济和金融集团在内的国家和政治体制都发挥着决定性作用，因为它们恰恰就是那些有可能制造网络并以某种方式控制网络的运营者（制造网络的权力）。

在信息社会中，跨国公司的作用日益重要。大型私营跨国公司不断发展壮大，在经济、社会和政治方面的作用也更为重要。恰恰是跨国公司的扩张及网络运营使信息资本主义得以扩张，并转化为跨国信息资本主义。实际上，跨国信息资本主义已经构建了世界网络中经济、政治和文化的新格局：空间更具流动性，更有活力，更能变通，并扩展了边界，但同时也在营造“结构上的不平等”。网络枢纽（跨国公司、政治主导者、地区、国家等）[③]越来越把政治、经济与文化资本的生产、控制和流通集中到自己的辖区。对于福克斯来说，“计算机网络建立在全球网络资本主义兴起的基础之上……这为结构上的不平等奠定了基础”[④]。

跨国公司在“新经济”中扮演着越来越重要的角色。“世界经济的深度一体化主要由跨国公司来组织”[⑤]，但这一操作过程缺乏有效的政治一体化的国际机制。国家主义的危机以及政治上的危机有利于跨国公司推进在空间或者说公共领域的私有化，这也加大了权力的不可见性，造成更多的无序和混乱。这种负面影响与民主政治所经历的法制危机之间存在着一种正相关。我们可以得

① CASTELLS, 2009: 612.
② FUCHS, 2008: 101.
③ FUCHS, 2008: 340.
④ FUCHS, 2008: 340.
⑤ DICKEN, P. "A New Geo-economy", en Held, D.; McCrew, A. *The Global Transformations Reader*. Artículo de Dicken, Polity Press Cambridge, 2000, P. 305.

出结论：发达的工业社会或后工业社会推动了由跨国公司和金融体系主导的经济全球化。在这一进程中，网络、信息技术和媒体具有核心作用。多媒体传播网络可能已经成为当今社会的基本网络。

三、从电子技术社会到知识社会：媒体的重要性

兹比格涅夫·布热津斯基早在20世纪70年代就认识到信息传播技术的重要性，并预测社会将经历一次深刻的变革，他定义其为“电子技术革命”[①]。他指的是视听传播和电子网络的作用。[②]三十多年后，他的预测可以说在很大程度上都已经成为现实。

《帝国与传播》[③]的作者哈罗德·英尼斯，和《古登堡星系》[④]、《理解媒介》的作者马歇尔·麦克卢汉都是研究传播技术对政治、文化和经济进程所产生的影响的先行者。社会组织的架构来自传播体系，因为是后者确定了时间和空间关系的结构。麦克卢汉的“地球村”之所以得以建立，是因为传播技术推动了社会变革的进程，并且传播技术的发展为形成一种更加同质、密切、包容和互动的文化创造了条件。我们要谨记，如果没有印刷，没有阅读的个体延展，就不会产生更为内省、理性和个人主义的思想，又何谈启蒙运动；如果没有电子传播网络构建的“地球村”，全球化进程也不可能发生。

麦克卢汉的愿景在布热津斯基的作品中找到了重要的对接点。后者的论断更为全面，而且融合

① BRZEZINSKI, Z., *La Era Tecnotrónica*. Buenos Aires: Paidós, 1979.

② “在电子技术社会中，视听传播鼓励展现更为鲜活、新异的现实影像，而不是循规蹈矩；但同时，科学和新计算技术又要求以数学逻辑和系统推理为重。电子技术社会似乎更倾向于汇聚数以百万计的民众的个体支持，他们没有组织，很容易受到名人的影响，这些人毫不费力地利用最新的传播技术操控人们的情绪和理性。因此，电视用影像来代替语言，呈现的画面也多是有关国际的报道而非国内的，比如发生在像印度那样遥远的地方的战争场面和饥饿情景。这种传播趋势制造出一种对国际事务的关注，尽管看上去有些‘印象派’，但确实显得更具有世界性。经济权力，随着与政治权力的融合日益增强，正变得越来越不可见，而个体的无力感也在同步增加。” BRZEZINSKI, 1979: 36.

③ INNIS, H. A. *Empire of Communications*. New Haven: Yale University Press, 1953.

④ McLUHAN, M. *The Gutenberg Galaxy*. Toronto: University of Toronto Press, 1963.

了经济元素和战略要点。由通信系统联结在一起的"地球村"碰到了笼罩在冷战中的世界，而这个世界也正处于城市化的过程中，且城市化的范围越来越大，"特大城市"出现了。布热津斯基指出，全球化过程中的重大悖论之一就是："我们这个时代的悖论在于人类正同时经历着规模最大的统一进程和分裂进程。这是当代变革的主要动因。空间和时间都被大幅压缩，以至于全球政治的合作方式更加多样化并相互关联，人们对已有机制和意识形态所持有的忠诚度也在逐步丧失。即使不同个体社会条件的差异在扩大，人类还是变得更加融洽和亲密。在这种情况下，空间上的毗连性非但不能促进团结一致，反而会导致由新的全球拥挤感所激发的紧张关系。"[①]乌尔里希·贝克[②]同样意识到全球化的双重含义与其中的矛盾，并使用罗兰德·罗伯森提出的与全球化相关的本土化概念："随着全球化的发展，本土化也出现了。"[③]

对于卢曼[④]来说，媒体代表着一个"子系统"，在制度化、整合或分化方面对这个"复杂的社会"影响显著。哈贝马斯[⑤]认为，近几个世纪，媒体在塑造公共理性方面起着决定性作用。在他看来，18世纪后期欧洲社会的演变始于公共领域的出现，报刊就是其中起推动作用的因素之一，它创造了一个独立于经济世界和国家之外的空间，有利于公民参与公共事务的互动与辩论，而且不受权力机构的控制。在19世纪，报纸已成为推动公民社会觉醒的媒体，而公民社会有助于发展公共领域或空间，使其部分摆脱经济或政治方面的监控。到了20世纪，哈贝马斯则认定视听媒体更像是教化机器。

媒体在形成舆论过程中的决定性作用是众所周知的，而舆论在各种决策过程和战略部署中扮演着越来越重要的角色。沃尔特·李普曼说："在现代国家中，决策并不是由立法机构和执法

① BRZEZINSKI, 1979: 62.

② BECK, U. *¿Qué es la globalización?*. Barcelona: Paidós, 1998, p. 75 {1997}

③ BECK, 1998: 75.

④ LHUMANN, N. *La realidad de los medios de masas*. Rubí: Anthropos, 2000 {1998}.

⑤ HABERMAS, J. *La transformación estruc-tural de la vida púbulica*. Barcelona: Gustavo Gili, 1982 {1962}.

机构来共同完成的，而是由执法机构与公众舆论协力做出的。”[①]他因媒体可能被用作宣传工具而振奋，补充说：“一次民主艺术的革命正在发生……”他还说必须利用媒体“制造共识”（the manufacture consent）以操控“迷惑的羊群”（the bewildered herd）[②]。纸媒在形成公共领域过程中的作用已被视听媒体所取代，先是广播，二战之后是电视。在阿尔·戈尔[③]看来，自里根时代起，美国的视听传播系统就部分放松了管制，从而产生了一个论坛，或者说是一个空间，在这里，个体被不断操控，而“理性”难有立足之地。

公共空间所涉及的都是有关民主的重大议题。同时，阿尔·戈尔还坚持认为需要区分现实和媒体传播给我们的世界的样子，后者中的“信息越来越关注娱乐而不是知识”[④]。

阿尔·戈尔在他的著作《攻击理性》[⑤]一书中，批评了媒体，特别是电视所扮演的角色：“文字共和国被电视帝国侵占了。”在超过45年的时间里，美国人都是通过报刊接收政治、文化和社会等各方面的信息，而现在，他们是通过电视获取信息的。戈尔认为，除了电视语言的强势影响外，媒体界还存在着一个企业集中的过程，这对公共空间的多元化构成严重威胁。[⑥]

如今，大众传媒对公共领域的这种象征性入侵，正如我们所看到的，是通过电视发生的。电视现在仍然是最重要的媒介，而且某种程度上可以说拥有霸权。它通过两条途径做到

① LIPPMANN, W. *La opinión pública*. Madrid: Langre, 2003: 15.

② CHOMSKY, N. *Media Control*. Nueva York: Seven Stories Press, 1991.

③ “然而，当电视凌驾于纸媒之上，而互联网作为电视的竞争对手还处在发展初期之时，我们暂时失去了公共领域里一个共同的交汇点，在那里，个体强大的思想本来具备足够的力量来撼动数百万人的意见，从而引发真正的政治变革。可现实并非如此，随之出现的是另一种类型的论坛，在这里，个体不断被迎合却很少被倾听。当人们的共识任由市场和宣传来制造并受其操控时，理性就只能沦为配角了。” GORE, A. *The Assault on Reason*. Bloomsbury, 2007, p.131.

④ INNERARITY, D. *El Nuevo Espacio Público*. Madrid: Espasa, 2006, p.84.

⑤ GORE, A. *The Assault on Reason*. 2007.

⑥ “除了电视公共对话的单向性以及娱乐影响造成的新闻报道扭曲之外，电视还有另一个令人忧心的特点，即电视不那么契合民主传统。这是因为拥有和运营电视频道需要投入大量的资本，此外，由于有线和卫星电视网络特有的集中性，电视的所有权越来越集中在为数不多的公司手中，目前就是它们在全面操控着美国的电视节目。” GORE, 2007: 16.

了这一点：一是新闻报道以及相关评论；二是其他电视节目，特别是纯娱乐性的节目越来越多。新闻报道对"阐释现实的象征意义和各类公共事务"有影响，而娱乐节目对于公共空间的"共存价值观的象征意义"有影响。

然而，无论如何都应该指出的是，由于电子传播网络的大范围部署，特别是移动宽带或固定宽带的安装，人们不再需要通过电视媒体接收视听内容。在此之前，电视、DVD设备以及电影院（占比较低）对视听内容的传播曾占据垄断地位。随着互联网及其新装置、手机、iPad等其他设备的使用，视听内容的影响力无疑增加了，而在这个过程中，电视的影响力可能已经减弱了。

第二节　传播媒体与电子传播网络的主要趋势

一、多媒体传播网络融合发展

亨利·詹金斯在他的《融合文化》[①]一书中深入分析了融合过程对文化创造和传播发展的影响。他指出，1983年麻省理工学院（MIT）教授伊锡尔·德·索拉·普尔成为第一位"媒体融合的先知"[②]。普尔在他的《自由的技术》一书中，说明了内容与网络之间的融合过程："一个被称为'媒体融合'的过程正在模糊媒体之间的界限……如今，一个单一的物理介质可以传输过去要由不同方式分别提供的服务。"[③]

事实上，在过去的十五年中，这个领域产生了三个同等重要的过程[④]。首先，技术变革令微电子行业发生了一个技术融合过程，而这个过程影响了所有以各种形式与视听传播领域相关联的行业。在这个技术发展进程中，数字语言起着决定性的作用。

① JENKINS, H. *Convergence Culture*. Barcelona: Paidós, 2008.

② JENKINS, 2008: 21.

③ DE SOLA POOL, I. *Technologies of freedom: On free speech in a Electronic Age*. Cambridge: Harvard University Press, 1983, p.23.

④ GRANT, A.E.; WILKINSON, J.S.(ed.). *Understanding Media Convergence. The State of the Field*. Oxford: Oxford University Press, 2009.

其次，作为第一个过程的结果，这种技术融合代表了该行业不同领域的运营商——生产商和内容提供者、运营商与分销—推广公司、互联网和电话运营商——之间的汇聚。最后，行业集中化、国际联盟以及经营网络和多媒体传播的大型集团公司的出现贯穿整个发展进程。技术融合、运营商汇聚、行业集中，是三个有先后次序的概念。这三个概念标明了传播领域这些年的发展历程，这在未来的几年里会更加凸显。

信息的数字化在很大程度上为融合提供了可能。在尼克拉斯·内格罗蓬特[①]看来，数字化包含四个特点：（1）分散权力，特别是生产和决策过程中的权力；（2）全球化，就是说，由于数字化，许多政治、经济和社会活动链正在向全球范围扩展；（3）追求和谐，因为一种新的共同语言现象将会产生，它能跨越国界，是一种“前所未有的共同语言，使人们能够超越国界更好地相互理解”[②]；（4）赋予能力（授予权力），数字化代表了一种新的权力，使人们能够享有自由、实现自我以及获得专业技能。

互联网和与之高度相关的数字化，成为网络和媒体世界乃至整个社会的关键因素。

电子传播网络的发展及其融合是一个重大的经济、政治和社会事件。网络之间的融合、网络与设备之间的融合以及网络、各种配置与内容之间的融合开创了全新的广阔天地。对于媒体和文化生产来说，这已经成为决定性因素。

网络和信息数字化为进一步推动言论自由、提供新的创作渠道、让我们的社会有更多的“发布者”拓展了空间，也为扩大国内外公共领域的辩论规模、建立新的具有社会凝聚力的规范化机制提供了更多的可能。

甚至麦克切斯尼也因为网络的爆发而推论出媒体大佬们的结局：“那些老牌的多媒体集团行

① “作为一种自然的力量，数字时代是无法被否定或被终止的。它具有四种使其无往而不胜的强大特点：分散权力、全球化、追求和谐与赋予能力。” NEGROPONTE, N. Being Digital. Nueva York: Random House, 1995, p. 229.

② NEGROPONTE, 1995: 230.

将就木——它们现在还在试图通过兼并和阴谋诡计来力挽狂澜，但它们不可能逃过互联网这座冰山所带来的竞争劫难。”[①]尽管有人不认同麦克切斯尼的这一论断，但显然，在这种新的不确定的情况下，全世界的大型媒体集团都面临着客观存在的困难，不知该何去何从。毫无疑问，这是通信和媒体领域遭遇的史无前例的网络大爆发可能带来的一种结果。

在我的上一本书《第一权力》[②]中，我的一个主要假设是：“社会传播媒体和电子传播网络作为主要的‘中介结构’（mediating structures）会起到越来越大的作用，也正因为如此，它们对于以下几个方面来说，更是相当于一种生成价值观的中介（value-generating agency）：代表个体的象征世界的发展、对现实的解释以及知识的生成与表达。”[③]我补充说：“这个媒体和电子传播网络（MC/RCE）的三重作用——在数字融合的背景下密切相关——在世界的社会、经济和政治结构及经济、社会和民主发展中具有决定性的作用。”[④]经过这三年的调研，我认为已经可以证实这一假设，但我会将“中介结构”改为“中介网络”。另外，我也会直接用多媒体传播网络的概念直接替代媒体和电子传播网络，因为多媒体传播网络更清楚准确地描述了融合的过程及其操作方式。这也正式认定了那些“有权创造网络”的人的中心地位，他们因为“拥有融资、法律、机构和技术资源，才有条件组织和经营大众传播网络，从而决定了网络对其他权力核心——政治、经济、金融、媒体等——的依附性”[⑤]。这种依附性以及其在一定程度上所具有的决定性，但尤为重要的是其“中介”性，使我能够更加明确对多媒体传播网络的定义。

从这个意义上讲，我所理解的多媒体传播网络由媒体和电子传播网络共同组成，它们之间的相互关联和融合日益紧密，这对人类关系和社会经济的发展来说是不可或缺的。它已经成为一种中介网络，这种网络产生了代表个体的象征世界及其准入

① McCHESNEY, 2008: 18.
② CARBONELL, J. M. *El Primer Poder*. Mina, 2008.
③ CARBONELL, 2008: 103.
④ CARBONELL, 2008: 103.
⑤ CASTELLS, 2009: 539.

条件，以行使公民权、阐释现实，并生成新的认识及表达方式。

因此，首先，多媒体传播网络是生成个体象征世界的中介网络。事实上，在工业化社会中，特别是在北半球，我们正在目睹传统的中介结构逐步解体，如家庭、学校、教会、政党、工会或其他种类的社团。用德国社会学家乌尔里希·贝克的话来说，我们处于一个“个体化过程”中。这个过程直接关系到“第二现代性”或“反思现代性”。“第二现代性”不同于启蒙时代的“第一现代性”，它不再满足于“作为个体”存在，而是以“成就个体”为根本目标。贝克认为：“在我们生活的时代，国家社会秩序、阶级、种族和传统家庭的地位日趋弱化，追求自我实现是现代社会的主流。每一个人都可以做出选择、决定、行动，向往成为自己生活的主导者、自我身份的创造者，个体也因而变成了我们这个时代的主角。”[①]社会化进程举步维艰，因为社会化的结构已渐行渐远，而个体的选择空间越来越大，个人主义也随之增长。在这种情境之下，多媒体传播网络对于个体形成价值观和象征世界都具有核心作用。

其次，多媒体传播网络已经成为界定行使公民权利准入条件的一个不可或缺的要素。当你想查找一些信息，你会更多地上网查询；当你想浏览多媒体的内容，不管是线性或非线性，还是点对多点，抑或点对点通信（P2P），都离不开多媒体传播网络。访问准入是一个关键问题。里夫金指出：“在这个新时代，权力属于那些监视者，他们既控制着流行文化的接入，又控制着地理网络和空间网络的接入，通过征用网络和改造文化，将文化市场化……网络门户成为热词……用来指接入网络的不同路径、平行世界或虚拟世界。门户网站通常是那些制定准入规则和条件的机构和个人控制的，由他们来决定谁能够访问，谁又被拒之门外。”[②]

正如卡斯特尔的精辟论断所说的，网络化的权力（指联网的权力）和制造网络的权力（指创建网络的权力）在网络中至关重要，尤其在通过网

① BECK, 2003: 70.

② RIFKIN, J. *La era del Acceso*. Paidós, Barcelona, 2000, p. 236.

络行使权力时具有决定性的作用。可以肯定地说，随着受众的不断分化、窗口的倍增以及“每个人都是内容输出者”——“大众自传播”——的传播结构日渐成形[①]，网络的中介能力也被弱化了。他说得有理有据，如今在西方社会，若是想严格地把媒体和网络仅仅作为宣传工具来使用，可是越来越难了，李普曼曾经以为可以那样做。“迷惑的羊群”（bewildered herd）[②]必须通过媒体被驯化，因为公众舆论应该只在有关公共利益的重大问题上发声，而打理“羊群”的工作则留给那些“专业人士和有担当的人”[③]。受众分化与内容输出者数量激增的可能性是非常重要的方面，这也将导致受众的专业化。然而，需要明确的是，不管怎样，网络的全球部署和世界的全球化进程使得某些大事件能够获得全球受众的关注，某些视听产品的受众人数创下世界纪录，比如，“9·11”双子大厦的恐怖袭击、约翰·保罗二世的葬礼——几乎是全程直播，奥巴马的胜利、海地地震、奥运会的开幕式、大型足球赛事、电影《阿凡达》等都是如此。在当今这个全球化和网络化的世界，赢得数以百万计受众的可能性都已成为现实。多媒体传播网络的影响力震撼人心。这里还有另一个悖论：一方面是受众的分化与大众自传播，另一方面则是受众的同一性与大众传播，这在人类历史上从未出现过。

最后，多媒体传播网络也成为解释现实、产生和表达知识的基础网络。多媒体传播网络不仅改变了信息环境，还改变了知识环境。常规教育体系的根本转型已势在必行。我相信，教育体系采用数字语言、信息数字化以及网络和屏幕构成的操作系统之后，一定会有一个历史性的转折。

电子通信网络远不止于信息传输的技术支持。同时，正如卡斯特尔指出的那样，“电子传播网络将成为我们生活的支撑”[④]。我们要记住，在卡斯特尔和里夫金看来，通过网络访问和参与社

① CASTELLS, M. *Comunicació i Poder*. Barcelona: UOC Press, 2009: 539.

② 原文为英语，西班牙语可译成“el rebaño perplejo”，意思是“迷惑的牧群/民众”。

③ CHOMSKY, 1991: 15.

④ CASTELLS, 2004: 431.

会是信息时代的决定性因素。正如我们所看到的那样，知识的生成以及社会的结构化在很大程度上取决于此。简而言之，日益融合的多媒体网络正在成为访问、中介和认识的基本网络。它是一种巨大的权力，在许多方面是决定性的权力，更是现实社会建构中的一种霸权。

二、互联网兴起与大众自传播

正如我们所看到的，上述的一系列变化是由微电子行业的革命及其在电子传播网络领域中的特殊反响不断推进的。在这些网络中，互联网是人类史无前例的变革驱动力。

迪马吉奥等人给互联网下的定义是“通过计算机将人与信息连接起来的网络之间的电子网络，并与其他数字设备一同实现人与人之间的信息传播与信息检索”[①]。因此，我们在此指的是在永久连接的电子传播网络中运行的计算机和其他数字设备以及信息基础设施，还指那些可以通过这些网络传输的内容。也许1995年国际互联网协会（ISOC）的决议所指出的互联网的定义最为精确：“（它）是一种全球性信息系统，其特点如下：（i）通过基于互联网协议（IP）的空间单一地址或通过其后续空间扩展子协议的逻辑以整体形式链接的一个系统；（ii）能够通过使用传输控制协议/互联网协议（TCP/IP）或其后续空间扩展子协议，以及其他IP兼容协议传输信息；（iii）提供和使用公共或私人的高水平通信服务及相关的基础设施，或使这些服务和设施具有可及性。”[②]

互联网在过去15年里的迅猛发展向我们展示了这个网间之网如何成为人们理解电信和媒体领域乃至整个世界的关键。我们来看一个非常简单的数据变化：1996年，接入互联网的家庭估计为37.6万个；2006年这个数字达到了3.95亿[③]。2009

① DIMAGGIO, P./HARGITTAI, E./NEUMAN, W. R./RUBINSON, J. P. "Social implications of the Internet", *Annual Review of Sociology*, 27, 2001.

② Citado en FLEW, T. *New Media. An Introduction*. Oxford: Oxford University Press, 2008, p. 5.

③ Citado en FLEW, 2008: 8.

年确认的数据为4.22亿，占世界家庭总数的20%，2013年的数字为大约5.8亿[1]。再回顾一下其他数据，国际电信联盟的数据显示，世界人口的26%，即17亿人已经使用互联网。另一方面，在全球17亿个家庭中，有13亿个家庭有电视，占比为77.2%。6亿个家庭拥有电脑，占比为34.3%。不到15年的时间，发生了如此巨大的飞跃！这一巨变也带来了许多其他的变化，如工作方式、获取信息的方式、人际交往的方式、认知和习得的方式。对许多人，特别是一代又一代的年轻人来说，互联网是一种生活和共生的方式。媒体世界的变化一直都很激进，现在依然如此，具有典范性。

随着互联网的出现，媒体世界正在发生一场真正意义上的变革。所谓的"新媒体"登场，迫使传统媒体不得不努力应变。"新媒体"最初指那些互联网上的媒体，或是通过互联网传播信息和相互交流的媒体。之后，新媒体名下又出现了数字媒体，基本上都是挂在互联网上的。数字媒体开启了新的可能性，例如，为手机提供信息。但新媒体的主要特点是什么？弗卢总结说，新媒体或任何形式的数字信息，都具有以下特点：

- 可操作性，数字信息很容易改变，并适用于创作、改编、发行和使用的所有过程；
- 可联网性，数字信息可以通过许多用户进行远程共享和交换；
- 高密度性，大量的数字信息可以存储在很小的实体空间或网络服务器上；
- 可压缩性，大量的信息可在被需要时压缩或解压；
- 中立性[2]，数字信息以不同的形式，通过不同的网络移动，独立于其创作者或所有者。[3]

① http: //www. gartner. com/ technology/research. jsp.

② 此处作者使用了英文单词"impartial"，我把它直译为"imparcial"（西班牙语的意思是"公正性"）以尊重原文，但我觉得译为"neutral"（中立性）更为恰当。

③ FLEW, 2008: 3.

此外，还有一个与新媒体密不可分的因素，即莱斯格定义的“信息共有空间”（information commons）。“共有空间”这个概念代表着一种新的代码，它可以改变信息环境，并直接影响互联网的创新性。莱斯格是这样解释“共有空间”的：“第一层是代码，即一个构建网络的通用软件，在其运行时具有许多操作功能；第二层是知识，即关于网络和使其运行的代码的观点和信息，可以自由交流；第三层为以上两层共同推动的创新结果，代表了向所有人开放的机会，用以创新和搭建网络平台。”①

在莱斯格看来，互联网能促进文化、革新和创造力的解放。莱斯格是“知识共享协会”（CC）②的创始人，该协会的主要目的是努力脱离强权者的保护。根据莱斯格的观点，现代文化正在被传统内容所掌控，而这些传统内容受控于经销商们，他们想要维持和加强自己的垄断地位，特别是在音乐和电影领域。然而，“共有空间”这一概念正在围绕互联网一步一步地强势铺开，毫无疑问，它代表着互联网另一个特有的专属因素。

新媒体迫使报纸、广播和电视等传统媒体进行深度转型。旧媒体正在新媒体的裹挟之下经历一次前所未有的重大变革。

一方面，在过去十五年中，信息数字化已经迫使大多数纸媒的撰稿方式和所有媒体的信息生成系统发生改变。它甚至在质疑新闻稿的分类，并越来越倾向于多媒体写作。信息的数字化和压缩已经使成本下降，特别是人工成本。另一方面，数字化和网络使传播窗口成倍增多。在所有传统的传媒领域，成为信息传者的成本已经降低，这使传播窗口大幅增多。传统媒体不得不去适应和转型，其霸权地位也受到了质疑。在通过非加密赫兹波传输信息的电视领域，电波的数字化意味着许多国家频道的数量已经增加了5倍。然而，广播的情况有所不同。建立数字无线电的通用标准（现在有英国

① LESSING, L. *The Future of Ideas: The Fate of the Commons in a Connected World*. Nueva York: Vintage Books, 2001.

② 知识共享协会是一个非营利组织，设在旧金山，宗旨在于扩大创意作品的流通与改编，使其他人能够合法地利用和共享。

标准、韩国标准、美国标准等）比较困难，这也就导致目前基本上不存在数字无线电。但不管怎样，通过地面数字电视（TDT）信号系统或互联网来优化FM调频广播的做法也促使广播发生改变。受这些变化影响最大的媒体可能是报纸，通常来说，纸媒明显在走下坡路，目前这一领域的未来尚不明朗。

随着传播窗口的猛增，那些传播集团试图找到应对新形势的策略，而“协同”作战势在必行。事实上，对传统媒体来说，想要在这个新时期立足可以说困难重重。也许曾经的它们维持着公司臃肿的管理机构，没能及时看清楚周遭环境的变化，而它们都需要随之改变。[①]纸媒已经看到了发行数字版的必要性，而且在某些情况下，数字版的传播面更广。同时，身陷激烈竞争的传播集团也不得不介入各种媒体以扩大影响面，从而进入多媒体世界。纸媒加入广播电视的队伍，而广播电视也走进了纸媒的世界，所有的媒体都在互联网上拓展业务。

除了传统媒体和新媒体的这些转变之外，我们还看到了一个全新的传播概念，即“大众自传播”。曼纽尔·卡斯特尔认为：“这些横向网络使得由我本人命名的‘大众自传播’得到了扩展，与大型传媒公司相比，它明显提高了交流主体的自主性，因为用户可以在同一时间既是信息的发送者，也是信息的接收者。”[②]

他还补充道：“随着互联网的普及，一种新的互动传播方式出现了，其特点是能够多对多地实时或定时发送信息，并有可能使用点对点的传播方式……这是一种大众传播方式，因为它很有可能会向全球的受众传播信息……一个人可以自己制作一条信息，选定可能的接收者并选择具体的信息以及他想要检索的网站或者电子通信网络上的内容。”[③]他继续说道：“三种传播形式（人际传播、大众传播和大众自传播）相互依存、相互作用、相互补充，而不是相互取代。”[④]

① STONE, M.; BIERHOFF, J. "The satte of multimedia newsrooms in Europe", en *The European Multimedia Lanscape*. International Institute of Infoeconomics, European Center for Digital Communication, 2002.

② CASTELLS, 2009: 22.

③ CASTELLS, 2009: 88.

④ CASTELLS, 2009: 88.

“大众自传播”这个新概念将涉及网络（特别是互联网）的激进转变现象描述得很到位。它打破了以往那种对流量和信息流通进行控制的模式。我再说一遍，随着互联网的发展，信息管理与制作成本的降低，一般来说指多媒体内容的制作与管理，我们确实目睹了一种情景，即掌握在少数人手中的“传播”核心与新闻内容或文化性的内容之间很可能发生断裂。“大众自传播”确实构建了一个真实的舞台，虽然这个舞台明显还不够大，并且受到异常严峻的威胁，但它却是21世纪初最为显著，也最为关键，从根本上来说非常重要的变化之一。然而，这一过程却与全球多媒体行业的集中化过程在矛盾中共存。

三、“大片产业链”与集中化趋势

《经济学人》[1]杂志声称“热门大片”又回来了。英语原文用的“blockbusters”这个词，也让我们想起了那家租售录像带、DVD的重磅级连锁店的名字，大约十年前，它几乎侵入了美洲的各个角落以及其他几大洲。这个名字的意思是那些流行热卖的音像产品。随着网络的发展，有线电视或ADSL运营商开通了视频点播服务，用户可以通过互联网访问视听内容，这家音像制品零售业的国际巨头因而风光不再。然而，《经济学人》的中心论点则是以“blockbusters”回归的意象来凸显视听行业的集中化进程和热卖的音像产品回归当下的现实。

正如我之前解释过的那样，这是我们正在经历的一对矛盾：一边是各种类型的视听作品大量发行，形成前所未有的爆炸之势，另一边是网络提供了在世界各国大经销商们的控制范围之外使用的发行方式，还要再加上“大众自传播”的发力。尽管如此，我们还必须说明，有一些旨在“热卖”的网络——无论是电影院，还是

① The Economist（28 de noviembre de 2009）.

拥有播出权的电视台，又或是在互联网上被称为“优享”产品的供应商——一方面指那些能够访问热销内容的人，另一方面指拥有数百万受众的产品，如电影、新闻节目、电视连续剧、图书等。如今存在一个比以往任何时候都更为清晰的“全球传播市场”[①]。在撰写本章时，我们看到了詹姆斯·卡梅隆执导的3D电影《阿凡达》的成功，此片是由鲁伯特·默多克执掌的新闻集团旗下的福克斯公司制作的。《阿凡达》的观众遍布全球，数以千万计。此片成为影视创作的经典范例，预示了未来几年3D数字电影走强的趋势。随着视听窗口的剧增、影院上座率的下降，再加上互联网和它所带来的碎片化现象，我们原以为“blockbusters曾有的热卖盛况”将一去不返真是想错了。在这里，我强调一下我的研究重点之一是多媒体传播网络，它既为内容加倍和受众细分提供了无限可能性，也为各国的受众共同促进全球发展创造了条件。

所有这些方面让我们看到，在媒体数量增加和受众细分的同时，世界上最大规模的多媒体公司都进入了高度集中的过程。第一部分是那些制作多媒体内容并以多种形式推广和发行产品的公司；第二部分是经营传播网络的公司；第三部分是为网络提供服务和设备的公司。我举几个例子来说明：第一部分有时代华纳、华特·迪士尼、NBC环球等；第二部分有美国电话电报公司（AT&T）、康卡斯特电信公司（Comcast）、西班牙电信公司（Telefónica）、日本电话电报公司（NTT）；而第三部分有谷歌、苹果、微软等。本研究将重点关注第一部分的大公司。

本·巴格迪坎是一位美国学者，他研究电信和媒体行业集中化进程已超过25年。2000年，他再版了1983年出版的《传播媒介的垄断》[②]一书，这是他最重要的著作。在新版的序言中，他补充了关于美国媒体垄断集中过程的最新资料。他明确地

① MORA-FIGUEROA, 2009: 25.

② BAGDIKIAN, B. H. *The Media Monopoly*. Boston: Beacon Press, 2000.

指出，大型传媒公司已经影响并做到了“制定视听法律”[①]以保护自己的利益，却损害了公共利益。“它们的”法律推进了集中化过程。在第一版的数据中，美国共有2.5万家大众媒体（1.7万家报纸、1.1万家杂志、9000家广播、1000家电视台、2500家图书出版商、7家电影制片厂），它们被50家集团公司所掌控，这些公司还组建了“私营信息与文化部”[②]。在2000年的这一版中，曾经的50家公司只剩下6家。

2004年，巴格迪坎再次修订了他的代表作，在此基础上出版了《新媒体垄断》[③]一书。这一次，6家集团公司变成了5家，即时代华纳、华特·迪士尼、新闻集团、贝塔斯曼和维亚康姆（维亚康姆和哥伦比亚广播公司CBS曾合并，后又分开）。

是哪些公司组成了全球传播市场？巴格迪坎认为有5家，自由出版社认为有6家或是7家，还有一些人，如诺阿姆[④]，把那些内容制作与推广公司和那些发行公司混为一谈，如康卡斯特公司。相关领域的研究者对此没有达成共识。另一方面，公司方面的各种变更也会持续改变传播市场的大环境，结盟和合并已是常态。2010年2月，美国联邦通信委员会[⑤]正在研究是否同意通用电气和康卡斯特之间的交易，后者是美国最大的有线电视公司，打算买下通用电器所持有的NBC环球的大多数股权。这可能还意味着维旺迪在美国境内的消失，以及让-马里·梅西埃的美国冒险之旅的终结（通用电气将收购拥有NBC环球的维旺迪20%的股权）。

总而言之，在分析了不同的信息来源后，我认为当今世界上主要的多媒体内容公司有以下七家。

七大巨头[⑥]（按2008年收入排序）

华特·迪士尼公司旗下有美国广播公司电视网（ABC）、迪士尼频道（为全球各地的家

① BAGDIKIAN B. H. 2000: 8.
② BAGDIKIAN, 2000: 7.
③ BAGDIKIAN, B. H. *The New Media Monopoly*. Boston: Beacon Press, 2004.
④ NOAM, E. *Media Ownership and Concentration in America*. Oxford: Oxford University Press, 2009, p. 400.
⑤ FCC: Federal Comission of Communications.
⑥ 数据摘自NOAM: 2009; CASTELLS: 2009; BAGDIKIAN: 2004, 网址为: http: // www. freepress. net。

庭，特别是儿童提供各种主题频道）、SOAPnet、AE&Lifetime，277家广播电台、音乐制作公司和出版社、电影制作公司〔如试金石公司（Touchstone）、米拉麦克斯影业公司（Miramax）、华特·迪士尼动画工作室（Walt Disney Pictures）、米尔动画工作室（Mear Animation Studios），华特·迪士尼和米尔是世界上最重要的两个动画工作室〕，以及世界各地的迪士尼主题公园。其主营业务集中于娱乐、主题公园和ABC，经营活动遍及全球。最近，其首席执行官迈克尔·艾斯纳被迫辞职，他们的广播网络已被售出。

2008年，其营业额为378亿美元（媒体占40%，电影制作占30%，主题公园占25%，其余来自消费品）。

News Corporation 新闻集团的控股媒体公司包括：福克斯广播公司；电视和有线电视网络，如福克斯、福克斯商业频道、英国天空广播、国家地理和FX电视网；报纸，如《华尔街日报》《泰晤士报》《纽约邮报》《电视指南》等；杂志，如《巴伦杂志》（*Barron's*）、《财智月刊》（*Smart Money*）和《旗帜周刊》（*The Weekly Standard*）等；出版社，如哈珀柯林斯出版社（Harper Collins）；电影公司，如20世纪福克斯、福克斯探照灯电影公司和蓝天工作室；互联网门户网站，如Myspace.com、Marketwatch.com等；以及国家橄榄球联盟等非媒体控股公司。

鲁伯特·默多克帝国起步于澳大利亚和英国，在美国和亚洲日益强盛。在美国，其福克斯新闻台和《华尔街日报》已成为保守派和右翼的媒体，但其影视产品（连续剧和动画片）另有标准。近年来，默多克在互联网门户上做了许多大手笔的投资。

该集团2008年的营业额达330亿美元。

TimeWarner

时代华纳是美国的一家媒体集团，打造了世界上最为广阔的媒体事业版图，旗下控股公司包括：美国有线电视新闻网（CNN）、CW电视台（哥伦比亚广播公司的合资公司）、HBO电视网、Cinemax、卡通网络、TBS电视台、特纳电视网（TNT）、美国在线（AOL）、MapQuest地图网、Moviefone、华纳兄弟影业公司、城堡石娱乐公司（Castle Rock）和新线电影公司（New Line Cinema），以及《时代》（*Time*）、《体育画报》（*Sports Illustrated*）、《财富》（*Fortune*）、*Marie Claire*和*People*等150多种杂志。

该公司是时代华纳与美国在线合并、经营失败后又进行了一系列整改的成果。与美国在线拆分后，它不得不让出其音乐和出版业务。它的主要资产是时代出版集团、华纳电影公司，以及电视频道，特别是CNN。

时代华纳2008年的营业额为298亿美元。

BERTELSMANN

贝塔斯曼股份公司是另一家跨国媒体集团，在欧洲和美国都拥有重要的控股公司。贝塔斯曼旗下有兰登书屋出版集团、RTL广播电视集团、音乐版权管理公司、古纳亚尔出版公司（Gruner + Jahr）。该公司曾经由莱茵哈德·摩恩经营多年，如今由贝塔斯曼家族掌控。2002年，贝塔斯曼收购互联网音乐资源公司Napster失败，时任CEO托马斯·米德尔霍夫被辞退。

该集团2008年的营业额为223亿美元。

NBC环球仍是由通用电气和维旺迪控股，二者分别持有80%和20%的股份。这家公司是环球影业和维旺迪国际集团最初合并时的产物，后来又与通用电气公司（掌控着NBC广播电视网络）合并。2009年12月，通用电气宣布与康卡斯特（有线电视公司）达成一项初步协议，后者持有NBC环球51%的股份，通用电气收购维旺迪手中的20%的股份。NBC环球包括NBC和世界电视网（Telemundo电视频道）、环球影业（Universal Pictures）、焦点影业（Foco Features）、美国的26家电视台（NBC环球），以及微软全国有线广播电视公司（MSNBC）、布拉沃有线电视网（Bravo）。

NBC环球2008年的营业额为190亿美元。

维亚康姆旗下有：MTV、尼克罗迪恩儿童频道（Nickelodeon/Nick-at-Nite）、VHL、BET、美国喜剧中心频道、派拉蒙电影公司、派拉蒙家庭娱乐公司、Atom娱乐公司、音乐游戏开发商Harmonix。维亚康姆与印度媒体集团（Global Broadcast）建立了合资企业，它拥有10家电视台，另外，在收购了哥伦比亚广播公司之后，维亚康姆又卖掉了它。维亚康姆还卖掉了音像租赁商Blockbusters。

其2008年的营业额为146亿美元。

哥伦比亚广播公司拥有CBS电视网、CBS电视发行集团、CW（与时代华纳合资），娱乐时间（Showtime），西蒙&舒斯特（Simon & Schuster）出版社和书籍发行公司、29家电视台以及拥有140家广播电台的加拿大广播公司（CBC）。该公司于2000年初被维亚康姆收购，但艰难经营多年之后，决策层决定将两家公司重新拆分。

其2008年的营业额为140亿美元。

四、七巨头的发展趋势

在对这些公司进行深入分析之后，我很想指出一些我认为非常重要的方面。

1.所有这些公司目前都处于困难时期

在过去的五年中，这些传媒巨头都经历过内部危机。从维亚康姆先是收购CBS，无力经营之后又与之脱离，到贝塔斯曼在数字世界的运营连连落败；从美国在线与时代华纳的合并，到梅西埃和他的维望迪在美国冒险的失败。这些传媒巨头面临着两大挑战：第一，数字技术的发展和商业模式的变化已经让整个传媒体系受到巨大的冲击；第二，全球化的挑战令它们必须放眼世界。在这种情势之下，这些公司要么继续开疆扩土以占据行业的制高点，就像垄断的一贯做法，从而远离竞争；要么重新规划，不破不立，以应对新的局面。除此之外，还有第三条路可行：与网络公司联手以获得新的发展空间和支配权。互联网因具有对内容的管理和控制优势，地位越来越巩固，毫无疑问，新的内容窗口也会层出不穷，这给传媒巨头设置了重重困难，使它们的未来变得不确定。正如我们所看到的，甚至连麦克切斯尼也指出了它们可能会面对的结局："如今任何人都可以创建自己的门户网站，每个人都可以自由访问网站，一个真正的、民主的、有竞争力的媒体系统已然出现。这些老牌巨头正走向崩溃。"[①]很可能，目前有更多困难的公司是那些专门维持着更严格的结构并且没有将内容外包的公司。

2.每家巨头传媒公司都想领导和控制全球的发行和推广过程

事实上，通过仔细分析每家公司的资产状况，我们可以看到它们都在努力引领发行和推广过程，也都或多或少取得了一些业绩。它们都设立了负责内容制作的子公司（主要是通过兼并）、全球分销公司和分销网络、特许经营的子公司（生产衍生产品）。比如说，新闻集团要推出一款音像制

① McCHESNEY, 2008: 16.

品，通常会在20世纪福克斯公司进行制作，由福克斯电影娱乐公司发行，主要通过福克斯的全球电视网络和欧洲、美国和亚洲市场的报纸和杂志进行宣传，最后从20世纪福克斯公司特许经营与商品推广部门获得授权。当然，在 Myspace.com 网站，此音像制品会被放在十分显眼的位置，同时还可以肯定的是，能够首播其推广的音像制品内容的电视网络，非新闻集团的综合频道或专题频道莫属。在全球市场投资和获得音像制品的可能性也为每个国家内部的次要音像制品，也就是人们常说的“B系列”的市场定位带来空间。

3.多媒体内容的制作工作越来越多地被外包出去，而媒体巨头发挥整合者的作用

艾里·诺姆认为好莱坞的成功可以用这样一个事实来解释，即当今的媒体巨头基本上都是整合与发行公司，而大部分内容制作公司——可以说是成千上万的——都是独立的小公司，还有很多个体经营者，具有很大的灵活性，组织结构简单。巨头们都是“行业系统的整合者……传媒产业的结构重组已经抛开了传统的垂直整合模式——主要是人才和媒体自身——而选择一种更为横向型的模式……1980年至1995年期间，娱乐公司的数量增加了两倍。有超过10万家小企业和个体户的员工人数不到10人”[①]。这些巨头更像是一张张大网，努力推动创新和网罗人才，并进行整合，而最终的目的就是在整合之后控制产品的发行与推广。

4.想要控制发行和推广过程就需要与网络运营公司联手

我们之前谈到过结盟与合并有第三种可能性，即内容制作公司与电子通信网络运营公司之间的结盟。事实上，CBS和时代华纳这两个竞争对手联合创建CW公司（美国第五大有线电视公司），或者康卡斯特收购和控股NBC环球的案例就解释了这第三种可能性。我们再回想一下，默多克的新闻集团拥有自己的卫星电视网络，这是其主要资产之一。其他国家也倾向于发展这种可能性。

一方面，提供内容的公司找到了可以联手的

① NOAM，2009.

网络公司；另一方面，网络运营商也找到了内容，如果监管规制允许的话，还可以把这些内容变为自己独有的。例如，康卡斯特的结盟给美国带来的最大恐惧之一就是：康卡斯特为2400万美国家庭提供有线电视服务，它是否会迫使NBC环球——著名体育频道ESPN和其他NBC综合电视频道等的所有者——只使用它们自己的网络，或者为电信公司之间的竞争标出天价。目前的风险在于行业巨头有可能总是以集团协同作战为名，歧视运营商、传播渠道和内容。美国联邦通信委员会和美国司法部的决定对于该系统的未来将至关重要。

5.“文化同一性”的趋势

尽管印度的音像制品[①]，如众所周知的宝莱坞，或尼日利亚的诺莱坞，抑或巴西以及世界其他地方的音像制品的地位日益重要，但主要还是来自英语文化的媒体能显著影响人们的价值观和对全球化的认识。欧盟日渐式微，从视听内容的角度来看，其与英美世界也是各走一边，英美模式的霸权在文化产品的发行和信息行业中明显占有主导地位。在这个领域，像BBC世界服务、CNN、CNBC或Fox都已经成为全球性的媒体，而法国、西班牙、德国，或者说欧盟整体并没有在建立更为“共同”的内容系统上取得理想的成效。2009年欧洲文化电视频道德法公共电视（ARTE）和欧洲新闻电视台（EURONEWS）的财务危机就是欧盟无能为力的一个很好的例子。这也有助于人们理解欧盟的未来很大程度上取决于它在构建共同的传播空间时是否有能力打造一种共同的群体观。面对这种弱势，英美传媒巨头倾向于促成一种文化同一性，把它建立在原有的各种文化身份之上，或是排斥地方和地区的同一性。

6.把影响扩大到传播领域之外的趋势

这些公司都是行业巨头，是真正的跨国媒体集团，能有这样的实力恰恰在于它们掌控着视听产品——从剧本到制作和发行——的经营模式、市场和其他的公

① CASTELLS, 2009: 135.

司。正如我反复强调的，在产品制作过程中，它们是不可或缺的“整合者”，而在发行过程中，它们既能操控国内市场，又能把握国际市场。它们拥有庞大的新闻网络，可以制造公众形象。这种借助群体观、黄金时段的新闻对人们的价值观和意识形态施加影响的能力，赋予了它们超出其行业领域之外的权力。巴格迪坎的论述一目了然：“媒体的权力是一种政治权力。政客不敢冒犯那些媒体的掌权人，因为他们可以决定这些政客在选民中树立什么样的形象。但是现在，媒体产业和传统的企业权力相结合，其势力范围已是前几代掌门人难以企及的。”[①]卡斯特尔在谈到默多克及其影响力时，说：“他一直用的是一个三管齐下的策略，一为执政者提供宣传平台，二给反对党提供资金，三给自己所需要的政客提供支持。这一策略在不同的国家进行传播规制改革时，都产生了影响。”[②]

巴格迪坎、麦克切斯尼、乔姆斯基、贝克组成的批评派，或称悲观派，分析了美国媒体的发展历程并指出媒体的集中化过程加重了信息单一化，因而对该系统的多元化产生了负面影响。针对这样的观点，有人发出了不同的声音，认为情形还没有这么严重。以卡托研究所的狄雷尔为首，还有康佩恩与戈梅里，他们都是多年来一直研究媒体系统演变问题的专家。他们并不否认大公司的集中化过程，但认为大公司所有权的分化要求它们必须对其制作的内容和发行路线进行监控。关于公司所有权，康佩恩和戈梅里指出：“数以千计的大小公司和组织……直接或间接地受控于数十万股东以及公众舆论。”[③]而且，这一派的学者坚持认定一个事实，即声音越多样化，选择的可能性就越大，而随着互联网的介入，这种可能性将更有保障。

艾里·诺姆可能是多媒体传播网络规制方面最有权威的学者之一，在其论述详尽的新书[④]中，他用信息产业竞争的评价标准分析了信息产业演变框架下的集中化过程。诺姆点评了巴格迪坎的数据资

① BAGDIKIAN, 2000: 14.
② CASTELLS, 2009: 549.
③ NOAM, 2009: 21.
④ NOAM, 2009.

料，并做了一些补充。“传媒产业在过去20年里一直更加集中，不过信息产业并未如此……但数字融合的动力导致传媒产业表现出数字融合的结构和特征。这意味着集中化过程将继续下去。这种结构状况将使集中化程度提高，因为从经济角度来看，越集中就越高效，而从社会的角度来看，这却不是必然发生的。但是，监管政策很难阻挡技术和经济方面的结构变化趋势。”①

这是诺姆的核心观点。我们正在经历的媒体变化和集中化过程在很大程度上是经济和社会的数字融合和全球化进程所带来的结果。与巴格迪坎不同的是，阿姆虽然并不认为这是一个如此集中的过程，但也确实看到了多元化和多样化的挑战。声音多元化和文化多样化是一个民主国家最重要的主题。

五、传播与网络的商品化——自由化与私有化

在过去的20年间，世界经历了缓慢但持续不断的公共服务自由化的过程，这些服务之前通常由国家垄断管理，后来转到私人手中。因此，这些公共服务的自由化导致了一部分之前由国家掌管的经济部门，特别是服务业的私有化。对欧洲国家来说，私有化的过程可能比美国的更加艰难，因为，在美国，一些服务行业已经完成了自由化，而且近年来，其所经历的过程从本质上可以说是一个放松管制的过程。

从20世纪80年代末开始，欧洲很大一部分公共服务经历了渐进式的、持续不断的自由化进程。自由化政策是从国家掌控的经济部门开始实施的，并已经影响了一些具有战略地位的行业，如银行、电子通信、运输服务、电力、燃气和其他一些服务行业，而这些行业当时都还掌控在国家手中。在许多情况下，这些行业都是从国家垄断过渡到私人寡头垄断的，确实有政治权力参与其中，且二者之间关系紧密，因为在制定对这些私有企业的监管政策的过程中，政治权力仍发挥着至关重要的作用。

从20世纪90年代开始，一方面，欧盟委员会

① NOAM, 2009: pp.445-446.

大力推行自由化，特别是电信行业的自由化，旨在促进知识社会的发展。[1]欧盟委员会于1994年批准了《班格曼报告：欧洲和全球信息社会》，以非常特殊的方式建议推行作为基础设施的电信网络的自由化，其目标是在1998年按照市场规律实现该行业的全面自由化。另一方面，美国的《1996年电信法案》代表了另一条途径——对该行业放松管制。美国的自由化进程是一个事实，但方式是通过对电信业和视听传播业更大力度的放松管制来推进行业自由化并加强其竞争力。

在视听传播领域，绝大多数的欧洲国家的视听服务均是公共服务，并在许多情况下是垄断服务。自由化、放松管制和私有化浪潮也冲击了公共媒体。在不到二十年的时间里，欧洲被垄断的公有视听传播服务模式几乎转变成了公私混合模式。过去五年来，这一趋势得到进一步加强。

私有集团带来的压力和一些欧洲领导人的政治无能导致私有化进程逐步走强，而这一进程从本质上来讲就是公共部门的作用不断被削弱。萨科齐和萨帕特罗取消公共电视中播放商业广告的措施，本是要确保公共视听媒体服务的独立性，就像BBC那样，结果却削弱了公共部门的分量。 从2010年开始，这些公共视听传媒公司就发现其在财务上几乎处于无以为继的情形：一方面，这些公司失去了广告收入，以西班牙国家广播电视公司（RTVE）为例，广告收入曾占其总收入的40%以上；另一方面，2010年中期，欧盟国家施行了预算削减政策，这是为平衡国家赤字和控制各国的公共债务所采取的强制性措施。这两个因素，再加上能够取代广告收入的资金模式尚无定论，真是让人担心这些国有媒体公司会出现更糟糕的状况。

同时，随着私有化和自由化的发展，美国和欧盟都面临着来自私有媒体集团和电信集团的不断施压，它们要求减少所谓的“监管压力”。这些集

① DE LA CUADRA-SALCEDO, TOMÁS. *Liberalización de las telecomunicaciones, servicio público y constitución económica europea*. Madrid: Centro de Estudios Constitucionales, 1995.INFORMES ANUALES DE FUENDESCO. *Telecomunicaciones 1996/Tendencias*, Madrid,1996; MERINO MERCHÁN, J. F. ; PÉREZ-UGENA, M.: *Régimen de las telecomunicaciones*, Madrid, Tecnos, 1998.

团不愿意承认其经营活动是一种为了公共利益且须受制于政府部门的干预以保证“公共利益”的活动。在很多情况下，它们只是在利用公共资源，例如无线电频谱，来开展公司的业务，并借自由化之名，一心维护自身主导地位，甚至几乎就是垄断地位。这些大公司的首要目标是盈利，为股东实现利益最大化。尽管有企业社会责任（CSR）部门来履行相关义务，但大多数企业仍对政府和监管机构大力施压，以使这些部门更少或更为灵活地对企业经营活动进行监管。过去的二十五年中，无论是传播网络还是传播内容，媒体都从一个社会产物变成了一个商业产物，从公共利益性质转变为严苛的商业利益性质。电话，或更宽泛地说，电子传播网络已经从普遍的公共服务转变成由大型私营跨国公司经营的公共服务。人们已经看到，同样的事情也发生在媒体领域，只不过强度较小。

在电子传播网络领域，尽管公共监管是必要的——这一点我们在后面会分析——其目的是确保一些基本原则被遵守，如网络的普遍性、可及性和中立性，但是自由化和私有化是一个没有回头路可走的过程。无论如何，从整体来看，电子传播网络的自由化和私有化对其自身的发展及其在全世界的普及都是积极因素。也许电子传播网络在结构上具有可带来经济效益的本质特点，但多媒体会只是一件有商业价值的物品或就是商品吗，从本质上讲它也是一种交易吗，还是说它实质上应该是服务于公众利益的呢？麦克切斯尼认为，“媒体必须自问它是社会变革的力量还是寡头统治的力量？……对于许多人而言，媒体体制的改变与经济体系的变化相关，它使社会更加人性化，更为‘公平’。但是这样的理念与自由民主政治理论密切相关。这不完全是理论上的：美国的宪政制度就是建立在这样一个健全的理论之上的，即自由的新闻体制对政府自治不可或缺。那么问题显而易见：那些媒体机构会建立哪些机构和制定哪些政策？而哪些做法和机构最适合实现自治？……对杰斐逊和麦迪逊来说，民主的巨大威胁是不平等和军国主义。他们认为，这两种现象会助长腐败、秘密行动、寡头政治和自由的丧失”[①]。

麦克切斯尼认为，如果没有一个反对不平等和军国主义的传播体系，美国的民主就会受到威胁。如果将传播网络置于市场的严格逻辑之下，只将其作为一种商品来看待，我们很可能会遭遇这样的情形：市场的那套逻辑会造成不同的声音和言论在公共领域不能被听到，这可能让公民再也无法使用电子传播网络，越来越难以在公共领域行使其公民的权利并履行相关义务。

在欧洲，传播的价值超越了经济或商业的维度。2007年，欧盟委员会回顾说，多元化是一种工具，可以保障公民的言论和信息自由的基本权利得到发展和有效执行。[②]同样，1997年，《马斯特里赫特条约》框架增加了《欧洲共同体条约》，其中，关于成员国公共视听传播系统的附件第32号议定书提出：公共服务与社会的民主需要、社会需要和文化需要直接相关，也与媒体保持多元化的需要直接相关。那么，欧洲的宽松管制和私有化进程会走向哪里呢？

我们确实应该恰当地提出相关的问题，并清楚孰重孰轻。让我们来看看：电话被发明出来已经超过125年了。在绝大多数西方国家，电话都被视为最普遍的公共服务。这项业务在有些国家由私营公司经营，在另一些国家则仍然归公共部门管理，但都曾声明这项服务是通用的。那就意味着这个网络是向公民开放的，人们应该在平等的条件下使用电话服务。那么，新的宽带网络又带来了什么变化呢？之前的声明已不复存在，而它对公民的重要性不容否认。为什么不提了呢？

在许多宪法中都写着公民有权获得真实的信息，这是公民进入公共领域的一个条件，也是参与公共事务的一个条件。当信息成为公民的一种基本权利，也是当今社会的关键组成部分之时，信息和传播就应该不仅仅是一种商品了。若是只将它置于市场的无形之手当中，那就太可惜了。

① McCHESNEY, R. B. *The Political Economy of Media*. Nueva York: Monthly Review, 2008, p.16.

② UNIÓN EUROPEA. *Commission Staff Working Document. Media Pluralism in Member States of the European Union*. SEC (2007) 32, de 16 de enero de 2007.

第二章

政治制度、多媒体传播网络体制与规制模式

多媒体传播网络这个概念涵盖了传播媒体和电子传播网络。到目前为止，我们已见证了它的演变历程，以及它与经济、社会、文化、政治等领域的深度关联。

在政治领域，多媒体传播网络具有十分重要的作用。我们看到多媒体网络已逐渐成为战略性的媒介，如今，公民可以通过它介入公共事务、获取信息、发表见解、学习知识，而社会也因之更加多元化，更加自由和进步。每个国家都有自己的传播体系，受诸多具体因素——社会、历史、政体——及各种机构共同作用。因而，它也是一种强大的机制，可以改变和影响社会及政治体系。在我们所处的后工业化社会中，多媒体传播网络很有可能正在变成社会与政治变革最为重要的工具。

在本章中，我们将分析媒介机制的概念及其与政治体系之间的关系。此外，本章还将考量在不同媒介机制的框架下，公共权力是如何通过不同的规制模式发挥干预作用的。当我们谈论媒介机制的时候，我们到底在谈论什么？总的来说，说到媒介机制时，我们指的是一个具体的国家或社会的传播媒体和电子传播网络的组织模式、影响以及它们之间的关系。实际上，我们应该分析市场的情况：网络

如何运营、竞争力与服务水平、渗透程度与质量，以及组织结构；还有网络资源与其所有权的结构，以及在很多情况下起决定作用的行政规制；另外，在分析明显来自受众方面的影响力时，更要关注受众的重要性以及他们的社会认同，并分析他们与权力机构之间的关系，尤其是公众与公共权力之间的相互关系。然而，鉴于网络与媒体之间的融合模式，我认为，从现在起使用多媒体传播网络这个概念来代替媒介的概念更为合适。

本章旨在通过分析某个具体国家的媒体和网络的演变与现状来确定是否存在一个具体、特殊且独有的多媒体传播网络机制，若存在这种情况，一些国家是否有着相似的媒体和网络发展进程，并且共享某种具体且相似的多媒体传播网络机制。

第一节　从《传媒的四种理论》到哈林和曼奇尼的三种比较媒介体制

一、《传媒的四种理论》

在丹尼斯·麦奎尔看来，发表于1956年的《传媒的四种理论》[①]是一本重要的新闻理论著作，“在媒体比较研究方面颇有参考价值”[②]。西伯特、彼得森和施拉姆的“四种理论”已经成为经典研究和理论依据之一，尤其是在英语国家，被用于划分和系统分析不同的媒体模式。[③]这是一项1956年的研究，尽管研究中提及了电视，但是有关电视的情况并没有被完全纳入其中（所以之

---

① SIEBERT, PETERSON y SCHRAMM. *Four Theories of Press*. Illinois: University of Illinois Press, 1963.

② McQUAIL, D. *La acción de los medios. Los medios de comunicación y el interés público*. Buenos Aires: Amorrortu, 1998, p. 108.

③ 除了西伯特、彼得森、施拉姆、哈林和曼奇尼的研究之外，其他学者在新闻传播制度和理论的定义方面的贡献也十分重要，诸如：MERRILL, J. C. *The Imperatives of Freedom*. Nueva York: Hastings House, 1974; de HACHTEN, W. A. *The World News Prism Chanching Media, Clashing ldeologies*. Ames: Iowa Unniversity Press, 1981; ALTSCHULL, J. H. *Agents of Power*. Nueva York: Longman, 1984; y PICARD, R. G. *The Press and the Decline of Democracy The Democratic Socialist Response in Public policy*. Wesport, CN: Greenwood Press, 1985; McQUAIL, D. *Introducción a la teoría de la comunicación de masas*. Paidós: Barcelona。

前才名为报刊的理论）。

二、哈林和曼奇尼的研究成果及其局限性

这两位研究者——哈林来自美国，曼奇尼来自意大利——在2003年提交了他们的研究成果，该成果于2004年出版。他们的研究范围限定在"北美和西欧发达的资本主义民主国家"[①]，通过对比分析几个具体国家和传播媒体的作用，这一研究推论出三种媒介体制模式：第一种："地中海或极化多元主义模式"；第二种："北欧/中欧或民主法团模式"；第三种："北大西洋或自由主义模式"。

哈林和曼奇尼在他们的研究中所依据的理论是塔尔科特·帕森斯[②]的结构功能分析理论。帕森斯认为，在其社会学理论的框架下，传播媒体的功能就是一个社会系统的各子系统之间相互交换过程中的工具。传播媒体为完成两个不同但又紧密相关的过程提供了可能：一方面，加大各个子系统的自主性，以提高自身特殊运行的效率，这强化了差异化过程代表现代社会根本演变趋势这一论点；另一方面，媒体发挥着调节器的功能，可以通过建立"相互渗透"的子系统来解决社会系统的功能整合问题。不同子系统之间相互渗透的过程有利于社会系统通过差异化的整合来进行自我补充。对于哈林和曼奇尼来说，这一理论"无疑对理解各媒介体制之间的区别极为有利，我们还可以把媒介体制和我们用过的很多概念联系起来"[③]。因此，为了理解差异化与去差异化的过程，他们在不同的媒介体制中采用了不同的概念：新闻业的专业化水平、政治平行性、国家干预、报刊发行量、国有视听媒体机构的组织结构与自主性等。

事实上，他们应用这一研究方法，基于传媒业的数据和其他有关社会、政治及其历史演进等方面的资料，得出了适用于一系列国家的五个具体指标。初始阶段的结论如下。

① HALLIN, C.; MANCINI, P. *Sistemas mediáticos comparados.* Barcelona: Hacer Editorial, 2007{2004}.

② PARSONS, T. *The System of Modern Societies.* Nueva Jersey: Prentice-Hall, Englewood Cliffs, 1971.

③ HALLIN, C.; MANCINI, P. 2007: 73.

1.报刊的发行量

相关的分析显示，英语国家和北欧国家的报刊发行量普遍较大，而地中海地区的报刊发行量较小。从历史上来看，地中海地区文盲率较高，言论自由相对较少。也正因如此，英语国家和北欧的报刊受众人数多、更普及，而地中海地区的报刊受众则多为精英阶层。

2.报刊的政治立场倾向

这一项分析的是报刊的思想立场，研究结果表明英语国家的报刊比较独立，北欧的报刊较中立，而地中海地区的报刊则明显有党派倾向。

3.新闻记者的专业化水平

这一项研究使用了三个解释性和对比性的评价标准：专业自主性、特有的专业准则和提供公共服务的专业导向，总结出英语国家和北欧的新闻专业化水平明显高于地中海地区的水平。

4.对广播电视运作与规制的政治干预

在这一项中，两位学者使用了汉弗雷斯[①]提出的分类法。

（1）政府管理模式。此模式是指广播电视直接受控于政府或支持政府的多数派，由相关政府严格掌控。其典型例子就是以前的那些国有公司，比如戴高乐政府控制下的法国广播电视公司（ORTF），或者西班牙独裁时期和民主过渡时期的那些广播电视公司。

（2）专业模式。该模式指的是公司的管理层具有完全的独立性，公司以透明的专业化管理机制运行。其范例就是英国广播公司，可扩展到加拿大和北欧一些国家。

（3）议会模式或部分代表模式。在此模式下，电视被掌控在政治党派手中，为议会服务。一个代表性的案例就是意大利国家电视台卖官鬻爵贿赂案，发生在20世纪80年代Tangente政府危机[②]爆发之前。当时三个意大利公共电视频道曾被掌控在三个最重要的党派手中（RAI 1台：意大利天

① HUMPHREYS, 1996: 111–159.

② 发生在意大利的因大量贪污腐败案件引起的政治危机，导致意大利天主教民主党（执政40年）和社会党（执政10年）20世纪90年代末在丑闻中垮台。

主教民主党；RAI 2台：世俗党；RAI 3台：意大利共产党）。西班牙的广播电视模式，按其1982年和2007年的法律规定，和议会模式极为相似，只是没有落入可怕的权钱交易中。西班牙现行法律则规定，公共机构的行政主席需要获得政府以及反对党在议会的大多数支持。

（4）“公民”模式或“社团”模式。这一模式下，理事会由公民社会中被委任的代表或社会上重要的团体组成。代表性的案例是德国各州和荷兰的公共电视模式，它们采用一种“极化”制度，在这一制度下，公共电视会被宗教或具有其他意识形态的团体直接掌控。

5.国家干预

国家对新闻市场的干预是通过法律建立标准实现的。这些法律涉及表达自由、通信自由、知情权的自由。在英语国家中，国家干预几乎不存在，但是北欧和地中海地区的国家则有较多的这类法规。

之后，哈林和曼奇尼也从五个方面来分析媒介体制的政治环境。它们分别是：第一，国家与社会的关系；第二，共识民主政府制度与多数民主政府制度的区分；第三，有组织的多元主义，或称社团主义与自由多元主义的区分；第四，法理型权威的发展；第五，温和多元主义与极化多元主义的区分。

这些各不相同的概念融合了韦伯（法理型权威国家）、萨托利（适度与极化多元主义）、利普哈特（共识民主政府和多数民主政府）、皮拉迪（国家与社会的关系）、达尔（民主的模式）和卡岑斯坦（社团多元主义）等人的观点。在此基础上，他们还分析了以自由主义为特点的英语国家新闻传播模式下，文明社会的历史演变和运转。它结合了德国和北欧的模式，并以地中海地区的模式作为补充。因英语国家模式的私有多元主义、德国和北欧模式的公共社团主义与地中海模式对宗派庇护的依附之间存在差异，其社会利益结构也会做相应的调整浮动。在法治原则上，相较于地中海地区的国家，北欧及英语国家更为尊重法治原则。

在历史演变中，所有这些因素都赋予了每个国家自身独特的政治文化，这样的政治文化产生了一些行为准则，比如深深根植于美国的私有意识和个人主义、北欧国家的社团文化和公共领导、荷兰和比利时的思想团体与宗教团体的合作协议文化，以及南欧国家仍然存在的独裁文化。这些都验证了哈林和曼奇尼之前提到的三种模式：自由主义模式、北欧的社团主义模式和继萨托利后提出的南欧的极化多元主义。

两位作者从内部多元主义和外部多元主义的区分出发，确认了在英语国家和北欧，报刊和广播电视媒体的内部多元主义程度很高；相反，在地中海地区的国家，报刊和广播电视媒体的政治性和党派性很强，具有外部多元主义特征，倾向于对事实加以演绎。内部多元主义就是同一媒体内部信息事实的多元化；而外部多元主义则依靠媒体的数量达到多元化，因为每个媒体都有自己对事实“真相”的理解和表述。根据两位作者采用的结构功能分析学说，自由主义国家和北欧国家的社会现代化很大程度上归功于媒体在不同附属制度中的明确分工（政治分化和社会分化）；反之，由于政治制度仍然控制在社会机构手中，南欧国家社会中，这样的分化则更少。

恩里克·吉尔·卡尔沃[①]拓展了哈林和曼奇尼提出的三种新闻传播制度：“这三种理想的分类和社会科学中其他的对比分类类似，比如埃斯平–安德森[②]提出的著名的发达国家的福利分类：自由的或英语国家的、社会民主的或北欧国家的、保守国家的或大陆国家的。约瑟夫·科洛墨[③]提出民主分为三类：英语国家模式（精英主义的和改良主义的）、北欧模式（统一的和保护的）、南欧模式（公民投票的和大会的）。”实际上，哈林和曼奇尼提出的三种模式与安德森和科洛墨提出的模式极为相似。其实，他们都采用了英美自由主义模式（这二者之间存在明显差异，

① GIL CALVO, E.«Una taxonomía del cuarto poder» en *Revista de Libros*, núm. 144, 2008.

② ESPING-ANDERSEN, G. *Los tres mundos del Estado del bienestar*, Valencia: Institució Alfons el Magnànim, 1993.

③ COLOMER, J. M. *Instituciones políticas*. Barcelona: Ariel, 2001, pp. 56-79.

我会在后文中对其加以分析）、中北欧的模式（这一模式并不适用于所有中北欧国家，比如法国和德国就不适用）和南欧的地中海地区国家的模式（但葡萄牙、西班牙、意大利和希腊的模式之间也存在明显不同）。

第二节　哈林和曼奇尼模式的局限性

一、地理界定的局限

哈林和曼奇尼的研究始于1998年，研究成果提交于2003年，2004年英文版本首次出版。我不能苟同的第一个地方是书中的地理界定：即北美与西欧资本主义国家。诚然，对比研究总是需要限定分析对象，但这不是重点。我的异议在于样本的选取和地理位置的选择。

柏林墙倒塌已有14年，再分东欧和西欧还有意义吗？原来的东欧离并入欧盟只有一步之遥，我们还能把西欧看作是自成一体的吗？

1989年11月9日是一个标志性的日期，在这一天，柏林墙倒塌。这对于整个欧洲乃至于整个世界都意味着决定性和结构性的变化，我们已经再也不能说有两个欧洲了。雅尔塔会议和欧洲的分裂已成了一幕戏剧性的幻象，但这只是盟军和苏联在第二次世界大战末期强加给世界的幻象。制造这一幻象的目的首先是企图永远地分裂德国以削弱它在欧洲大陆的势力，其次是在两大敌对阵营之间划分边界。墙一倒，欧洲收复了失地，实现历史性的统一，重新找回自己真正的历史和文化身份。尽管统一曾造成经济困境，但德国终能重整山河，恢复实力。波兰，尽管过渡时期生活十分艰难，但最终完全融入了欧洲。2004年，欧盟新增了10个成员国（爱沙尼亚、拉脱维亚、立陶宛、波兰、捷克、匈牙利、斯洛伐克、斯洛文尼亚、马耳他和塞浦路斯），这是欧盟历史上最大规模的一次扩张。之后，2007年，欧盟又新增2个国家（罗马尼亚和保加利亚）。很明显，今天要是再单说西欧这个概念就过时了，也不合潮流，况且此书是2004年出版的，这样的提法就更不合时宜了，因为欧盟正是在这一年迎来了最大规模的扩张。

还有，日本的情况如何呢？它是资本主义经济的代表性国家之一。澳大利亚呢？这两个国家对于亚洲大陆来说意义重大，却被置于研究范围之外。

二、观点的不足之处和片面性

我不会谈论帕森斯的区分理论是否合适。虽然这不是我的专业领域，但是我对他们把这一理论选作研究方法还是感到很诧异，因为尽管这一理论在20世纪六七十年代十分盛行，但之后的几十年里就没人再用了。当然，做这个选择是因为其评论体系强大又有合理性，但会让我们对它的时效性产生疑问。我要提出异议的是另一个方面：他们过度地将纸质报刊作为首要的论据来评价新闻传播制度，而对于21世纪的受众来讲，我敢说，尽管报刊在政治精英群体中仍具影响力，但它已不再是工业化国家传播体系中基本的子系统了。我这样说并不是因为纸质媒体公司在2009年和2010年经历了最严峻的危机，而是因为多媒体通信网络的稳健发展正在深刻地改变着新闻传播体系及其子系统。毫无疑问，在纸质书的夕阳时代，我们讨论的是新闻传播制度中的技术，以及这一技术影响报纸行业的方式。同样，在超国家市场中，媒体的发展战略更加全球化，这种趋势也会被提上议程，但令人惊讶的是，在一个于2004年出版的研究中，对多媒体通信网络的分析竟然如此之少。这才是我批评该研究的主要方面。哈林和曼奇尼除了粗略地提及各个国家新闻传播制度中的广播与电视之外，对新媒体只字未提。除此之外，没在他们的研究中出现的还有互联网（无论是有线的还是无线的）和卫星通信平台。

电视和广播竟然无足轻重到令他们对约翰·赖特——英国广播公司的创始人——也闭口不谈。另外，能把英国、加拿大和美国相提并论吗？这两种自由主义模式如此相像？也许，从政治文化和选举代表制度的视角来看的话，答案是肯定的。的确，自由主义和约翰·洛克、伯克、约翰·斯图亚特·穆勒、潘恩、杰斐逊和麦迪逊的社会契约论，以及英国国教、加尔文教派倡导的虔敬主义和语言（我们绝不会忽略的因素），这几项代表着它们政治文化的根源，并且在很大程度上解释了这些国家间的历史渊源和政治联系。从政治制度来看，它们之间最大的相似之处就是只有一轮的选举代表制度，这直接有利于政治上的两党制，但也有例外，英国自2010年5月起实行保守党和自由民主党的联合执政。英国实行议会制，而美国实行总统制。总统制下，总统由选举直接选出，既是国家元首也是政府首脑；而议会制下，政府首脑由议会的多数派和少数派共同选举产生。美国《宪法》依然以费城制宪会议《宪法第一修正案》作为参照。而英国没有成文法，而是遵照《大宪章》，其中一些法律条文还是13世纪时制定。英国也没有能够监督和质疑议会立法的宪法法院。与此相反，美国的最高法院则具有这项权力。

英美的广播电视新闻传播制度完全不同，但哈林和曼奇尼基本没有探讨这个问题。在我看来，这二者之间的差异足以大到让人从一开始就能看出需要分别讨论，确切地说，一边是英国和加拿大，而另一边是美国。我很难理解两位作者的分析怎么能遗漏这么重要的问题。约翰·赖特可以说是这种划分方式的决定性因素。英国广播公司对于英国新闻传播制度的确立一直起着举足轻重的作用，其电视模式具有公共服务的性质，对国家负有使命，拒绝播放广告，把电视服务于大众的价值置于首位，整个组织机构的设置也都是要保障其运转的独立性。而美国从《1934年通信法》开始就已经确定了广播几乎完全私有化和商业利益优先的经营理念。这样重要的内容却在哈林和曼奇尼复杂的分析中不见踪影。

我们再说一下公共媒体。两位作者确实论及了视听媒体中公共部门的作用，也分析了记者行业与政治的关联程度、自身的独立程度，以及广播电视业的放松规制政策。尽管我内心十分认同他们对南欧的看法——除法国以外，其他国家实行了“野蛮的放松规制”，但我想补充的是，在很多情况下，南欧的新闻媒体缺乏明确的目标，并且服务于私有传媒集团的利益，因而我认为他们的总体评价并不恰当。比如说，葡萄牙套用的是法国模式，如今已经拥有了相当规范且独立的新闻传播制度，以及几个相当稳定的公共媒体。

哈林和曼奇尼的另一个不足之处在于他们对媒体所有权的分析。这项分析在研究的某些阶段，尤其是最后阶段，出现，可是他们对媒体制度的分类却没有一个关键标准。他们认为，“尽管在政治制度上，各媒体间的差别越来越明显，但如果从经济制度来看，媒体却日趋一致”①。在他们看来，经济权力和媒体制度的关联越来越大，媒体“日趋商业化”，因此媒体之间的差异越来越少。但奇怪的是，他们不仅没有分析媒体受制于商业利益的真正原因是什么，甚至还得出了结论，认为“在美国模式下，媒体间的差异减小，新闻自主权受限制，新闻媒体作为公共机构被质疑”，并且“放松规制以及所有权的变更已经使得报刊受制于华尔街的影响”②。我虽然承认这一事实，但这种现象不只存在于美国，在哈林和曼奇尼的研究当中也缺乏完整的阐述。现在已经是21世纪了，怎么能不研究媒体的集中化趋势呢？这可是国家媒体制度和国际媒体制度中关键且具有决定性作用的因素之一。

三、与其模式不相符的国家

之前，我批判了哈林和曼奇尼的研究结果，我之所以反对他们的观点，是因为他们认为英、美两国的新闻传播制度相同。也许上文提到的关于传

① HALLIN; MANCINI, 2007: 264-265.

② HALLIN; MANCINI, 2007: 264.

媒的四种理论的分类对这两个国家来讲更为合适，即一个是“自由主义理论”，另一个是“社会责任理论”。

同样，还有其他国家与哈林和曼奇尼的分类也并不契合，尤其是法国，其次还有德国和葡萄牙。

接下来我将对此进行论证。法国并不具备地中海地区媒体制度的诸多特点，把它归入此类既不恰当，又不符合实际。在法国的报刊制度下，不仅有《世界报》这样专业水平高、报道公正的报业典范，一些地方报纸也有很高的市场占有率。法国的新闻传播制度十分规范，其司法制度和对“法律至上”的尊崇也无懈可击。同时，哈林和曼奇尼认为，曾经的法国广播电视公司是戴高乐的喉舌，但是，其实它在20世纪80年代进行了媒体制度改革，已经摆脱了政府代言人的形象。法国公共电视的专业水准和独立程度已不同于西班牙广播电视公司，而是越来越接近英国广播公司的情况，法国的电视私有运营商必须履行公共服务的义务，其完成情况受管控，这一点也与北欧国家的模式更为相似，而不应与希腊或意大利的情况混为一谈。法国高等视听委员会（CSA）——其前身是最高视听传播管理委员会（HACA）——已经成为一个独立、公正、严谨、高效的标杆式监管机构。也许法国媒体的拥有者与政界之间的关系比那些自由主义国家的媒体拥有者与政界之间的关系更为密切，但不管怎么说，法国与南欧一些国家在媒体制度方面没有可比之处。因此，法国既不能被归为地中海模式，也不能被归为自由主义模式，因为国家的分量很重，对媒体还有一定的干预，尤其是公共5台，它就是戴高乐留下的共和文化遗产。

但是，法国也不能被归为北欧模式或社团主义模式。德国也是如此，尤其是在其统一之后。尽管德国现行的媒体制度是沿用之前西德模式的分支，并且德国各联邦州的公共电视行政理事会基本上是由政界代表组成的，但是我们不能将德国的媒体模式简单地定义为社团主义模式或是与荷兰、比利时以及斯堪的纳维亚半岛国家同样的模式。德国模式自成一体，直接从那段众所周知的戏剧性历史承袭而来。

而第三个与哈林和曼奇尼的分类不符的国家就是葡萄牙，其媒体制度并不是缺乏规制和政治依附度高的地中海模式。的确，虽然葡萄牙的一些纸质媒体发行量很少，但必须承认它们相当专业。媒体有着严格的规制，并严格遵守规制。实际上，葡萄牙很可能是欧洲唯一一个规制部门——社会传媒监管局（ERC）——对其媒体有管理权限的国家，该部门有权监督媒体回应权的落实情况，但这并不意味着监管部门会干涉媒体表达的自由。由此来看，与西班牙相比，葡萄牙的新闻传播制度与法国的更为相似。

总而言之，哈林和曼奇尼对新闻传播制度的分析的确为传播研究作出了重要贡献，尤其是他们重新使用了塔尔科特·帕森斯的结构功能理论，并基于这一理论设立了一种融合了三类新闻传播制度的模式，这种模式针对的分析对象是欧美资本主义国家和社会。两位作者得出的结论是：所有这些媒体制度在全球化的框架下都趋于融合为一种自由的商业模式。我基本上赞成这一结论，关于各类新闻传播制度之间的差异，我在上一节中已评述，这里就不再赘述。尽管我对哈林和曼奇尼的模式分类存有异议，但二位学者在该领域孜孜不倦的探索令人钦佩，其研究虽有明显的缺陷，但瑕不掩瑜，他们取得的成果意义重大。而我的研究却不能止步于此，因为他们当时研究的新闻传播制度与当今多媒体传播网络的规章制度已不相符，而英国和美国的规章制度之间也存在颇多差异。这些问题迫使我迎难而上，在下一节中结合具体的规章制度提出自己有关多媒体传播网络制度的建议。

第三节　多媒体传播网络的四种体制

一、四种多媒体传播体制

我的研究目的并不在于详细地分析政治制度，也不在于对政治制度或政治体制重新分类。本研究的对象是多媒体传播网络体制，研究目的是分析规制系统。不过，为了达到该目的，我必须先建立一种基本的政治制度分类，继而推导出与之相对应的多媒体传播网络制度及其相关规制。

在20世纪七八十年代，柏林墙倒塌之前，迪韦尔热使用的政治制度经典分类模式中有两个分类标准：一个是“自由主义”制度，另一个是资本主义经济制度或社会主义经济制度。事实上，我认为，对现有的政治制度有两个基本的划分标准：“自由主义”制度以及针对社会组织和经济组织的“低强度或高强度的国家干预”。“自由主义”这一衡量标准——或者我们甚至可以将它定义为“民主”标准——意味着存在一个宪法框架或者“宪章”，这就说明了某一特定的政治制度是处于法律管控之下的，其目的是以确保政治自由和社会自由，并以传统手段分割权力。分辨这一标准的中心因素正是多媒体传播网络的自由模式和发展模式：表达自由和通信自由、对于真实信息的知情权、媒体的多元化、网络的普及性，等等。这一标准是分类中的决定因素。

第二个标准则是对社会主义经济和资本主义经济的二分法。我的建议是，将这一评判标准替换为“国家对经济组织和社会组织干预程度的高低”。法国和美国，甚至是英国和美国都有不同的国家干预模式，国家对经济活动和社会活动有不同程度的规制。但是，这一分类还不足以囊括那些正向自由主义模式“过渡”的国家，或是那些很多时候由于文化或宗教原因而多年追求自由主义模式无果的国家，比如大多数伊斯兰国家，它们的世俗化过程十分复杂，但若是将它们的国家制度直接归为自由主义制度也不恰当，因为这些国家的政体多数尚处于民主化和经济开放的过渡时期。

利用以上分类方法，我们可以划分出四种政治体制。

1.激进自由主义政治体制

这是一种由宪法完全保护的民主制度，国家对经济活动和社会活动的干预少，比如美国、大多数拉丁美洲国家等。

2.社会自由主义政治体制

这是一种由宪法完全保护的民主制度，国家对经济活动和社会活动有一定干预，比如英国、德国、法国和其他大多数欧盟国家，还有加拿大、澳大利亚、印度、日本等国家。

3.威权主义政治体制

这一体制缺乏民主宪法的保障，并且国家对经济活动和社会活动的干预普遍较强。当这一干预没有正常实现的时候，就意味着它们的政治制度正在向更为民主的方向发展。

4.由专制制度向自由主义模式过渡的政治体制

实行这一制度的国家主要有摩洛哥、乌克兰以及大多数苏联解体后形成的国家。这些国家正处于经济开放的过程当中，国家对公共事务的干预相对较小，正建立与其司法机构相适应的民主制度。

二、四种政治体制和四种多媒体传播网络体制

每一种政治体制都对应一种多媒体传播体制，在这二者之间存在一种直接的相互关联。不过，我仍然坚持认为，有必要超脱“新闻传播”或者“新闻传播制度”的概念。在本书第一章里，我已经多次

强调我们正处于多媒体网络与其所传输的内容之间相互融合的过程中，并且网络的蓬勃发展正深刻地改变着大众传媒的环境。除此之外，如果没有大众传媒和多媒体内容，网络将会失去它最重要的功能之一。这一密切的相互依存关系影响着所有传统的传播领域，因此，我们应从全球与融合的视角来理解传播制度。所以我说，与其谈论新闻传播制度，不如深入探讨多媒体传播网络体制。

建立多媒体传播网络系统直接关系到各种自由权利的发展及落实，或尽可能落实，以及公民充分行使其政治权利的客观可能性。正如上一章所分析的那样，多媒体传播网络正在成为政治体制中越来越重要的因素。麦克切斯尼强调说："新闻传播制度不是自然形成的，也不是不可避免的。它们是各种政策和津贴补助制度带来的结果。国家经济政策的类型也深深地影响着新闻传播制度……"[①]它们之间的内在关联是如此直接，以至于我敢提出四种"多媒体传播网络体制"的分类设想，这有助于我把研究对象具体定位在多媒体传播网络上，也有利于实现我的基本研究目标：分析多媒体传播网络的不同规制并提出一个符合普遍利益的规制建议。

1.激进自由主义政治体制与激进自由主义多媒体传播网络体制相对应

在这一体制下，国家对传播政策的干预很少，其"自由主义"特征由费城制宪会议《宪法第一修正案》直接确定："国会不会通过任何法律建立官方宗教或禁止宗教信仰自由，也不会限制表达自由、新闻自由或国民和平集会的权利。"其原则就是不加干涉和设立尽可能少的规制，甚至禁止颁布任何限制表达自由的法律。一些报纸的主编也反复强调这样一个著名的观点："对于报刊，最好的法律就是没有法律"。美国激进自由主义模式根植于《美国宪法

① McCHESNEY, R. W. *The Political Economy of Media*. Nueva York: Monthly Review Foundation, 2008.

第一修正案》中的《权利法案》。在美国两百多年的历史中，虽然最高法院对这项法案的解释一直存在不同程度的变通，但是从未改变其基本精神，而这一精神也充分体现在美国及其公民在文化、政治和经济等方面的所作所为上。

在这一制度下，普遍来看，没有重要的公共广播电视运营商（我们之后将看到《1934年通信法》引起的争论），也一直没有电子通信网络的公共运营商。在实行激进自由主义体制的国家中，除了专门针对规范市场的限制外，其他的规制则很少。在这样的模式之下，私有媒体和电信集团与国家机构关联紧密，而且传播业的商业价值不容小觑。这一行业更多地被视为从事商业运作和追求商业利益，而不是公共服务和凸显社会利益。

这里讲的多元主义可被理解为"外部"多元主义，也就是说，这一制度下有着足够多的媒体，能够确保展现政治、社会、文化以及其他方面的不同趋势，以便公民从现有的不同思想角度对媒体传播的信息进行检验。

另外，在电子通信网络领域，这些国家是网络私有化和网络自由化的先行者。它们在电信市场的竞争更为开放，不过也得承认，某些公司在大众传媒领域之外也占据着突出地位或是主导地位。这一现象的代表性案例就是康卡斯特与NBC环球的合并。

一般来讲，分权体系与"总统制"和联邦制相辅相成，其选举制度是多数选举制。这一事实基本上可以用遍及拉丁美洲的美国式政治体制来解释。巴西、墨西哥、阿根廷等国的宪法制度都受到了美国的影响，但这些国家却没有美国的自由主义文化传承。它们的党派力量都比较薄弱，比如革命制度党（PRI）专政结束后的墨西哥；它们的私有媒体都很有实力，比如巴西的环球集团、阿根廷的号角集团（Clarín）、墨西哥的Televisa集团。在这些国家中，政党和当选人都与经济、工业、财政以及媒体等领域的各大"集团"之间有着非常直接的关系。多年来，各大传播集团颁布了各自的传播规制，并且至今仍占据着行业主导地位。在巴西、墨西哥和阿根廷三国中，阿根廷政府是唯一一个试图削弱大型私有传播集团力量的国家。2009年，阿根廷总统克里斯蒂娜·费尔南德斯·基什内尔在执政期间，经过与国会的激烈辩论后，通过了《视听传播法》，目的是限制新闻媒体集团的权力集中，而这一举措已经直接影响了号角集团的利益。

综上所述，激进自由主义的规制模式对应的是激进自由主义多媒体传播网络体制。

2.社会自由主义政治体制与社会自由主义多媒体传播网络制度相对应

在这一制度下，国家对通信政策的干预十分明显。这一制度对应的是自由主义政治体制，拥有完全的宪法保护和司法保护，但是这一制度中还加入了“社会”元素，这就意味着国家或者公共权力会对经济、社会活动的战略性部署和传播政策等方面进行干预。在实行这一制度的国家中，通信和多媒体传播网络被认为应优先追求公共利益，而不是其商业或经济利益。

这一制度的精神在于追求一种平衡，一种自由、个人权利和社会、集体、民众等各个层面利益之间的平衡，我们将在第五章着重分析这个方面。如果说洛克的著作和离我们更近的诺齐克的著作支持激进自由主义，那么穆勒、卢梭和离我们更近的哈贝马斯和罗尔斯则赞成适度的社会自由主义，以追求个人自由与社会平等之间的平衡。对激进自由主义而言，公共利益不足以证明公共权力干预的合理性；当论及各种社会福利和公共干预时，激进自由主义更倾向于把“国家最小化”，在大多数的活动中都奉行个人主义精神，以保障个人利益（个人所有权）、公民安全和个人自由。而对于社会自由主义，为了保持公民自由和人人平等之间最大程度的平衡，国家会进行干涉。

从社会自由主义的角度来看，通信行业、媒体和网络对于审慎地保证公民参与社会事务至关重要。它们既是公共财产，也是公共利益的需要，有时还是一种公共服务，因此它们会优先选择内部多元主义模式。在这一制度下，内部多元主义可被理解为媒体首先要以专业素养保证信息的真实性，其次要尽可能公正地反映某个具体社会中多方的观点。一般来说，这种内部多元主义模式通过广播电视的公共运营商或者规制政策来实现，这些政策要求私有运营商保证信息的真实性，同时也要谨慎地发表社会上的不同观点。但优先选择内部多元主义并不意味着不存在外部多元主义，只不过相对来说外部多元主义少一些。

电子传播网络领域已经逐渐实现了自由化和私有化。在大多数社会自由主义体制的国家中，目前的电信市场都是开放的，运营商之间的竞争也是前所未有的。但不管怎么说，过去的那些国家电信公司和电视传媒公司仍然在这个市场中保持着重要且主导的地位。

一般来说，分权机制都有“议会制”的特征。议会继承了英国模式，它除了具有立法上的总体特征，还行使选举政府的中心职能。与总统制不同，议会制的行政权不是由国民直接选举产生的；与“半总统制”的行政权通过议会协商选举产生也不同。在议会制中，议会（多数党和少数党的代表）选出政府首脑，如有必要，议会也可以叫停已选出的政府首脑。通常来看，议会制下各党派之间的协商比总统制下的更为有效。同样，议会制下政党制度的比例选举制度也普遍比总统制的更为强势（英国除外）。选举制度很大程度上决定了政党制度，并且在立法院产生了一个代表性的多元制度。在议会制下，比例选举制度和多元的政党制度也是直接影响传播制度的因素。

除了上述因素外，我们从历史角度也可以解释这一自由主义制度的演变。战后欧洲的形貌源于基督教民主和社会民主之间的历史协定。选择基督教民主和社会民主标志着马里坦和穆尼埃实行经济自由主义和基督教社会个人主义。在克莱门特·艾德礼的工人政府（1945—1950年）经验之后，社会民主和工党在理论主张上成为社会主义世界（第二国际）的改良者，比如，著名的《贝弗里奇报告》、凯恩斯爵士的经济政策、巴特戈德斯贝格政府的经济政策。巴特戈德斯贝格政府的德国社会民主党选择了资本主义改革，主张福利国家的理论，并放弃将资本主义经济制度改为"社会主义"经济制度。在法国，戴高乐主义——它是右翼的主要力量——也以其社会属性为标志。这就是现在欧盟的基础，也是所谓的"欧洲社会模式"的基础。从传播制度的角度来看，英国和英国广播公司及其总体的传播制度都值得强调，因为它们有着决定性的地位。

在社会自由主义国家，私有的通信集团也有很强的影响力，尤其是在规制政策实行二十年之后。简单举几个在国家公共领域保持重要地位的多媒体传播集团的例子：有意大利的Mediaset和Rizzoli，德国的Berteslmann，法国的Bouigues和Lagardère，西班牙的Sogecable、Mediaset和Planeta，以及英国的Murdoch。不管怎样，英国广播公司、意大利国家电视台、法国电视台、德国电视2台、西班牙广播电视公司和西班牙自治电视台等都在传播制度中有重大的影响力。

社会自由主义的规章制度对应的是社会自由主义多媒体传播网络体制。也正是由于这两者之间的对应关系，社会自由主义规章制度还可以分为两种子形式：一种是民主权力（公共权力）较大的规章制度，将多媒体传播网络视为公共利益，是规范的制度；另一种是非民主权力[①]（私人权力）较大的规章制度，其对公共利益和规范决策的影响与日俱增。第一种制度的代表是以英国为首的中欧和斯堪的纳维亚半岛上的国家，而第二种制度的代表则是意大利和西班牙等南欧和东欧国家。第一种制度，我们称其为"内聚社会自由主义规章制度"。第二种制度，我们称其为"萎缩社会自由主义规章制度"。这两种制度基于极其相似的宪法、

① BOBBIO, N. *El futuro de la democracia*. México: FCE, 1986. 文中借用此书中的定义。

立法和规范制度，但是，或出于文化原因，或由于历史或社会原因，在内聚社会自由主义规章制度中，公共权力有更强的能力去更自由地维护公共利益和公共财产，而在萎缩社会自由主义规章制度下，非民主权力（不论是合法的还是非法的，比如意大利的黑手党）和私人权力则对公共事务的决策有着更大的影响力。

3.威权主义政治体制与威权主义多媒体传播网络体制相对应

现存的威权主义制度基本上存在于20世纪后半叶摆脱了宗主国的殖民统治而宣告独立的第三世界国家。在20世纪70—90年代，拉丁美洲处于一个实实在在的极右翼军政府统治时期，而独裁政权也撼动了这一地区。近十年来，拉丁美洲的专制体制基本上已消失殆尽。由于深受奴隶制和殖民主义剥削之害以及后殖民主义的动摇，非洲近五十年的政治历程（冷战的直接战场）极为复杂，这导致了严重的贫困和社会不安定。大部分非洲国家现存的都是专制政体或过渡时期政治制度——很少有像南非那样幸免于难的国家。

事实上，在这个全球化趋势日益强劲、国家边界日益弱化的时代，保持封闭的政治制度也变得越来越难。此外，如果一个国家想要封闭多媒体传播网络，那么它将面临巨大的经济困境，也很难取得社会发展和经济发展。也许，对于这样的国家来说，最有可能走的道路就是保持对那些拥有大量受众且使用本国语言的大众媒体进行严格监管，对外媒进行灵活管控，同时对能够接收不受国家审查和限制的信息的精英保持严格控制。

总之，威权主义政治体制对应的是威权主义多媒体传播网络制度。

4.过渡时期政治体制与过渡时期多媒体传播网络体制相对应

只有当一个国家持续地减少其对多媒体传播网络的干预和控制时，表达自由才会被真正地保障和恢复，电子传播网络的市场才能开放竞争。

判断一个国家或者一个制度是否处于持续的过渡阶段的要素包括对其某个具体报纸的评价，对其政党制度、结社权、集会权、选举制度和选举过程中的基本保障的评价，以及主要政策是否有变化、（尤其是）司法制度的运行情况，还有总体上对表达权和知情权的评价等。如此一来，我们需要分析其国有广播电视媒体的演变和发展情况，分析其媒体相对于行政权的独立性，分析其新闻报道的真实性，分析其观点的内部多元主义，分析其执政党和反对党对待信息的态度，分析其用来监督公共服务质量的机构，分析其广播电视节目的社会影响，分析其是否存在私有广播电视媒体及其在信息真实性上的专业程度以及这些媒体对内部多元主义或外部多元主义的贡献。同理，我们还应研究该国多媒体传播网络的自由化水平及竞争力等。

在一些处于过渡时期的国家，外部多元主义的程度基本上可以通过其全国性纸质报刊、地方纸媒或网络报刊来验证。相反，受众更加广泛的大众媒体（主要是电视和广播）受政府或政党的控制则更多。由此来看，这些媒体发挥的作用不仅具有战略意义，它们还对推进制度过渡起到极其重要的作用。

过渡时期政治体制对应的是过渡时期多媒体传播网络体制。这一制度难以识别，因为各国都有自身的特点。

第四节　多媒体传播网络的三种规制模式

对一项基本权利的管理，如表达权和通信权，只能在综合考量自由和法治的基础上进行。对传播活动的监管，不论是网络还是媒体，向来都是以民主为必要前提来设立的。我们不妨回顾一下18世纪早期，英国关于废除报纸或其他刊物进入公共领域需要许可证的争议，或关于创建英国广播公司或美国联邦通信委员会，以及公平原则的辩论。一项基本权利可以被规范，但不能被取消。在欧洲，1950年11月4日在罗马签署的《保护人权和基本自由公约》，又称《罗马公约》，设定了对言论自由的限制，其中第10条第2款的表述如下："这些基本自由的行使包括责任和义务，依法受特定要求和条件的约束、限制或惩罚，在民主社会，这些规制被当作必要措施，用以保护国家安全、领土完整或公共安全，维护秩序，预防犯罪，保护人的身心健康，保护他人名誉或权利，防止保密信息泄漏和保障司法权的权威性与公正性。"这是宪法外规范基本权利的一个例子，也反映了传播领域对"公共利益"一贯的追求。

在美国，尽管《宪法第一修正案》及其激进自由主义制度和《1934年通信法》，决定性地建构了自由主义规制模式，也通过了相关的"公平原则"，即"关于广播媒体公正性的原则"，并在该原则的第335条规定了广播运营商必须为所有参加政治竞选的合法候选人提供"平等的机会"，目的在于不同政见能在媒体上得到均衡的呈现。这一"公平原则"也被扩展到了电视领域，可是，这一原则的执行却只持续到20世纪80年代，因为在那个政治混乱的时期，美国联邦通信委员会改变了原则，开始实行宽松的规制政策。

其实，民主公共权力干预多媒体传播网络的不同模式都存在于宪法和民主两个层面，旨在寻找不同的限定自由的规范方式以及不同的国家干预及公共权力干预模式。不管是军事独裁还是文人执政，不管是民众主义还是精英主义，不管是软弱的还是强硬的，干预都意味着对根本权利和其司法体制的否认和破坏。同时，这还明显意味着对独立司法权力的影响。在四种多媒体传播网络体制及其所对应的四种政治体制中，只有两种体制拥有适当且合法的规制模式：激进自由主义模式和社会自由主义模式。而在威权主义多媒体传播网络体制和过渡时期多媒体传播网络体制中都不存在合法的规制模式。就前者而言，就算成立再多的"传播委员会"，制定再多的监管法规（通常用以确保电信行业的竞争）也都无济于事。

所以本书将不涉及这一制度下规制模式的研究。

至于过渡时期的规制模式，我们发现，监管本身和实行监管的权力机构将过渡的过程变得困难重重。但是，也存在与这一原则相违背的经验，监管非但没有遭遇任何阻碍，反而成为推动过渡的重要因素，比如摩洛哥的视听传播管理局的过渡过程为非洲国家和伊斯兰国家提供了一个可能的民主规制模式。视听传播管理局是一个受法国最高视听委员会和加泰罗尼亚视听委员会（CAC）影响的监管机构，为其国家的表达自由和现代化开放过程提供真正的保障。视听传播管理局在艾哈迈德·贾萨利教授的领导下，正在推进社会制度向君主立宪制和社会自由主义制度过渡，这个过渡后的制度又是伊斯兰制度，并且在北非还没有程度如此之高的表达自由。不管怎么说，从我研究的视角来看，这些过渡时期的制度没有太大意义，其自身特有的不稳定性和阶段性使其无法被归纳和分类。另一方面，其最终结果已经注定它将会过渡为自由主义模式或社会自由主义模式，但也有可能走回头路。

因此，本研究将从现有的三种民主政治体制出发，集中研究“激进自由主义规制模式”“内聚社会自由主义规制模式”“萎缩社会自由主义规制模式”，并且将进一步深入网络与媒体的融合过程中研究“内聚性社会自由主义规制模式”及其在公共事务中的主要地位（正如本研究第一章所述）。

在下一章，我将从历史的视角来分析电子通信网络的监管和传播媒体的监管，同时以历史上重要的辩论、相关的国家法律或大陆法系及其在世界不同地区的影响为例，分析国际组织或区域组织的相关作用。

第三章

多媒体传播网络规制的演变

第一节　传播规制概述

传播规制历来是各式各样的。一方面是关于网络的规则，包括电信和无线电频谱的规制，另一方面是关于优先使用电波的媒体的规则。还有第三种规制，虽本书不做详解，但却更为人所知，即关于纸质媒体的规制。这种规制在我们周围的大多数民主国家中基本上已被取消，只剩下出于道义或听取专业建议所倡导的自我规范。

在电子传播领域，近25年中，大多数国家都对电信业进行了改革。在此之前，电信服务主要是由国家单位和一小部分私营公司垄断经营，经营者和监管者往往就是政府本身。政府为自己垄断经营的公司颁布管理条例。电信业的公司，也有一部分是私人出资的，在各自的国家具有战略地位，并遵循各国政府出台的相关规章制度。我们回想一下，那时候，移动电话基本上不存在，互联网也尚未普及，电信主要使用铜缆和电缆，电磁波用得较少，基本上专用于广播和通信卫星。电信服务由国有公司掌控，属于国家资产，一些国家的市场只对内不对外。只有南半球的一些国家例外，它们的电信业务已经被一些跨国公司掌控了。那时也出台了一些相关的国家规定，都赋予那些国有电信公司一切权力。总而言之，当时这种典型的供应模式通常是一个单位集全部职能于一身：制定管理条例、领导公司、经营网络频道及提供各种网络服务。

20世纪80年代，各国开始认识到电子传播网络行业对经济增长的作用越来越重要。正如我们在第二章中看到的那样，在这个十年里，微电子领域、信息数字化领域开始取得发展初期的重大成果，而网络作为发展与创新的战略要素，其价值显而易见。到了20世纪90年代，随着第一代数字移动电话的出现和互联网的首次亮相，科技上的突飞猛进也带来了不小的压力，各国、各地区以及其他各方努力应对，初见成效，许多国家开启了第一波自由化改革，将国有运营商全部或部分私有化。也是在这十年间，第二波自由化进程让一些新的运营商进入市场，运营商之间竞争的序幕拉开了，但竞争的强度还十分有限。同期各国政府开始允许在市场中引进新的服务。这些新服务通常不会与已经私有化的国家电信运营商直接竞争，因为后者往往享有一段特许期。第三次自由化浪潮应该是发生在20世纪90年代末，当时国有运营商的特许期已经结束了。

电子传播网络领域的规制诞生于20世纪80年代末，并贯穿90年代，其宗旨如下。[①]

（1）保证“从垄断电信市场向竞争电信市场转型”成功。当只有一家垄断经营的运营商时，制定监管规则以及建立监管部门都是没有意义的。因此，自20世纪90年代起，独立的监管机构诞生了，以部分消减政府的监管职能并促进行业竞争，同时，监管机构也能够置身于老牌国有垄断公司的利益之上行使监管职能，但这些公司的分量仍然很重，会影响政府和监管机构本身的最终决策。

（2）“维护消费者的利益”。直到20世纪90年代，消费者还受制于单一运营商，运营商按照政府的相关规定决定收费标准、服务类型以及通常来说的各种报价。随着自由化和私有化的不断推进，先是在移动电话领域，接着在固定电话领域，再之后在互联

① 详见信息与通信技术监管工具箱（ICT REGULATION TOOLKIT），http://www.ictregulationtoolkit.org。

网接入服务领域，不断有新公司进入市场，竞争越来越激烈，随之而来的是服务价格的降低和服务质量逐步提高。近几年来发展成熟的部分规制旨在确保为消费者提供更优惠的价格和更优质的服务。然而，这些目标仅落实了一部分，并且各国的运作方式也有差异。有些国家的竞争非常激烈，而且服务确实做到了理想的性价比。以英国为例，其电信监管机构通信管理局（Ofcom）决定将英国电信集团分成两部分，一部分负责管理网络，另一部分负责经营网络服务，这使网络服务价格方面的竞争，比之其他国家，更为激烈。而西班牙电信还是维持两项业务合并运营的模式，也正是因为保持了这种优势，该公司有能力投资海外，特别是拉丁美洲，并成为世界上最大的电话公司之一。

（3）“促进信息与通信技术行业的发展”。有效竞争与保护有效竞争的规制被引入后，通常转化为诸多益处，例如，带动经济增长和技术革新，行业投资增加，服务质量更好，行业渗透率大幅提高，这样一来，价格通常也就更低了。监管干预的水平会因国家而异，这取决于若干因素，包括市场的成熟度、法律的完善程度以及新技术和服务所带来的管理问题。互联网及其他电子通信网络平台在全球电子通信市场和各种应用中迅速普及。在此进程中，信息与通信技术行业中已经转型的传统电信业，对提升相关企业的竞争力和创新能力作出了贡献，因而成为引领经济增长的战略性产业。现在，随着新一代网络的发展，无论是投资还是新的监管机制都开启了新历程。这里所说的新一代网络指的是一种完全融合的网络，通过使用各种技术和行业标准，可以接入固定电话和手机的语音、视频和互联网等服务。

视听传播领域[1]——之前主要指广播和电视，而如今我们会称之为多媒体——的规制状况经历了很不相同的演变过程。视听传播是一种非常特殊的传播方式，具有三个明显的特征：第一，它是

① BARATA, J. *Democracia y audiovisual. Fundamentos normativos para una reforma del régimen español*. Madrid: Marcial Pons, 2006: 18-40.

一种公共传播；第二，它能影响公众舆论和构建公共领域；第三，因视听媒体具有特别属性，其传播力强大，能产生重要的影响。视听传播的特点可参看前一章的内容。

为了理解视听传播规制及其基础知识和未来前景，我们有必要回顾一下视听传播的历史演进。视听传播诞生于技术水平低下的历史时期，当时受原始信息传输系统的局限，加之重大的技术问题，以及对电磁波的应用和发展可能性认识不足，无线电频谱十分稀缺。此外，又恰逢社会经济处于困顿之时，电视在问世之初可是昂贵之物。我们再回想一下广播的起源，以及那些点对多点的通信实验是如何使用不稳定的赫兹波这种电信语言来传输信息的。信息从一个信息发送者到许多信息接收者，不需要纸张，也不需要印刷。如果说印刷术在彼时使文化与言论自由的社会化迈出了巨大的一步，那么，最先成功发送信息的实验则开启了传播走向真正意义上的大众传播的历史性变革。

在欧洲，有关视听传播最初的规制模式就是在每个国家都建立国有的行业垄断部门，其中英国广播公司创立的模式被视为规制模式的基础。

这种垄断模式在欧洲一些拥有稳定的民主体制的国家（特别是北欧和中欧国家）取得了成效，其他一些国家（如西班牙、葡萄牙或希腊）在第二次世界大战后设立了国家电视台，但仅仅将它作为宣传、控制和政治教化的工具。自20世纪80年代始，随着自由化政策的兴起，这种垄断模式很快屈服于来自私有媒体集团的巨大压力，它们主要拥有像电视这样强大的视听媒体，当然，不仅限于电视。与此同时，随着一些国家（欧洲的比利时、荷兰、德国）把电缆应用于电视信号传输，利用卫星进行视听信号传输的技术也在不断发展，日趋成熟，之前所说的技术上的局限性显然越来越不足为据。

这种状况，随着国家法律对于私有运营商行业的介入日益开放，从20世纪80年代起就已经开始了[①]，本书前几章已经论述过。从此，自由化进程不断发展，逐渐遍及整个欧洲大陆。广播和电视信号传输技术日新月异，强有力地推翻了以技术水平不足为借口的有关合理性的质疑。正因如此，进入视听传播公共领域的条件、时限和运营方式也变得越来越宽松。

另一种参考模式是美国规制模式。应该指出，美国与欧洲的监管进程仍然各行其道。尽管之后我们会进一步论述，但很有必要在此先强调一点：美国模式的起点是《1934年通信法》，该法案为视听传播与无线电频谱的使用设定了不同的导向。依据此法，美国使视听传播私有化，并制定了严格的监管规制。执照持有者是公共利益的受托人，这意味着视听媒体的经营者需要承担各种重大的社会责任，如少儿节目制作的公益性、“内容端正”，以及信息平衡等各个方面。

这一切都表明了那是视听媒体规制历史的高起点，之后的相关规制开始逐步“走低”。这一过程从20世纪80年代的里根时期开始，延续到克林顿执政时期签署《1996年电信法案》这一美国电信史上的里程碑时刻。这种放松管制基本上体现在逐步削减加在经营者身上的内容方面的公益化责任（这种背景下最有代表性的实例就是美国联邦通信委员会做出的停止应用之前提到过的“公平原则”的决定），还有放宽甚至取消了限制媒体集中的规约。然而，应该指出的是，这种放松管制政策受到了社会各界的强烈质疑，这些质疑从2003年起频发于左翼与右翼的各种活动中。特别是在右翼宗教的各种社会运动中可见一斑，主要是发动公众反对联邦通信委员会提出的放松媒介集团集中监管的标准，迈克尔·鲍威尔当时任委员会主席。[②]当时，联邦通信委员会就新条款公开征询意见，收到了超过75万封投反对票的电子邮件。各界反对浪潮波及的范围之广，对国会

① 在一些欧洲国家，那时已经有私人电视台了，只是数量非常有限。在英国，1955年，地区电视网络ITV出现。在意大利，20世纪70年代开始有地方私人电视台。

② McCHESNEY, 2008: 464-487.

议员们也形成了压力，最终迈克尔·鲍威尔被迫撤回修改提案。

然而，自相矛盾的是，在这样一个放松管制的总体框架中，联邦通信委员会却在传播内容违反“端正原则”时一直保持着很强的干预力度。[①]

除了商业电视和广播之外，美国的另一种公共电视台和广播电台试图以某种方式履行一些特殊的公益使命，比如美国公共广播公司（PBS）[②]。美国公共广播公司的运作模式更接近那种被称为“社区性”或“第三部门”的广播电视模式，甚至还兼具教育功能。无论是哪种属性，这种模式在发展过程中确实受到了各种批判，批判主要针对美国公共广播公司的电台服务在视听媒体的整体框架内显得过于精英化和完全边缘化。

简而言之，技术融合开创了视听传播的新时期，为人们提供了更多的可能性，无论是通过不同的平台或终端获取同一种服务（例如，可以通过电视接收器、计算机或移动电话等不同方式访问同样的视听内容），还是通过同一个平台或终端获得各种各样的服务（例如，使用一部移动电话就可以获得语音服务、电子商务服务或访问视听内容）。电子通信方面的这些概念在欧盟的英文说法如下[③]：所有信息或内容，any content；任何地方，any where；任何时间，any time；通过任何设备传输，through any device。毫无疑问，电子通信正朝着这个方向发展。系统的逻辑，网络与内容融合过程的逻辑都朝着融合而去，无论是运营者的合并，还是媒体公司的集中，看起来都不可避免。

---

① 从这个意义上看，我们会想到那起轰动一时的珍妮特·杰克逊“走光事件”。2004年2月1日，美国职业橄榄球大联盟年度冠军赛中，拥有数百万粉丝的珍妮特·杰克逊在中场表演时有不到一秒的时间被意外撕坏衣服，露出胸部。

② DORNFELD, B. *Producing Public Television, Producing Public Culture*. Princeton: Princeton University Press, 1998; ENGELMAN, R. *Public Radio and Television in America: A Political History*. Londres: Sage Publications, 1996; LEDBETTER, J. *Made Possible by: The Death of Public Broadcasting in the United States*. Londres-Nueva York: Verso, 1998.

③ BIERBAUER, CH. *The Future of Media Convergence* en GRANT, A. E.; WILKINSON, J. S. (eds.) *Understanding Media Convergence. The state of the field*. Oxford: Oxford University Press, 2009.

实际上，融合不仅仅表现在某一个层面的变化或仅局限于技术层面，而是与一系列具有特殊利益关系的领域相关。首先，融合对商务模式的转变、其自身结构的设立与经济运作规模的扩大都起到了决定性的推动作用，大多数的运营者都曾经在之前分割过的市场中占据一席之地，而现在则成了融合的对象。事实上，正如我们之前所述，这个融合过程逐渐使相关的企业集中，特别是纵向集中，以创立那种能够应对高成本的规模经济，在许多情况下，成本居高不下使电子传播领域只有竭尽所能开发具有竞争力和创新性的服务项目方能立足。

第二节 《麦克布莱德报告》：关于传播的国际规制先例

一、从国际经济新秩序到“世界信息和传播新秩序”（NOMIC）

20世纪70年代，国际关系的特征就是美国和苏联之间的冷战，世界还处于雅尔塔体系之下，两个超级大国之间的关系十分紧张，核战争的威胁已不是危言耸听，北半球企图把北大西洋公约组织和华沙条约组织之间的国家站队划分输出到南半球，而当时南半球的许多国家才刚刚获得独立。事实上，20世纪五六十年代，相当多的亚洲和非洲国家都在争取独立，与各自宗主国之间爆发了激烈的冲突和战争，如阿尔及利亚、越南、刚果等国家，还有苏伊士运河战争。总体来说，所有去殖民化的斗争通常都是由那些依附宗主国的本地精英发起的，他们付出了惨痛的代价，却都义无反顾。

无论怎样，到了20世纪70年代，这些国家中的大多数都历经了大大小小的冲突，大部分冲突源于冷战格局对南半球的影响，以及更想摆脱原宗主国束缚的新一代精英取代了那些领导民族独立运动的精英前辈。“不结盟运动”的兴起，代表了被称为第三世界国家的那些国家的声音。从意识形态角度来看，这一运动的政治诉求具有多样性，但其主旨还是不加入任何一个意欲分裂世界的阵营。这是因为，第三世界的国家生活在经济发展的边缘地带，向富裕的国家提供原材料，却连最低预期的回报也得不到，国家的客观状况就是经济和社会均不发达。经济不发达也导致这些国家不得不依附于原先的宗主国—— 一般都是第一世界富裕、发达的国家。在阿尔及尔这座不结盟运动中颇具代表性的正义之都，第四次不结盟运动国家首脑会议举行，通过了被命名为“国际经济新秩序”的纲领性主张，而建立“国际经济新秩序”也将成为该运动在国际论坛上的战略目标，在联合国的组织框架内更是如此。

国际经济新秩序必须终结发展中国家对其旧的宗主国在经济和政治上的依附状况，也必须建立起新的机制以调整原材料的价格，并制定一个宏大的由发达国家执行的发展帮扶计划。那是第三世界国家觉醒的年代，这些国家以全新的国际主导者的身份，要求在这个被两个超级大国分割的世界中拥有自己的话语权。然而，那也是政治急剧动荡的年代，社会非常不稳定，军事政变此起彼伏，如巴西、阿根廷、智利、刚果、阿尔及利亚、缅甸、巴基斯坦、加纳，还有许多其他国家，通常受旧有宗主国的指使和支持，抑或美、苏这两大国际舞台的主宰在幕后操控。尽管局势动荡不安，在1973年至1985年之间，不结盟运动还是维持着一定的凝聚力，特别是印度、南斯拉夫、阿尔及利亚等国家的不懈努力，使该运动在国际舞台上发挥了积极的作用。

另一方面，北半球的国家也做出了强烈的回应，比如，1968年法国发生了“五月风暴”，20世纪70年代美国爆发了反对越战运动。总的来说，这些激烈的政治和社会运动都是在质疑那些富裕、发达的国家自身的发展模式。同样是那些年，特别是在拉美，解放神学诞生了，它是由秘鲁人古斯塔沃·古铁雷斯和加泰罗尼亚神学家博纳文图拉·佩里格力等神学家倡导的。此外，还有保罗·弗莱雷的教育理论。无论是对贫穷国家还是对发达国家，这些理论与实践都产生了决定性的影响，唤醒了人们的社会觉悟。

在1973年至1985年之间，不发达国家提出了一个新的战略诉求：要在信息与传播领域建立更为公平的秩序。联合国教科文组织负责处理这个问题。在该组织当时的总干事阿马杜·马赫塔尔·姆博的大力推动之下，第19届年会（内罗毕，1976）决定建立一个国际专家委员会来研究这个问题。这个国际传播问题委员会（CIC），也称麦克布莱德委员会，由来自不同领域的享有国际声望的专家组成：当时的法国《世界报》主编于贝尔·伯夫·梅里、作家加夫列尔·加西亚·马尔克斯、突尼斯信息部部长穆斯塔法·玛斯穆迪、国际劳工组织总干事胡安·索马维亚与艾利·埃布尔等。该委员会主席是一名杰出人物：肖恩·麦克布莱德，他是爱尔兰人，大赦国际的创始人，人权斗士，1974年诺贝尔和平奖和1977年列宁和平奖得主，是一个高尚博爱之人。《麦克布莱德报告》的撰稿人和编者是阿克·德利昂，他在该报告的编写过程中起到了重要的作用。

《麦克布莱德报告》①于20世纪80年代末问世，这得益于联合国教科文组织创始人的大力推动。我再重复一遍，当时该组织还是在阿马杜·马赫塔尔·姆博的卓越领导之下。这是第一份关于传播及其在国内外社会、经济、文化与政治方面的影响的国际性参考文件，是通过一家国际机构达成一致协议的。最后，国际传播问题研究委员会的提案于1980年在贝尔格莱德举行的联合国教科文组织第21次大

① MACBRIDE. S., *Voix Multiples Un Seul Monde. Communication et societé aujourd'hui et demain.* Unesco. París, 1980；西班牙语译本：*Un solo mundo, voces múltiples. Comunicación e información en nuestro tiempo. Hacia un nuevo orden mundial más justo y eficaz de la información y la comunicación.* México：Fondo de Cultura Económica/Unesco. París, 1988. *Quaderns del CAC*, núm. 21, monográfico sobre el 25.º Aniversario del Informe McBride, enero-abril de 2005；CAC, Barcelona, 2005；HAMELINK, C. J. *MacBride with Hindsight* en GOLDING, P.；HARRIS, P.（ed.）*Beyond Cultural Imperialism. Globalization, Communication and the New International Order.* Londres：Sage, 1997；HAMELINK, C. J.（ed.）. *Communication in the Eighties：A Reader on the MacBride Report.* Roma：IDOC Internacional, 1980；VINCENT, R. C. / NORDENSTRENG, K. / TRABER, M.（ed.）. *Towards Equity in Global Communication.* MacBride Update. Cresskill（N. J.）：Hampton Press, 1999；NORDENSTRENG, K.；SCHILLER, H. I.（ed.）. *Beyond National Sovereignty：International Communication in the 1990s.* Nueva Jersey：Ablex Publishing, 1993.

会上获得通过。从许多方面来讲，这份报告都非同凡响。在当时那样一个非常特殊的国际时局中，这样一份关乎国际经济新秩序的报告必然会促进世界信息与传播新秩序的建立。

二、《麦克布莱德报告》

这曾是一次艰难的尝试，很可能一无所获。塔斯社社长谢尔盖·洛谢夫那时也是国际传播问题委员会的成员。在一个部分受华约国家控制的委员会中如何去谈言论自由？这些华约国家已经取消了传播活动中应被遵循的所有的基本原则。当大多数新闻机构都在北约组织一方并被当作有价值的管控工具大加利用，又何谈重建信息流的平衡？四年间，委员会举行了各种会议、研讨会，发生过激烈的争论，最后在贝尔格莱德发布了《麦克布莱德报告》。[①]现在，隔着岁月的长河来看，此报告尽管存在一些几乎无法克服的缺陷，但仍不失为传播领域为应对当代全球化初期挑战所做的第一次伟大尝试，其中关于世界信息与传播新秩序的基本提案则是在全球范围内管理信息与传播的第一次试验。世界信息与传播新秩序分为五大部分。

1.传播与社会

在传播史维度上，随着技术的发展，出现了不同的传播模式，人们依据该委员会提供的文本才能理解其中一些内容。从理论角度来说，这些内容有很多可取之处：如传播的功能、经济维度、教育潜力、不可或缺的文化层面，以及其他一些切实独到的见解。

2.当今的传播

该部分主要与媒体和基础设施的内容有关。"文化产业"的概念已被引入，该部分也论及影视之间的关系，并且确认了"信息学虽然将质量与数量结合在一起，却助力于寡头垄断趋势"[②]。此

① MACBRIDE, S. S. *Un solo mundo, voces múltiples. Comunicación e información en nuestro tiempo. Hacia un nuevo orden mundial más justo y eficaz de la información y la comunicación*. México: Fondo de Cultura Económica/Unesco, 1988.

② MACBRIDE,1988: 97.

外，这部分还分析了当前的一些概念，如集中化、一体化与多样化之间的紧张关系，以及不平等现象，指出“发展中国家不仅要减小通信基础设施数量上的差距，还应自力更生，创造条件，制定本国的传播政策。这样的意愿表明，只有基于独立决策、社会多样化与民主合作的演变才会被所有人接纳”[①]。

另外，这一部分明确提到需要打破对北半球国家的传播内容和网络的依赖，还需要在国家层面制定真正的国家传播政策。这是该研究的主要结论之一。

3.问题和主要关切

在制定信息流通的限制措施方面，有关争论一方面集中在自由流通与垂直流通之间，另一方面讨论了市场的支配与调节问题。信息的自由流通不能被限制，但“信息流通的不平衡、信息与理念的单向流通是所有国家共同关切的问题”[②]。该章提出了市场支配的问题，也提出了一个至今依然很有现实意义的问题：“如何调解重商主义与社会文化方面的远大目标（传播与信息领域）之间的矛盾呢？如何避免重商主义造成的不良后果？”[③]

最后一部分提到国内外的公共舆论。委员会所拟定的有关言论自由的章程并不完整，又让我们看到了其局限性和留给各界的忧虑，言论自由是自由发表意见的必要因素。然而，本章的最后是以这样一句话收尾的：“鼓励培养不满足于只作旁观者和被动见证他人活动的公众。”[④]

4.机构与专业框架

这也是报告中非常有分量的一部分，一方面论及传媒政策，另一方面是专业人员的行为准则。

也许，之前学术和政治领域分析得比较多的是有关国家传媒政策的建议，主要包括以下内容：“（a）要利于自然资源的调动；（b）提高现有的或计划建设的基础设施的使用效率；（c）做出关于

① MACBRIDE, 1988: 165.
② MACBRIDE, 1988: 185.
③ MACBRIDE, 1988: 193.
④ MACBRIDE, 1988: 249.

媒体的理性选择；(d)有利于满足弱势群体的需求和消除最显著的不平衡现象；(e)让所有国家和所有文化形式在国际舞台上能有更多的展现机会；(f)重视普及教育和继续教育；(g)有助于加强文化认同和民族独立。”①

我们从报告中看到传播政策是如何服务于国家发展、加强文化认同、重视教育的，报告强调每个国家的民族独立都必不可少。我们可以清楚地看到，在这一系列优先事项中，没有任何一个地方出现过“自由交流的权利”或“接受真实信息的权利”这样的字眼。虽然当时的背景不同，限制有别，但在任何历史时刻，我们都不能不看清楚一些国家政策中的基本优先事项中存在明显的局限性。

关于专业人员的法规框架，最值得关注的可能就是麦克布莱德要求在最终报告中添加的注解，他表明了立场，并就报告中一些具体的观点表达了不同意见。他还特别要求加入更多的“职业和法律上的担保条款，来保护新闻记者免受干扰”②（见报告的第5点）。报告的第9点评论也必须再强调一下，因为特别重要，我在这里全文引述：“我要披露一个事实，政府机构的总体倾向是通过过度借用‘特权’‘国家、军事或外交安全’等概念对信息隐而不报。这些托词常常用来掩盖它们的低效、腐败或其他不足。鉴于公众是最后的决策人，拥有最完整的信息自由是基本条件。新闻记者的作用至关重要，必须对他们加以保护。”③

或许，如果最终版本中更清晰地加入了这样一些概念的话，那么整个国际社会对该报告的接受度也就会有所不同了。

5.以“明日传媒”为标题的结论和对未来的建议

这部分出现了一些概念，如“加强独立性”和“自我发展”（在那时，全球化视角尚显遥远）。传播与社会发展、教育之间的关系和整合定位显然与媒体的商业化以及这种商业化所带来的负面社会影响格格不入。《麦克布莱德报告》明确指出保护记者的必

① MACBRIDE, 1988: 257.
② MACBRIDE, 1988: 295.
③ MACBRIDE, 1988: 299.

要性。在这里，肖恩·麦克布莱德再一次通过一条特别注解表明自己的坚持：若要保证信息真正地自由流动，则必须尽可能地保护记者。从这个意义上，他在该章第5条评论中提出“每年定期召开一次圆桌会议，为期5天，以此来分析和评估对新闻记者的保护工作”。事实上，人们在几年后设立了一个圆桌会议，以之为一种制度跟踪研究《麦克布莱德报告》，目的是坚守该报告的原则和价值观。

结论中提出的另一个概念是加强信息民主化的必要性。这里确实提到了人权，“捍卫人权是信息传播机构的主要任务之一，没有言论自由，人权也就不存在”。之后，报告又增加了一些相当重要的内容：“传播领域民主社会的需求应该结合确定一些特殊的权利来完善，例如知情权、告知权、私生活受到尊重的权利、参与公共传播的权利……到这时才可能说这是一个享有社会权利的新时代，而有关传播权的方方面面都应被更加深入地加以研究。”尽管存在困难和缺失，但是对享有社会权利的新时代的意识以及提出将传播权作为人权的补充加以发展的必要性，无疑是《麦克布莱德报告》的一个显著贡献。该报告还反对通过新闻审查的方式对信息进行专断控制，尽管该报告第6点评论针对谢尔盖·洛谢夫的观点提出“任何有关审查制度的问题都取决于每个国家的立法，必须在法律框架内解决，并考虑到每个国家的自身利益”[①]。此外也别无他法。

《麦克布莱德报告》是一份历史性文件，我们唯有基于当时特定的历史坐标才能够理解它，同时也能看到它仍具有现实参考意义。在联合国教科文组织1980年举行的贝尔格莱德会议上通过了该报告提出的82条建议。之后没有几个月，该报告就成了一场“斗争”的初始目标之一。这里我斟酌了一下用词，这场“斗争”是由新保守主义浪潮所引领的，贯穿里根和撒切尔执政的20世纪80年代。英美政府不愿意接受任何关于媒体的国际性建议、提案，更不要说是规制。此外，基本上都出自英国的几家大国际传媒集团始终以“言论自由”为名，反对任何一种国家

① MACBRIDE, 1988: 330.

或政府间的规制和干预。事实上，美国、英国和日本都表示会退出联合国教科文组织，以抗议该报告的导向和教科文组织总干事谋划的“第三世界”行动。如果这几个国家退出，会对该组织造成永久性的损害。当时联合国教科文组织受到了猛烈的抨击，就像《国家报》说的那样：“它不仅会让长久以来的期待落空，还会被那些想要限制本就不多的自由空间的人轻而易举地利用。”文章的末尾直接攻击该组织：“真是遗憾，联合国教科文组织原本应该致力于扩大自由的空间，促进人类文化的发展，结果却变成了谋求政治利益和施加压力之所，只想力保对其有利的政体稳固并让那些国际高官们守住金饭碗。”①最终，这份报告被埋葬了，正如盖坦·特兰布莱伊所说：“《麦克布莱德报告》没有弄错，它只是被废弃、从未施行过罢了。”②

《麦克布莱德报告》被束之高阁。联合国教科文组织幸存下来，但是自那时起，有关传播的话题基本上无人问津。信息的重要性和国际层面的相关争论从联合国教科文组织转移到国际电信联盟（简称国际电联）和世界贸易组织（简称世贸组织）。这也是时代的又一个隐喻。20世纪80年代，国际传播的话题一直是在一个致力于科学、文化和教育的国际机构内讨论。到了20世纪90年代，这样的话题讨论转到了主管“技术与网络”的国际电联，以及负责“国际贸易”的世贸组织中。信息与传播，作为时代的符号，被转化成商品和基础设施，过渡到商业规制的辖区。而此后联合国教科文组织还会从另一个相当重要的视角再次探讨信息这个话题，我之后将基于其发布的《文化多样性公约》做进一步阐述。

由于《麦克布莱德报告》确实被束之高阁，

① *El País*. Editorial, 30 de septiembre de 1980.

② TREMBLAY, G. "El Informe MacBride siempre de actualidad", *Quaderns del CAC,25è Aniversari de l'Informe McBride*. Enero-abril de 2005. CAC. Barcelona, 2005.

人们一直都会心存疑虑：它具不具有应用性？其核心导向是否正确？我要为其辩护，我认为这是有史以来由一个政府间机构做出的关于传播这一主题最为宏大、最有意义的报告，其针对传播和信息的作用所做的基础研究要点明确、结构合理，其核心导向定位准确。或许因为报告成文时正值冷战时期，它所能企及的高度也就仅限于此，很难走得更远。虽说报告在陈述传播政策的构成要素时缺乏一些具有自由主义特性的论断，但近30年来传播政策的实际走向与报告中的建议完全背道而驰，也与报告的抨击者所预言的噩兆大相径庭。

事实上，这30年来，我们经历了很多：柏林墙的倒塌，苏联和华约的解体，“未被确认的历史终结”，不可逆转的全球化，美国凌驾于一切弱国之上的霸权主义，跨国公司的分量越来越重，放松管制和私有化政策，传统的信息传输机制的危机，价值观的危机，欧洲的乱象，国际恐怖主义和暴力文化的加剧，传统政党和民主政治的危机……我们将这里所罗列的种种现实作为背景幕布，就可以做出这样的论断：传播政策的现实走向与《麦克布莱德报告》中确立的基本导向背道而驰。从这一点来看，确实可以说这个项目失败了，它也是麦克布莱德的失败。这是现实。我们走了另一条路：传播的私有化和商品化，放松管制，集中化，私有企业的依赖性增加，不平等现象依旧存在。也许近年来出现的唯一一个与报告诉求一致的有利因素就是世界的多极化。国际舞台上出现了新的参与者，南半球国家出现了新的社会结构，信息的“自由流动”已不再那么受制于北半球国家，因为已经出现了新的旨在影响整个国际舞台的国际电视频道，比如半岛电视台、拉美的南方电视台（Telesur）等，这些都表明全球化向前迈进了一大步。

第三节　关于传播的国际辩论：是商业产品，还是文化产品

一、世贸组织和经济领域中传播与文化资产规制的转变①

世贸组织诞生于1995年1月1日，但其贸易体系已存在近半个世纪。实际上，自1948年以来，关税和贸易总协定（简称关贸总协定，GATT）逐步制定了国际贸易体系的规则。关贸总协定是多年来谈判的结果，其中1986—1994年的乌拉圭回合是最重要的一轮谈判，促成了之后世贸组织的创建。关贸总协定主要负责商品交易，而世贸组织及其后续的协议则涉及经贸活动的其他领域，如文化、视听服务以及商务创意活动（知识产权）。

世贸组织一直是推行全球化与世界化的国际工具之一。其行动旨在减少和消除经济边界，并在公平的条件下促进国际贸易的发展。对于世贸组织来说，贸易体系必须：

（1）没有歧视，即一个国家不能歧视其他的贸易伙伴，换句话说，大小成员一律平等，互相给予最惠国待遇；

（2）各国不可差别对待本国与其他国家的产品或服务，即同等对待；

（3）贸易须更加自由，通过谈判减少壁垒；

（4）对于公司和投资者而言，贸易要更具可预见性，外国政府都希望他国不会任意建立贸易壁垒，包括关税壁垒和非关税壁垒；

（5）关税税率和市场开放承诺由世贸组织决定，其目的是努力打造更具竞争力的贸易，终结不讲诚信的交易，如发放出口补贴、为获得市场份额以低于成本的价格倾销产品等。

① GERADIN, D.(ed.) *The WTO and Global Convergence in Telecommunications and Audio-Visual Services*. Cambridge: Cambridge University Press, 2004; BEVIGLIA, A. *WTO Rules in the Audio-Visual Sector,* Hamburgo: Hamburg Institute of International Economics, 2003; MESSERLIN, P. /SIWEK, S. /COCQ, E. *The Audiovisual Services Sector in the GATS Negotiations*. Washington: American Enterprise Institute Press, 2005; SINGH, D. *Network Power*. Yale, NH: Yale University Press, 2008.

对于世贸组织来说，视听服务包括电影、录像的制作与发行，电影放映，广播电视、音像传输以及录音等服务。

鉴于世贸组织的属性，它的行为只能从文化的商业化理念出发，而不能从伦理道德和社会的角度出发。对于世贸组织而言，文化就是市场上的一件产品或一种服务。也就是说，文化是经贸行业的一种商品，其生产与供应都在商业逻辑的框架内进行。世贸组织把文化理解为一种休闲娱乐的服务，并试图避免公众干预与经贸逻辑之间的冲突。如果能够严格执行世贸组织制定的商业标准，公共权力在视听和文化服务方面的干预空间就会很小。政府行政部门无法做到在调拨预算为市民提供服务时不与《服务贸易总协定》发生冲突。任何旨在促进和保护文化服务的公共政策（无论是国家还是地区的，抑或自治区、地方政府的）都可能被视为是对世贸组织原则和协议的背离。然而，一些分析人士指出，近年来，这种人类活动过度商业化的视角导致自由化进程进入了一定程度的停滞状态。自由化进程于1995年借世贸组织成立的东风强势启动，但是，在多哈谈判之后，已经因某些地区的经济封锁而部分受阻。

世贸组织成立已经15年[①]，“多哈谈判停滞”阻断了世贸组织协议发展的进程；原因主要在于各国政府无法就农业方面的问题达成一致，特别是美国和欧洲在取消农业补贴这一问题的立场。阻碍世贸组织发展的因素还有文化和视听产品与服务贸易的加入，以及其他方面的一些干预。我们应该还记得由法国推动的那次著名的“文化例外”的抗议活动，此活动要求将文化和视听服务排除在贸易协定之外。

欧盟在新的《视听媒体服务指令》中重申视听传播是一种文化利益的服务，作为联合国教科文组织的《文化多样性公约》的签署方之一，欧盟深知有责任积极推进与视听服务生产与传播相关的政策的落实。虽然各自的立场略有不同，欧盟在世贸组织面前坚持认为有必要保

① 至作者写作此书时。——译者注

护其制定和执行文化与视听政策的空间，这也是保护文化多样性需要优先考虑的问题。世贸组织的协定排在了第二位，事实上，世贸组织本身也承认，在文化和视听服务产业方面，其与成员国达成的双边协议较少（世贸组织有177个成员国，只签署了约30个局部协定）。

大卫·辛格[①]充分肯定了世贸组织在当前全球化进程中发挥的作用及其工作方法，他高度评价说，为了让各国能够就消除贸易壁垒、建立共同标准等议题达成协议，世贸组织所做的努力堪称典范。他对多哈谈判的停滞表示担忧，并指出自由化进程的危机和停摆是一场悲剧："我们认为全球贸易网络可以为解决极端贫困、军事侵略以及民族沙文主义等问题提供最佳方案，正如凯恩斯所说，我们是'坚持19世纪战前思维'的人，在我们看来，'多哈谈判的停滞'对于完全自由经济的进程而言是一场悲剧。"[②]

这是他的个人观点，而我还是怀疑完全自由化是恰当解决世界难题的最佳途径这种说法。对我来说，多哈谈判的停滞，或者至少也是一种延迟，正好是一个必要的契机，让人们得以从几个不同的角度而不仅仅是从经济角度静观全球化的进程。因为，正如我在自己的研究中一直强调的那样，全球化还需要更好的时机去寻找一种更为透明和民主的机制来共同管理这个世界。从这个意义上说，文化和视听服务的自由化被延误也算是一个好消息。

二、信息社会世界峰会，国际电信联盟突尼斯峰会[③]

传播政策，特别是与电子通信网络基础设施相关的政策，已经转移到国际电信联盟。由于国

① SINGH, D. *Network Power*. Yale, NH: Yale University Press, 2008.

② SINGH, D. : 246.

③ HAMELINK, C."Did WSIS Achieve Anything at all? " Gazette. *International Journal of Communication*, vol. 66, núm. 3-4, 2004; PADOVANI, C./TUZZI, A."WSIS as a World of Words. What can we Say about so much Talking", *Continuum. Journal of Media and Society*, vol. 18, núm. 3, 2004; BECERRA, M. *Sociedad de la información: proyecto, convergencia, divergencia*. Buenos Aires: Norma, 2003; ORGANIZACIÓN DE NACIONES UNIDAS. *Informe final de la fase de Ginebra de la Cumbre Mundial de la Sociedad de la Información*. Ginebra: Documento WSIS-03/GENEVA/9 (Rev. 1) -S,12 de mayo de 2004.

际电报联盟和国际无线电报联盟合并，国际电联于1934年正式成立，其基本任务是“连接世界，让所有人都有交流权”[①]。“我们要保证全世界的人能够以一种有效、安全、便捷和可承受的方式相互交流……我们尽全力让大家能相互合作，政府和电信产业都是如此，并尽全力找到有效的措施以分享知识、改进工具、创建并保护网络。”[②]该组织未来几年的工作重点是提高网络空间的安全性、有效利用无线电频谱资源和卫星轨道、缩小数字鸿沟、利用信息与通信技术减轻气候变化带来的影响，以及为弱势群体使用网络带来更多便利。

尽管国际电联通常是按照参与成员（各政府和电信企业）之间达成的一致协议开展工作，但1988年在墨尔本，《国际电信规则》（*RTI*）被通过，这是一份国际条约级别的公文，由177个国家签署，从1990年起生效。这份公文确立了关于国际电信业务规范与运营的通用原则，基本上为电信基础设施的互联和全球互操作性确立了标准。然而，这些标准已经被技术变革和信息数字化所超越，因此国际电联曾两次试图对内容进行修订和更新（1998年明尼阿波利斯和2002年马拉喀什的全权代表大会），但是都没能取得共识。到2006年，该组织才决定于2012年召开世界电信大会，再次启动修订和审核《国际电信规则》的议程。除了对影响整个通信系统的基本准则进行这种战略性改革外，联合国还委托国际电联负责组织和管理信息社会世界峰会（MSIS）。

事实上，在2001年12月21日第56/183号决议中，联合国大会已批准分两次举行信息社会世界峰会，第一次2003年在日内瓦举行，第二次2005年11月在突尼斯举行。在我撰写本书时，正是执行和跟踪管理两次峰会上达成协议的阶段。整个过程的组织和管理都由国际电联负责。

该峰会源于联合国对全球数字革命及其影响的认可。不同的决议和报告都承认数字革命受信

① http: //www. itu. int.

② http: //www. itu. int/net/about/vision-es. aspx.

息与通信技术的驱动，大大改变了人们的工作方式、联系方式、行动和交流方式。这创造了新的方式来创新知识、发展教育和传播信息。技术变革正在改变各国的经济模式，并推动经济的全球化。简而言之，数字革命能够成为推动进步和国际合作的一件利器。

日内瓦峰会成了具有代表性的联合国大会：一方是各成员国，另一方是非政府组织和大型私营国际网络公司，会议的结果也就可想而知。峰会的主要议题是把信息社会的发展与联合国千年发展目标相衔接，旨在促进包容性信息社会的建设，以“扩大对基础设施和信息通信技术的使用范围，创造良好的环境，促进和尊重文化多样性”[①]。然而，其中一个核心问题未能获得最低要求的通过票数：互联网的治理。当讨论的议题复杂且各国政府的立场相去甚远时，联合国通常的做法是成立一个专门的工作组来解决问题，于是，就有了互联网治理工作组（WGIG）。该工作组由40个成员组成，有专家和各政府、民间社团、公司的代表。他们给互联网治理下了一个粗浅而直白的定义：“互联网治理是指政府、私营企业和民间社团各尽其职，发展和执行在互联网演变和使用过程中各方共同制定的原则、标准、规定、决策程序和规划。”[②]

几年后，在突尼斯峰会上，会议成员讨论了一些具有共通性的问题，那些比较宽泛、不用过于具体化的议题更容易达成多数一致的意见。此外，在会上，大家再一次提起了上面那个中心议题：互联网的治理。

众所周知，互联网是受ICANN“管制”的——如果大家可以接受“管制”这个词的话。ICANN是国际互联网名称与数字地址分配机构英文名称首字母的缩写，该机构于1998年9月18日注册成立，以接管之前互联网号码分配局（IANA）的一些任务，后者现在归ICANN掌管。1998年，互联网开始发力，在克林顿总统执政期间，美国商务部把管理第一级域名和分配IP地址的任务直接承包给了ICANN。自那时起，美国政府商务部对该机构一直拥有监管权，但现在已不再要求

① http//www. itu. int/wsis/documents/index1-es. html.

② CASTELLS, 2009: 177.

它每半年提供一次信息报告。事实上，ICANN在管理全球范围内的互联网，因为那是一个全球互联的网络，而不仅仅是美国的互联网。如果说是美国商务部在监管负责“治理”互联网的ICANN，这就很成问题，有可能对未来构成威胁。我们还必须看到，ICANN的治理结构、网民渗透性及其国际咨询委员会一直是其公正性的保证，让大家相信所有人都可以免费接入互联网的时代正在到来。然而，在我看来，有一些政府和民间团体对ICANN单一依赖一个国家的状况是心存忧虑的。

在突尼斯，欧盟直接质疑美国监管全球网络的角色。薇薇安·雷丁在一份官方声明中表明了欧盟的立场：“欧盟希望建立一个自由、稳定和民主的互联网，该互联网向所有人开放，因此，我们认为政府对互联网的日常管理不必有任何干涉。如果政府参与进来，很有可能会层层设限，从而危及互联网的稳定。因此，欧盟赞成取消政府对ICANN的各种管控。多年来，我们深知这是大家对于美国行政干预的共同看法。因此，下一步的工作是完善互联网管理的私有化过程，取消美国商务部对ICANN的监督职能。”①

尽管欧盟表明了立场，但美国的态度也很坚决：互联网缺乏领导和全球治理，而联合国并没有达到领导当前全球化进程的高度，因而决定商务部将继续承担监管ICANN的责任，同时为了追求平衡，将组建互联网治理论坛（IGF），其目的是“支持联合国秘书长落实信息社会世界峰会的决议——成立关于制定互联网治理政策的多元对话新论坛：互联网治理论坛”②。

互联网治理论坛在世界各地组织召开了多次会议：2006年在雅典；2007年在里约热内卢；2008年在海得拉巴；2009年在沙姆沙伊赫；2010年在维尔纽斯。各种“联盟”因此而建立，如关于互联网与气候变化、儿童保护、性别和互联网治理、言论自由和媒体自由、语言多样性、互联网权利法案、开放标准等的

① http://www.eurunion.org/newsweb/euinmedia/vrwstnov162005.htm.

② http://www.intgovforum.org/cms/index.php/aboutigf.

“联盟”。这些联盟分别集结不同类型的团队，并有各自的工作流程。到目前为止，互联网治理论坛已经成为对互联网治理感兴趣的各界人士的聚会空间，但他们的工作并未深入论坛的核心问题，也不能保证互联网的互操作性、自由以及对所有人开放，而实际上，这三点恰恰是确保互联网获得巨大成功的先决条件 。

国际电联和该峰会的举措都反映了现实世界的网络治理还很不完善的状况。我们没有一个掌控世界的政府，但我们有强大的跨国公司，而它们在乎的只是权力之争；我们还有确实能在这个世界上呼风唤雨的金融和经济网络，可它们优先考虑的是自己的利益，而置公民利益于不顾。仅就标准达成协议是不够的，积极宣扬良好的意愿也是不够的，现在迫切需要建立一个真正能够治理世界的机制，因为当今的世界无依无靠，亟须引领。

三、联合国教科文组织与《保护和促进文化表现形式多样性公约》

2005年，联合国教科文组织倡导通过了《保护和促进文化表现形式多样性公约》（简称《公约》），该《公约》的宗旨是“重申在制定文化政策方面的国家主权，承认文化产品和文化服务作为身份、价值观和意义载体的特殊属性，并加强国际合作与援助，以支持所有国家的文化表现形式”[①]。

为保护文化多样性制定法律文书，如《公约》，多方达成一致协议的基础首先就在于承认《世界人权宣言》（简称《宣言》）中所说的文化权利。这份《宣言》于1948年12月10日由联合国大会通过，其中第27条规定如下：

> （1）人人有权自由参与社会的文化生活，享受艺术，并分享科学进步及其所产生的福利；

① Unesco. http: //portal. unesco. org/culture.

（2）人人享有保护从他所创作的科学、文学或艺术作品获得的精神和物质利益的权利。

《经济、社会和文化权利国际协定》（ICESCR，简称《协定》）提出进一步拓展文化权利这一概念。该《协定》承认第二代人权，并制定了相应的保护与保障机制。它于1966年12月16日由联合国大会通过，并于1976年1月3日生效。第15条规定如下：

本协定各缔约国承认人人有权：参与文化生活；享受科学进步及其应用所带来的福利；享有保护由个人所创作的科学、文学或艺术作品而获得的精神和物质利益的权利。

同样，弗莱堡学派在联合国教科文组织和弗赖堡大学的环境当中，多年致力于“文化权利宣言”的提案。该学派对“文化”的定义是：“包括价值观、信仰、语言、艺术与科学、传统、制度和生活方式等，个人或群体通过它们实现自我表达和自我发展。”[①]

尽管联合国教科文组织在20世纪八九十年代遇到了很多困难，但它一直坚持不懈，至今仍然是唯一的处理文化和教育问题的政府间的多边国际组织。联合国教科文组织大会2003年委托总干事在下届会议（2005年10月）上提交一份初步报告，其中包括一份保护文化内容和艺术表现形式多样性公约的草案（文件32C/34）。2003年12月至2005年6月，总干事召集了3次独立专家会议，1次起草委员会会议和3次政府间专家会议。总干事向大会提交的报告回顾了工作进展的几个阶段，汇报了政府间专家会议上就议题发生的辩论和提出的建议，并附上了公约草案（文件33C/23）。另外，在此之前以及在此期间，一些协会和政府间组织也举行了同一议题的会议，如文化多样性联盟[②]——该公约的大力推

① SYMONIDES, J. "International implementation of cultural rights", *Gazzette*, vol. 60, 1998.

② http: //www. europarl. europa. eu/sides/.

动者——已经召开了2次专业文化组织的国际性会议，分别是2001年9月13日的蒙特利尔会议和2003年2月2日至4日的巴黎会议，赶在了联合国教科文组织大会之前；第3次会议是在联合国教科文组织大会之后于首尔举行的，时间是2004年6月5日至7日。2000年12月7日的《欧洲理事会文化多样性宣言》和上文提到的弗莱堡学派的1998年《文化权利宣言》提案这两份重要文件及其行动，无疑会影响到2005年10月20日联合国教科文组织通过的《保护和促进文化表现形式多样性公约》。

关于《公约》目标和原则，有必要指出第4条的重要性，因为它明确了“文化多样性”的含义：“各群体和社会借以表现其文化的多种不同形式，这些表现形式在其内部以及相互之间传输。文化多样性不仅体现在人类文化遗产通过多种文化表现形式来表达、弘扬和传承上，也体现在使用各种媒体和技术进行艺术创作，用不同方式生产、传播、销售以及消费文化方面。”

对于我的这项研究来说，值得强调的是，根据这一定义，文化行为和文化多样性必然包括文化产品的传播与销售。因此，文化与传播之间、文化行为与传播行为之间建立了不可分割的联系。同样，《公约》的同一条款还指出，“文化活动、产品与服务是指从其具有的特殊属性、用途或目的来看，能够体现或传达文化表现形式的活动、产品与服务，无论它们具不具有商业价值。文化活动可能以自身为目的，也可能是为生产文化产品与提供服务提供帮助”。

这种与文化行为的商业价值相关的独立性也是一个重要因素：文化活动、产品和服务不能沦为商业产品，它们的价值超出了按市场规则给出的定价。

《公约》第4章指出：“缔约方根据《联合国宪章》、国际法原则及国际公认的人权文书，重申拥有为实现本公约的宗旨而制定和实施文化政策、采取措施以保护和促进文化表现形式多样性及加强国际合作的主权。”国际社会已经预先认可应采取措施以保护和促进文化表现形式的多样性，以便各国能对这样一项如此重要的事务加以干预。

正如我们所看到的，《公约》虽然与传播政策不直接相关，但是将文化产品和服务并入了传媒产品和服务，基本上将二者等同视之，为应对新保守主义和自由主义浪潮提供了一个重要的保护文件。事实上，我们分析欧盟《视听媒体服务指令》时会看到，欧盟把该指令的合法性部分建立在已经签署了《公约》这一基础之上。这份对缔约国具有约束力的《公约》对文化和视听产品及服务给出了不同的观点：文化和视听产品及服务已不仅仅是用于经济交易的商品，也是，或许首先是价值观、意义、历史，最终是文化身份的传播"载体"。事实上，我们看到了两种相互对立的观点，这也是在整个研究过程当中逐渐梳理出来的两种立场，决定了——无论是在各国国内还是在国际层面——不同社会政治团体和运作者如何安排工作的轻重缓急。

第四节 关于传播规制的国际法规

一、1927年BBC皇家特许状[①]

BBC模式无疑深刻地影响了国际视听传播的全局。之后的相关规制也是这一模式的价值观衍生出来的，即使是现在，许多国家仍然以英国广播公司作为参考模式。

英国广播公司创立初期是一个合成体。1922年，马可尼、无线电通信公司、大都会维氏、英国通用电气公司、西电公司与汤普森·休斯敦（BTH）6家公司走到一起，共同出资完成以家庭广播发明为代表的新型通信系统的实验。让我们

① BRIGGS, A. *The BBC. The First Fifty Years*. Oxford: Oxford University Press, 1985; WYVER, J. *The Moving Image: An International History of Film,Television & Radio*. Basil Blackwell Ltd. Londres, 1989; JEANNENEY, J. N. *Une historie des médias*. París: Seuil, 2001; CURRAN, J. *Medios de comunicación y poder*. Barcelona: Hacer Editorial, 2005; VIPOND, M."The Beginnings of Public Broadcasting in Canada: The CRBC, 1932-1936", *Canadian Journal of Communication*, vol. 19,núm. 2, 1994; BRIGGS, A. /BURKE, P. A *Social History of The Media* (3ª ed.), Cambridge: Polity Press, 2009.

来回顾一下，第一次无线电广播是1922年11月14日在马可尼总部进行的。这6家公司合并，英国邮政总局颁发了牌照，命名为英国广播有限公司。事实上，在绝大多数欧洲国家中，邮政和电报公司最先开始推广这种面向“大众”的“无线”通信系统。在广播发展最初的那几年，英国政府密切关注美国的经营模式并派了几个代表团去美国考察相关进展，当时美国的广播业由私人公司掌控，几乎没有什么监管。赛克斯委员会和克劳福德委员会提出建立与美国不同的模式，由一家国有公司对广播业进行垄断管理，以避免美国模式中已经发生过的那些商业纠纷。实际上，克劳福德对广告的传播效果、早期的受众评估体系以及美国广播节目的低俗感到震惊。1935年，《克劳福德报告》指出，在美国，私营无线电运营商“没有向公众提供他们想要的，而是提供运营商所需要的”[①]。

不管怎么说，《克劳福德报告》最后建议在皇家特许状的法律框架下制定公共广播垄断机制，以10年为期。我们注意看一下，这里所说的法律形式是基于皇家特许状，而不是议会的法规。克劳福德提出，该模式应具有最高的法律级别而无须面对任何政治性的争议。基于这一皇家特许状创立了新的英国广播公司，这次“BBC”中的“C”指的已不是一般的“公司”，而是“集团公司”。《克劳福德报告》最重要的部分是：公共服务垄断制度这一提案更多地回应了对“公共服务”的诉求，而不是解决技术问题。无疑，由于无线电通信技术刚刚起步，研发费用高昂，频谱短缺的问题确实存在。但是在约翰·里斯的支持下，克劳福德更加坚定不移地认为美国商业化的私营通信系统存在负面影响，而大众传播应有“公共服务”的这一维度。

第一个国有的大众传播集团公司应运而生，其目标是为受众提供“教育、资讯和娱乐”服务，其宗旨是“国家之间要和平相处”。英国广播公司首任总裁约翰·里斯成为组建这家新集团公司的关键人物，而“约翰·里斯”模式意味着“施行公共服务应独立于政府之外”[②]。对于

① JEANNENEY, 2001: 151.

② BRIGGS; BURKE, 2009: 156.

W.A.罗布森这样一位费边社会主义者，创立这个新的集团公司就是“社会科学领域的一项发明，它与自然科学领域无线电传输的发明一样卓越”[①]。此外，英国广播公司还设立了一个“理事会”，由理事会任命一位总经理全权主持日常运作。英国这一新的垄断模式与后来在欧洲其他国家建立起来的类似模式之间存在巨大差异：从德国模式开始，其他的类似模式都会受到政府和内政部的监管。

BBC皇家特许状每十年更新一次。英国广播公司与政府、各政党之间关系最为紧张的时刻通常都恰逢BBC皇家特许状需要更新之时。在英国广播公司存在的八十多年间，在民主和宪政文化的框架内（我们要记得英国没有一部成文宪法，但拥有一个由一系列法律惯例组成的“宪法体系”），历经八次更新之后的BBC皇家特许状，被认为是保证英国广播公司独立运营的最佳法律文件，使之不受制于国家政府以及其他经济、金融和政治等权力部门。

近年来，由于BBC皇家特许状[②]又到了必须更新的时候，英国对公共视听服务的意义展开了激烈的辩论。实际上，BBC皇家特许状每十年更新一次，为此，英国通信管理局作为监管机构和英国广播公司共同启动更新程序，与政府商议并确定英国广播公司必须履行的公共服务新使命，英国广播公司还要证明自己因提供这种公共性服务向公民征收的各项“费用”是合理的。尽管要面对一些来自外界的压力，但BBC皇家特许状最终于2005年再次续签，这也意味着英国广播公司的公共服务责任进一步加强了。我们认真地阅读英国广播公司和英国通信管理局在讨论续签BBC皇家特许状期间制定的各类文件的话，可以发现一个直到今天仍能证明视听公共服务意义的决定性因素，即视听媒体市场的失灵。显然，我们所面临的并不是技术水平不足的问题，而基本上是这样一个事

① BRIGGS; BURKE, 2009: 201.

② 想深入分析关于皇家特许状续签的辩论情况，可参阅以下相关文件：BBC. *Building Public Value. Renewing the BBC for a digital world*, Londres, 2004; BBC OFCOM. *Review of public service television broadcasting. A BBC response*. Londres: OFCOM, 2004; OFCOM. *Review of public service television. Phase I,II,III*. Londres: OFCOM, 2004。

实：单靠市场自身无法提供一个通信系统或多媒体传播网络，来确保建立均衡多元、扎根于大众、专业水准高、不为广告商左右的传播模式。市场失灵是公共权力部门进行干预的主要原因。这一观点与欧盟所签署的一系列成员国公共视听系统的协议基调一致，这些协议都是基于《马斯特里赫特条约》的框架于1997年签订的，认为公共服务应与民主、社会和文化需求直接相关，必须在媒体中坚持多元化。

紧跟约翰·里斯模式的国家是加拿大和澳大利亚。在20世纪20年代广播业萌芽的时候，加拿大[①]也采用私营模式，直到1932年才选择了类似于英国广播公司的模式，成立了加拿大广播委员会（CRBC）。该委员会既是监管单位，又是采用混合融资方式的运营方，其部分收入来自广告。这一机构经营了4年，之后又成立过几个议会委员会，最终演变为现在的加拿大广播公司（CBC），运作模式与BBC的十分相似。澳大利亚在1932年通过了澳大利亚广播委员会法案，设立了公营的澳大利亚广播公司（ABC），拥有12家广播电台，运作模式与BBC的相似，但区别在于前者还有强大的私营无线电台网，共42家电台。加拿大和澳大利亚都是英联邦成员国，与英国联系紧密，采用的是BBC模式，而加拿大的情况还有一个因素需要补充说明，它之所以采用BBC模式，是因为担心在文化和信息方面被美国强大的媒体势力殖民化。

不管怎样，二战后，BBC模式成为西欧国家的参照，特别是有着悠久民主文化传统的中、北欧，而德意志联邦共和国则是需要在一个联邦制国家的框架下确保内容的民主性（这可以理解为，在两德统一前的联邦德国，公营的广播电视归属各联邦州，州政府确保监管的公正性和政府的独立性）[②]，甚至于二战之后美国同意日本采纳新的章程，按照BBC的标准制定了类似的电视监管模式。事实上，日本广播协会（NHK，又称“日本放送协

① VIPOND, M. "The Beginnings of Public Broadcasting in Canada: The CRBC,1932-36", en *Canadian Journal of Communication*, vol. 19, núm. 2, 1994.

② HUMPHREYS, 1996: 139. 从这个意义来说，我们必须强调宪法法院的判决结果是把广播的职能分配给了联邦州而不是中央政府。这一决定变成了真正意义上的德国公共服务制度“大宪章”。

会"）1936年刚刚成立时采用的是半公半私的联合运作模式，之后参照BBC模式修改了章程，从而成为亚洲的视听服务模板。由此可见，1927年的英国BBC皇家特许状是世界视听传播服务的参考法规之一。

二、《1934年通信法》：联邦通信委员会的诞生与私有广播业的规制[①]

美国相关的法规是于1934年制定的，一直到1996年都没有大的修改，可以说是私有制模式的法律范本。此外，美国还创建了第一个关于视听传播和电子通信网络的独立行政监管机构。这项法规取代了1927年的《广播法》，终结了社会和政治方面关于美国视听媒体规制模式的激烈争论，为之后建立美国视听传播模式奠定了基础。

该法规的目标是"对电信业和广播实行州间管制，在可能的范围内使美国所有人能够快捷、高效地使用国内和国际的无线电通信和广播服务，并且这些服务收费合理，受众支付得起。为了落实相关规制，使政策集中化，我们创建一个机构来监管电信业和广播的这种州间关系，该行政机构就是联邦通信委员会"[②]。

美国是世界上最早进入民主体制的国家之一，主张言论自由。看到广播电台已然强势登场，那些通信公司想要利用新技术开发项目也很正常。1927年的《广播法》准许发放无线电频谱的开发许可证，这使该行业迅猛发展起来，创建了第一批"广播网"，如全国广播公司、哥伦比亚广播公司以及全国广播业者协会（NAB）。大多数的电台都是私营的，利用广告销售收入支付网络运营和制作节目内容的费用。与这些私营电台并存的还有一些非商业性的电台，它们不播出广告，运

① McCHESNEY, R. W. *The Political Economy of Media*. Nueva York: Monthly Review Press, 2008（特别是"The Battle for the U. S. Airwaves"一章）; PAGLIN, M. *A Legislative History of The Communications Act of 1934*. Nueva York: Oxford University Press, 1989; KAHN, F. J. (ed.). *Documents of American Broadcasting*. Meridith, 1968.

② The Communications Act 1934: http: //www. fcc. gov/reports/1934new. pdf.

作资金基本上来自用户和些许政府补贴，如教育电台。在四年多的时间里，什么样的视听传播模式适合美国一直是争论的焦点。当时已经出现了三种模式：第一种是英国广播公司的政府垄断模式，加拿大和澳大利亚几乎紧随其后；第二种是非盈利性电台模式，主要用于教育，我们现在会称之为社团电台或“第三部门”；第三种是私营商业广播模式。尽管争论发生在罗斯福总统执政时期，但是美国最后还是选了第三种。我之所以说“尽管争论发生在罗斯福总统执政时期”[①]，是因为刚开始的时候他看起来倾向于一种混合模式——商业性和社团性并存，但有传言说他是因为需要私营媒体集团支持他的改革新政而放弃了混合模式。

事实上，国家垄断模式的可能性没有被考虑的原因有两个：一则私有集团很快就已在公共领域占据重要地位，二则美国的自由主义和个人主义文化使人们倾向于认为公共行政干预越少越好，尤其是联邦政府的介入。争论的一方是私有运营商，另一方是教育组织、工会、社团、宗教组织等管理的各类小型网络。后者想的是要么争取拿到进入公共领域的许可证，要么选择以教育为中心的传播模式。从这个意义上来看，全国广播教育委员会（NCER）发挥了举足轻重的作用，力挺这一模式。然而，前者集多方努力，既有私有广播公司联手美国的议员们共同施加压力，又有其他实力雄厚的媒体集团自1929年大萧条始借机左右政治事务，最终赢得了这场争夺无线电频谱与视听媒体模式掌控权的战役。直到最后一分钟，一些团体和协会，还在芝加哥天主教神父约翰·哈尼[②]的领导下，争取让联邦议会给教育和社团广播分配一定份额的频谱，这得到了两位参议员的支持——民主党的罗伯特·瓦格纳和共和党的亨利·海特菲尔德——他们提交了一份修正案，要求留给非商业性广播行业25%的频谱份额。这个提案当时似乎就要成功了，但最后还是以这一需求的可能性有

① McCHESNEY, 2008: 176.
② McCHESNEY, 2008: 177.

待进一步研究收尾。联邦通信委员会在之后的一项研究中提议，不应该以商业广播已经在发挥教育和社会服务的功能为由做出这样的保留决定。

《1934年通信法》还批准成立联邦通信委员会，此机构作为通信行业的联邦监管机构，取代之前的联邦广播委员会（FCR），并接管商务部的相关职能。就这样，伴随频谱和多媒体通信网络的私有化进程，联邦通信委员会应运而生，成为第一家针对电子通信、网络和传播内容的监管机构。事实上，它不仅负责管理和审核无线电频谱的使用情况，还负责跟踪检查运营商内容制作方面的问题。

那时，私有运营商获得许可证后可以通过电波进入公共领域，他们作为公共利益的受托人，需要履行一系列的义务。其中最为人们所熟知的一条就是"公平原则"，"公平原则"要求无线电广播运营商要为各种政治宣讲分配一定的时间段。这一要求一直延续到20世纪80年代。我们再来细看一下，"公平原则"要求私有运营商对各政党要遵循"时间公平"原则，以履行"接收不同观点"的责任。阿尔·戈尔指出："无线电广播这一革命性的技术对美国社会的影响与它对世界其他地方的影响不同。在美国，民主思想的捍卫者们坚持认为必须对这一新媒体采取限制措施。'新闻时间平等'规则保证所有的政党和候选人都应被分配相同的发布时间；'公平原则'保证视听媒体能包容所有的政治观点，并监督媒体能否坚持服务于公共利益这一职业操守，媒体如有违反，会受到吊销经营许可证的处罚。"[①]

《1934年通信法》深刻地反映了美国视听传播模式的特性。这一模式之后被拉丁美洲各国效仿，直到1996年依然有效，在克林顿执政时期才被大幅修订以应对互联网突飞猛进的发展和数字化时代电子通信首次的大爆发。

① GORE, A. *The Assault on Reason*. Bloomsbury, 2007, p. 91.

三、法国：从最高视听管理委员会到法国高等视听委员会，1986年《传播自由法》[①]

法国视听传播模式的重大变革始于1981年弗朗索瓦·密特朗在总统竞选中获胜之后。此前，在戴高乐、蓬皮杜和吉斯卡尔·德斯坦执政时期，广播电视主要通过法国广播电视协会（ORTF）由国家垄断经营。在吉斯卡尔·德斯坦担任总统期间，法国广播电视协会分散为6家国有公司。法国广播电视，如戴高乐将军所言，是“国家之声”，由国家垄断管理，虽与英国广播公司有着相似的模式，却受到国家机器的掌控，特别是总统的钳制。直到弗朗索瓦·密特朗上台后，法国的视听制度才启动了变革的进程。1982年7月29日，政府颁布了《视听传播法》，也被称为《菲利伍德法》，并依据此法设立了最高视听管理委员会。

设立此机构的目的是“确保有声广播公共服务的独立性和有声广播服务许可证的发放”。该机构有权任命公营电视台和广播电台的负责人，所以也被称为“国家广播电视监管机构”[②]，由9名成员组成，经1/3以上成员投票选举产生，当时的主席是米歇尔·科达女士[③]。总的来说，她在任职4年间的工作成效受到普遍认同。她走的第一步棋就是打破国家垄断，授权纳入两家新的私营电视台：Canal+付费频道和电视5台。

1986年国民议会大选中，右翼取胜，希拉克出任总理，与总统密特朗实行“共治”，时局并不乐观。因为最高视听管理委员会不是依据宪法设立的，所以被解散并由“国家传播自由委员会”（CNCL）取代。由于该委员会的选举制度格外复杂，它仅仅运营了3年的时间。但这3年的时间也足

① COTTA, M. *Les Miroirs de Jupiter*. París: Bayard, 1986; BERTHO, C. *Histoire des Télécommunications en France*. París: Eras, 1984; VANDERSANDEN, G. *L´Espace Audiovisuel Europeen*. Universit é de Bruxelles, 1991; CHAUVEAU, A. *L'Audiovisuel en liberté? Histoire de la Haute Autorité*. París: Presses de Sciences Politiques, 1997; DEBBASCH, CH. (dir.) *La Commission nationale de la communication et des libertés*. Presses Universitaires d´Aix-Marseille, 1988.

② JEANNENEY, 2001: 307.

③ 米歇尔·科达在*Les Miroirs de Jupiter*一书中部分解释了她在任职期间经历的波折。

以用来迈出非常重要的一步——公营视听媒体部分私有化，而其中法国收视率最高的电视1台（TF1）私有化可能是欧洲在这方面的首次尝试。1988年，密特朗在总统大选中卫冕成功，其后的立法选举中左翼获胜，决定由最高视听委员会取代国家传播自由委员会。

《传播自由法》1986年通过，此后又经过多次修订（最近的一次修订是在2009年），成为法国视听传播的经典法律；其中1989年的修订版决定设立高等视听委员会，这是与之前的最高视听管理委员会十分相似的广电监管机构，后来，这一版也成为非洲和欧洲许多国家的参照模式。我坚持认为这项法律十分重要，因为它不仅促成了法国高等视听委员会的创立，同时还提出了关于视听媒体的一些新概念，带动了该领域一定程度的自由化。

高等视听委员会成立于1989年，最近刚刚庆祝了成立20周年。它经历了不同的发展阶段和国家领导人的更替，克服了重重困难，最终赢得了公众的充分认可，为法国，乃至整个欧洲、非洲的法语地区和拉丁美洲的广播电视监管政策提供了不可或缺的参考，发挥了典范作用，受到人们的推崇。

高等视听委员会所肩负的使命清晰地指明了其他视听传播监管机构的前进方向。它的主要职责有：

（1）监督广播电视运营商执行有关法国法律和欧洲指令规定的各项法律条文以及应承担的相应职责的情况；

（2）通过定期报告多元化工作情况和认定各政党发言时间的分配标准，检查公营和私营广播电视运营商是否遵守政治多元和信息诚信的基本原则；

（3）承担大选时期监督媒体多元化的任务，秉承所有运营商都应遵守的平等公正准则；

（4）监督广播电视运营商履行有关法国、欧洲音乐和音像制作各项配额的义务；

（5）发放无线电频谱的使用许可证以及管理为相关视听业务保留的频谱资源；

（6）任命公营电视台的管理者[①]，跟踪监管国有公司履行公共服务职责的情况。

同时，1986年《传播自由法》赋予最高视听委员会独立行政权[②]，以保证其拥有很高的行政地位，能够完全自由地实施监管，并把外界的干扰降至最低。

最高视听委员会的委员每6年选举一次，由该委员会成员的1/3以上投票产生，由法国总统、参议院议长和国民议会议长共同提名。几年来，总统、参议院议长和国民议会议长这三大职位都落入第一政党——法国保卫共和联盟（RPR）/人民运动联盟（UMP）的手中，从而导致了最高视听委员会成员——只有少数例外——都倾向于认同其政治主张。这使得作为少数派的法国社会党要求修改这种任命方式，提议高等视听委员会成员的选举应以平等多元的方式在国民议会中进行。

2009年，法国对公共媒体服务进行了新一轮的改革，由国家公共电视服务改革委员会负责实施，弗朗索瓦·科贝（法国议会执政党党团主席）任该委员会主席。关于公共视听制度的修订提案被落实在2009年3月5日的机构法案中（Loi organiquen. 2009-257 du 5 mars 2009）。这项高等视听委员会参与审议的新法案，禁止法国公共电视频道播放广告，将电视台领导成员的任命权交还法国政府，当然之前也要参考法国最高视听委员会相关报告的意见。

四、1989年欧盟的《电视无国界指令》在2007年更新为《视听媒体服务指令》

近二十年来，欧盟对视听媒体行业的政策进

① 这一任命权最近有些变化，又由政府任命国有广电公司的主管。

② 关于CSA独立行政权实施所遇到的困难，可参见：AUTIN, J. L."Le Conseil supérieur de l'audiovisuel en France", *Revista Catalana de Dret Públic*, núm. 34, 2007, pp. 83-115.

行了多次修订。首先，1997年，《电视无国界指令》（89/552/CEE指令）进行了部分修改，之后于2007年12月11日彻底改为一项新的指令——《关于修改89/552/CEE指令的2007/65/CE号欧洲议会和理事会指令》（简称《指令》），修改了理事会制定的《电视无国界指令》中关于各成员国在广播电视行业应遵循的特定法令、规定和行政管理条例等。

此《指令》的目的是整合欧盟成员国针对广播电视业或者视听服务方面的相关法令、规定和行政管理条例，并使其使用《指令》的表述形式。为什么欧盟要进行这样的干预呢？首先，欧盟深知视听服务是一种在单一市场内的经济活动。同时，欧盟也理解视听服务具有文化传播的维度。欧盟官网上的资料称："视听服务既是文化服务也是经济服务。对于民主国家而言，其重要性日益凸显，尤其是在保障信息自由、观点多样性、媒体多元化以及教育和文化等方面发挥的作用。"[①]《欧洲联盟条约》第151条第4款要求欧共体多关注文化主题，尤其需要尊重和推广各国文化的多样性。

其次，正如我们所见，欧洲议会一直坚持在多哈谈判中所持的立场，将视听服务排除在外。事实上，如2007年《指令》的第5条所述，欧洲议会2005年12月1日和2006年4月4日通过的关于世界贸易组织会议的多哈谈判的决议，要求"基础的公共服务，如视听服务，不应排除在《服务贸易总协定》框架中的自由化范围之外，尽管《服务贸易总协定》的目的是实现完全跨越国界的服务自由化"。此外，欧洲议会2006年4月27日的决议和理事会2006/515/CE的决定，通过了联合国教科文组织关于《保护和促进文化表达多样性公约》，内容包括"文化活动、文化资产和文化服务既具有经济性质，又具有文化性质，因为它们是身份、价值观和意义的载体，因此，人们不能仅仅看到它们的商业价值"。无线电广播或是视听传播既是经济活动，又是文化活动，不能仅仅被视为商业资产。

① 欧盟网站：http://eur-lex.europa.eu。

再次，根据1997年并入《马斯特里赫特条约》框架的《欧洲联盟条约》附录第32条关于成员国公共视听制度的内容，公共服务被认为是与每个社会的民主、社会和文化需求直接相关的，同时也是与保持媒体多元化的需求直接相关的。此外，2004年1月27日提出的1641议案中，欧洲理事会议会大会承认媒体的公共服务作用，认为媒体有助于提高公民意识，推动社会、政治、文化的发展，能够促进社会安定团结。

也许欧盟把视听传播视为公共资产的这一提法正是与美国相关规制最为不同的地方。尽管美国规制也加入了公共利益的因素，且美国联邦通信委员会发挥了重要的监管作用，但并未考虑视听传播的这一双重特质：它既是一种承载价值观的“文化活动”，又是一种“公共服务”。我们再来看一下2007年《指令》的第8条，其中提到：“2003年12月15日，欧洲委员会通过了一份关于视听传播业欧洲未来监管政策的公告，强调不论是现在还是未来，该行业的监管政策都应当保护公共利益，如保护文化多样性、保护信息获知权、保护媒体多元化、保护未成年人、保护消费者权益，以及为提高大众的知识水平和修养采取相应的措施。”

虽然文化和政治方面的因素可以说明这项《指令》的合理性，但我们却从中看到，其存在的理由首先是经济和内部市场方面的因素。如第9条所述，该《指令》承认在一些视听服务中确实存在法律方面的隐患，尤其是在“定制式”服务中，应当完全实行内部市场化管理，为建立独有的信息空间创造条件，至少是针对视听服务制定一整套相辅相成的基本规则。此外，“89/552/CEE指令出台的一系列基本原则，即原产地规则和一些最基本的共同准则，实施后都收效良好，所以应当继续坚持”。与此同时，也可以看到这项新指令有利于落实《i2010倡议书》中的项目，能“增加就业、促进信息社会和传媒产业的发展”。事实上，还有第三个经济方面的原因可以解释欧盟为什么要介入视听产业的监管：传媒产业在经济活动中的分量越来越重，国家有必要根据该《指令》提出的一些最低要求来调整相关立法。

最后，我们也不应忽略这次规制改革意在紧跟传媒产业的融合进程，如网络和内容的融合，信息科技和电信产业的融合，新的视听内容传输体系的融合——已远远超出无线电频谱的范围，像有线或无线的电子传播网络，或通过电缆、卫星传输等。这一融合过程使传媒产业发生了质的飞越，传媒产业既然迎来了通信业发展的重要机遇，无疑也要应对规制方面的巨大挑战。

哪些是《视听媒体服务指令》的基本规则呢?

（1）限制有损人类尊严、煽动仇恨和歧视等的负面内容。各成员国应当严格监控这方面的内容。这是《视听媒体服务指令》对视听服务这一领域的言论自由的唯一限制。

（2）限制和规范视听服务中的广告播放。这方面的限制有两种类型。一种是量的限制。如限制每日和每小时播出的广告时长，最多不能超过播出时间的20%，当然，允许以灵活的方式插播广告。另一种是质的限制。例如，《视听媒体服务指令》规定“禁止任何视听媒体以任何形式播放有关烟草及其附属产品的广告内容”，还有一些其他种类的广告也受到限制，如酒类、药品的广告，以及引导未成年人消费的内容等。《视听媒体服务指令》中有一处更新，尽管仍然禁止“产品植入”（在节目表中插入广告），大家也应该记得在1989年《电视无国界指令》中很重要的一点就是节目与广告分离原则，但是这个标准在一些情况下已被允许灵活处理，前提条件是观众知情，并被清楚告知“广告在节目开始或结束时植入”。欧盟在广告数量和质量的限制上也与美国模式非常不同，美国和那些采用美国模式的国家在这方面的监管更为宽松。一如既往，《视听媒体服务指令》也指出国家监管应当遵守的最低标准，如果认为有必要，还可以对相关的限制进行增补。事实上，许多国家，作为“公共服务的提供者”——这是《视听媒体服务指令》中的用词，效仿英国广播公司和北欧模式，已经禁止在节目中插播广告 。而那些私营服务“提供者”在各国的情况虽然不尽相同，但都或多或少地在该《视听媒体服务指令》允许的范围内有所变通，特别是在应对各种监管机制、行政条例时通常会凭经验来履行职责。此外，《视听媒体服务指令》还规定了赞助的类型和可操作的范围。

（3）保护未成年人。这一条保留在通用条款中，依然采用时间段的保护措施，规定从早上6点至晚上10点，视听内容要有必要的相关提示，广告内容要有特殊的限制 。

（4）发行推广欧洲视听作品。为了保证和捍卫欧洲视听产业的多元化，各成员国不仅要继续遵循现有的规则来促进欧洲视听作品的播放，也要部分推广“定制式”视听服务，因为可以预见这类服务未来的增长空间很大。

（5）要具备将重大事件归类的能力，“重大事件”指的是受众“普遍感兴趣的事情”。“为了保护欧盟受众接收信息的基本自由和全面妥善地保障他们的利益，那些经特批有权报道重大事件的媒体应当授权其他媒体使用相关的摘要，以公平、合理和无歧视的方式，在新闻节目中进行报道。”此外，各成员国也应合理认定“国家级或其他类型的重大社会事件列表”。

（6）促进媒体扫盲行动。为了加强对媒体内容的思辨性阐释和理解视听语言的教育，应推广媒体扫盲行动。在使用视听语言这样的多屏环境中，明辨是非的能力越来越重要，特别是对于资源匮乏的弱势人群来说，培养这一能力的难度也越来越大；这条规则的目标十分明确：旨在帮助人们透过现象看清本质，辨认媒体造成的“错觉”，因为媒体对受众的价值理念和各种决定都会产生巨大的影响。

那么，与1989《电视无国界指令》相比，2007《视听媒体服务指令》有哪些重要的变化呢？

首先，《视听媒体服务指令》扩大了“非线性”视听媒体服务，或称“定制式”视听媒体服务的运作范围。这类服务本身并不属于信息社会提供的服务，也不是经典的视听服务——线性服务，或称“在线服务”。为了更好地引入这类新服务，《视听媒体服务指令》制定了双重规则：对“定制式”服务设立最低要求的基本规则，而对经典的视听服务，或者说在线服务，则沿用最严格的监管措施。这里使用的一些有关视听媒体服务的概念，因其定义不够明确会造成混淆，像“在线”“非线性”等。通常在电子传播的语境中，“在线”服务指与网络连接的服务。我说过这样的定义不够明确，但在这个语境中使用，视听媒体的“在线”服务指的是广播电视提供的传统服务，观众只能收听或收看，没有很强的互动性效果。

其次，应私有运营者的要求，对商业媒体在数量上和质量上的限制措施变得相对灵活，但商业媒体也必须遵守将节目和广告分离的原则。

最后，在激烈的争论之后，《视听媒体服务指令》直接指出，每个国家都有必要设立独立的视听媒体监管机构。第23条中提到：“成员国应当采取必要措施以加强相互之间的交流和为欧盟委员会提供必要的信息，主要是通过各国的独立监管机构实施本指令制定的各项规则，尤其是第2条、第2+条和第3条。”这样一来，其意图不言而喻，每个国家都应当设立独立的视听媒体监管机构。事实上，问题也随之而来，像西班牙就没有设立国家级的监管机构，而且《视听媒体服务指令》还要求设立的监管机构必须是“独立的”。《视听媒体服务指令》中关于监管机构的这种要求成为一种契约，成员国引入欧盟整体监管的概念，却又不损害各成员国自身的监管权限，特别是不会影响其行政管理工作的运行。

自《视听媒体服务指令》生效开始，欧盟成员国有两年的时间整合本国的相关法律。毫无疑问，《视听媒体服务指令》是旧的《电视无国界指令》的延续，并强化了欧洲社会的视听媒体规制模式，但并不会影响各国自身的监管权限，本国的监管机构依然至关重要，尤其是在视听媒体公共服务的组织和行业的多元化与竞争力方面。

此外，除了制定和实施《视听媒体服务指令》，欧盟委员会也在逐步发展欧洲视听媒体规制的混合模式，格外关注要确保对私营和公共运营商所设立的公平竞争规则不受质疑。2009年7月2日，欧盟委员会发布了关于国家资助广播公共服务的公告。这份公告为广播公共服务的发展设立了清晰的框架，明确了国家资助的目的和理由，制定了公共服务的资助标准。这样一来，无论是公营还是私营媒体，它们所做的投资都可以得到法律的保护。在不打破竞争准则的框架下，只要确认是视听传播方面的公共服务，国家就给予全部或部分资助。①

五、1989年《欧洲跨国广播电视协议》

《欧洲跨国广播电视协议》由欧洲理事会于1989年5月制定。作为欧洲的合作机构，欧洲理事会于1948年5月7日在海牙组建，由47个成员国构成，除了哈萨克斯坦外都是欧洲国家。《欧洲跨国广播电视协议》旨在捍卫人权，保护和推动多元化民主和法治国家建设，以及强化所有公民的欧洲身份。

需要一提的是，对于协议签署国而言，协议就是一张把协议方联结在一起的具有法律效应的证书。《欧洲跨国广播电视协议》的依据是《保护人权与基本自由公约》的第10条："人人都有言论自由的权利。此项权利包括发表意见的自由，接收和传播各种信息和思想的自由，不会受到公共权力部门的干涉和国界的限制。该条款不妨碍各成员国对广播、电影和电视公司实行预先授权制度。"

《保护人权与基本自由公约》保障了人们在欧洲范围内享有以上的权利，包括知情权和言论自

① http://ec.europa.eu/competition/state_aid/legislation/broadcasting_communication_se.pdf.

由的权利，没有国界的限制。马塞利诺·欧雷哈1984—1989年任欧洲理事会秘书长，在他看来，“创作有特色的高质量视听作品是欧洲人面临的巨大挑战之一，并且这直接影响到我们的文化遗产保护……如果我们想要保护这个有着共同价值观的群体，坚持建立于这个群体之上的自由团结原则，捍卫人类的尊严、民主和社会公正，那么我们必须全力以赴，应对视听传播的文化挑战”①。其目的在于为公约签署国之间的信息和思想自由流通创造条件，保证无线电广播的运营商能够独立经营，加强成员国之间的合作关系，从而打造一个属于欧洲的传媒空间，并由此提高视听产品发行的质量水平。

《欧洲跨国广播电视协议》和同一年（1989年）欧盟发布的《电视无国界指令》有很多相似之处，特别是在监管原则、运营者责任以及广告与赞助等方面。从某种程度上讲，这是欧盟在向其所有的邻国输出《电视无国界指令》所制定的视听模式，虽说那些国家都是大欧洲的组成部分，但并不是欧盟的成员。正是因为这个原因，《电视无国界指令》1997年首次修改，《欧洲跨国广播电视协议》在此基础上于1998年做了部分修订。这次修订更换了一些概念，还加入了一些新的规定，以和《电视无国界指令》保持一致。

欧洲视听观察组织②是一个关注《欧洲跨国广播电视协议》和视听媒体行业演变的机构，1992年由欧洲理事会和欧盟委员会共同创立。成立该组织的主要目的有两个：保证视听领域拥有最大的透明度和发布视听产业相关的信息。

六、美国《1996年电信法案》③

美国的《1996年电信法案》（简称《法案》）虽说存在一些明显的缺陷，但称得上在数字化

① OREJA, M."Hacia un espacio audiovisual europeo", *Revista Cuenta y Razón*. Madrid: Fundes, 1989.

② http: //www. obs. coe. int.

③ 详见CRANDALL, R. *Competition and Chaos; US Communications since 1996*. Brookings Institute, 2005; HENDRICKS, J. A. "The Telecommunications Act of 1996: Its impact on the Electronic Media of the 21st century", *Review. Communications and the Law*, núm. 21, junio de 1999.

技术和互联网兴起的背景下最早制定的相关法律之一，旨在对数字融合、电子通信、网络和内容实施监管。该《法案》取代了《1934年通信法》，并成为电信发展中的里程碑。事实上，在美国电报电话公司（AT&T）[①]分家12年之后，美国出台此《法案》的目的在于促进电信市场内真正意义上的全面竞争，无论是网络运营者，还是服务供应商都包括在内。该《法案》认为电信网络是连接各种网络的网络，而电信供应商必须与所有的运营商在任何可连接的节点互联。同时，该《法案》还要求那些处于“统治地位的”电信公司将网络分割，将其中的一部分以成本价出租给竞争对手，并对前美国电报电话公司分家后新成立的7家公司提出了一系列要求。

在电子传播领域，美国制定该《法案》的目标非常明确：“设立国内的竞争框架，进一步放松规制，以加快私营公司发展信息科技的高端服务的速度并打开电信市场的竞争机制。”[②]

事实上，正如我们所见，科技在迅猛发展，特别是电子传播数字化，使这个行业发生了深刻的变化，打破了以前电信公司的垄断局面，各个层面都迫切需要调整相应的监管规制。

美国出台的这项电信法案区分了电信服务供应商和“信息社会”供应商。“电信服务”的概念可以被理解为直接向公众提供免费电信服务，不论公众使用何种类型的电信设施；“信息社会服务”则是提供一种通过电信系统生成、获取、存储、转换、处理、检索、利用或传播信息的服务。恰恰出于这样的概念区分，“载体”（提供接入服务，而接入服务属于“信息社会”服务）被视作一种“信息社会”服务而不是“电信”服务受到监管，这引起了很大争议，也是康卡斯特电信公司诉讼判决的中心议题。如果想要保证互联网的“网络

① 1984年，AT&T公司被美国司法部提起诉讼，导致分家。该公司继续经营“长途”电话业务，创立了7家公司——被称为小贝公司——在美国不同地区提供本地电子通信业务。在司法部看来，AT&T仍在垄断整个行业，不利于竞争，也损害了消费者的利益。不管怎样，25年后，AT&T仍控股7家公司中的4家：Ameritech，BellSouth，Pacific Telesis 和South Western Bell；Verizon 控股2家：Bel Atlantic 和 Nynex；Qwest收购了US West。

② http://en.wikipedia.org/wiki/telecommunications_Act_o/_1996.

中立性”，相关法律的改变势在必行。

为了确保类似网络之间的连接最大化而将固定电话网络、无线电话网络、电缆网络、卫星网络各自分开，相关机构选择“模态内联”监管方式来保证电子通信业的这些子系统更具竞争优势，却没有注意到这些子网络很快将成为一个完全互联的大网络的一部分。监管机构当时忽略了一个情况：很有可能，其实已是发生的事实，竞争会是“模态互联”。因此，监管措施早该进入这个大网络的融合进程当中。这将是一个能够提供同样服务的网络。区分提供电话、电视、互联网、付费视频等服务的电缆网络规制与提供同样服务的电话网络规制是没有意义的，这无疑也是该《法案》中的一个错误，但到目前为止，《法案》还未被全面修改。

尽管有这样的批评意见，我们也必须承认模态内联的监管方式和要求，特别是针对那些占主导地位的运营商提出的条件，确实使电信市场更加开放。总体而言，那在当时是有助于该行业在美国蓬勃发展的。

在多媒体传播行业内部，反对该《法案》的呼声很高。根据巴格迪肯的分析[①]，主要是因为它使所有权更为集中。受到批评的另一方面是：当原本用来严格保护地方媒体的一些限制被取消后，那些电信网络巨头乘虚而入，吞并地方媒体，删除有关当地的内容，破坏了地方传播的亲近性。“因此，从1996年起，一半的广播电台都被转卖。仅Clear Channel一家公司名下就有大约1 200家电台。每个市场都被两三家拥有广播站的公司所掌控。这些公司取消了本地的节目，特别是新闻类节目，代之以国家性的节目。商业广告的数量普遍大幅增长。”[②]

该《法案》的第5条预设了电视运营商对内容的监管要求：《通信规范法案》（*Communications Decency Act*）涉及未成年人保护、芯片保护、禁止污秽内容等方面，对有线网络运营商的监管更为宽松。但并没有任何一处提到对多元化的要求。而美国联邦通信委员会创立的“公平理

① BAGDIKIAN, 2004.

② McCHESNEY, 1997: 419.

论”1980年被搁置一旁，之后就被彻底遗忘了。

总之，该《法案》为美国提供了一个全面进入电信自由化进程的法律平台，行业管制更为宽松，也导致了通信公司的集中化。值得注意的是，在网络内容方面，说是要秉持端正原则（Decency），这有点匪夷所思，因为根据最高法院以费城制宪会议《宪法第一修正案》的名义所做的判决，对网络淫秽不雅内容采取的监管措施并没有起到任何作用。

七、英国《2003年通信法》，英国通信管理局

托尼·布莱尔在其执政时期锐意改革，英国的视听传播和电子通信领域规制模式也因此开始经历变革。2002—2003年，这一变革的力度愈发强劲，英国首先颁布了《2002年通信管理局法》[①]，之后又颁布了更具魄力和融合性的《2003年通信法》[②]，以监管传播内容和电子通信网络。这两项法律的出台显示了欧洲在监管运作上的巨大进展，特别是在电信和传播领域，对其他联邦国家、非洲英语区和亚洲均产生了重大影响。

随着通信管理局的成立，英国决定统一电信、电视和广播等行业的各个监管机构，建立一个专门的行政监管机构，独立于政府之外。此次整合涉及的机构有：电信总局、独立电视委员会、广播标准委员会和无线电管理局。《2003年通信法》对监管机构的职能做了修改和扩充，明确表示：“通信管理局的主要职责是捍卫公民在传播领域的各种权益，制定合理的市场竞争政策以保障消费者的利益。”

还有一些专项的职责规定，其中值得强调的有如下几条：“第一，保证最为有效的频谱管理；第二，确保电子通信宽带服务能覆盖全国；第三，保证电视和广播节目的多元化；第四，保护受众不受攻击性内容的侵害。”[③]

① 《2002年通信管理局法》，http: //www. opsi. gov. uk/acts/acts2002。

② 《2003年通信法》，http: //www. opsi. gov. uk/acts/acts2003。

③ 《2003年通信法》，http: //www. opsi. gov. uk/acts/acts2003（art. 3）。

同时，还有监管工作的执行准则：每年制定工作计划，对重要市场展开研究，以最不具干涉性的方式施行监管，“为了实现监管政策的既定目标，应总是尽量采取最没有强制性的监管手段”[①]，但只要认为有需要，就必须果断行动，“应坚决、及时、有效地进行干预”。此外，在实施监管政策之前，通信管理局会与业界重要公司的所有者协商，让他们了解监管措施对公司可能造成的影响。在这里，我想专门发表一些关于英国通信管理局发挥监管职能的肯定之辞，它可以说是合理高效、有的放矢地实施多级监管的最佳典范之一。事实上，当监管的复杂性逐步升级的时候，监管者不得不与行业的主导者“协调”一致，共同落实监管政策，这被称为联合监管。

英国通信管理局已经成为最高效的监管机构之一，因为它已经有能力应对传播领域错综复杂的监管难题，并与相关行业达成协议，联手推行监管规则，以便于该机构对实施情况进行后期审核。该领域的一些公司有意向争取自我监管，以不受任何国家公共部门的监督。面对这些棘手的问题，联合监管方式，作为最有力的解决之道，已日渐成为首选 。

同时，通信管理局也在必要时干预传播内容。在英国媒体观察协会（Mediawatch-UK，前身是国家观众与听众协会）的大力支持下，通信管理局及时处理受众的投诉；对违反包括触犯信息真实性原则在内的相关规定的运营者进行严厉处罚。

现如今，英国通信管理局可能是最有效的监管机构。在电子传播领域，它也受到了消费者和从业者的认可和尊重，是值得参考和借鉴的模式。

八、2002—2009年欧盟关于电子传播的指令

欧盟的发展战略目标是成为“世界上最具竞争力、最有活力的知识经济体，能够保持经济的

① www. ofcom. org. uk.

可持续增长，提供更多更好的就业机会，社会更加和谐”[①]。在近15年里，欧盟试图介入信息社会的行业监管，旨在使欧洲的经济蓬勃发展，使行业更加自由化，并在私有化和自由化的同时拥有更高的竞争力和发展动力。可以说，欧盟在这方面或多或少取得了一些成绩，并将电信与传媒业视作欧洲社会未来发展的战略性领域。

根据1993年欧洲委员会的《增长、竞争与就业白皮书》[②]和《班格曼报告：欧洲和全球信息社会》[③]，欧洲推出了一系列自由化政策。到了1998年，几乎所有的欧盟成员国都实现了网络服务自由化。2005年的里斯本峰会就欧洲信息社会政策提出了三个优先考虑的问题：

（1）建设欧洲信息空间，以促进内部市场的开放和竞争；

（2）为了促进经济增长和增加就业，加强信息通信技术领域的创新和科研投资；

（3）基于经济增长和可持续就业建设欧洲信息社会。

这项战略，尽管作为欧盟有关政策总体的核心内容最终并没有取得圆满的结果，但一直与欧盟委员会所肩负的监管重任息息相关。2002年至2009年间出台的“电信管制一揽子方案”，即为了完善电信监管而制定的一系列指令的总和，让我们可以从很多方面看到其中的复杂之处。在商讨和执行的过程中，这些指令常常与成员国的国内监管政策冲突。监管思维模式变化中的一个关键概念就是电子通信的新概念，它覆盖了整个传统的电信领域以及那些新兴的融合性产业。从这个意义上讲，阐明欧洲议会和理事会第2002/21/CE指令的主要目的很有必要。这一指令旨在推行关于电子通信网络和服务的共同规制框架，所以也被称为《框架指令》，其中第5条指出：“电信、媒体和信息科技等行业的融合意味着所有服务和传输网络都必

① UNIÓN EUROPEA *Programa comunitario sobre la estrategia de Lisboa*, 2005.

② http://europa.eu/documentation/official-docs/white-papers/index_es.htm.

③ www.regiony.nck.pl/download.php?id=73.

须遵循同一个规制框架。”[①]可以看出，该指令已完全认定了一个事实：从今往后，所有的电子通信服务和网络构成一个整体的科技环境，供应商在这样的科技环境中可以为用户提供任何一种服务或内容。

除了上面提到的2002/21/CE指令，这一共同规制框架还包括了其他一些相关指令：欧洲议会和理事会2002/19/CE指令[②]，关于接入电子通信网络和相关配套服务及其互联，即《接入指令》；欧洲议会和理事会2002/20/CE指令[③]，关于电子通信网络和服务的授权，即《授权指令》；欧洲议会和理事会2002/22/CE指令[④]，关于电子通信网络和服务中的通用服务以及用户权利，即《通用服务指令》；欧洲议会和理事会2002/58/CE指令[⑤]，关于电子通信领域的个人数据处理和隐私保护，即《数据保护指令》。

经过两年的谈判，直到2009年底，上述所有指令被两条新通过的指令替换。它们分别是：2009年11月25日颁布的欧洲议会和理事会2009/140/CE指令替换2002/21/CE指令、2002/19/CE指令和2002/20/CE指令，即上文提到的《框架指令》《接入指令》《授权指令》；2009年11月25日颁布的欧洲议会和理事会2009/136/CE指令替换2002/22/CE指令（《通用服务指令》）、2002/58/CE指令（《数据保护指令》），以及关于消费者保护合作的2006/2004（CE）法规。

那么，这些新指令都有哪些要点呢？

（1）保障互联网和宽带的覆盖面，以及互联网的中立性和开放性。新指令旨在保障接入互联网的服务（如语音服务、点对点通信）质量更佳、更具有竞争力，设定最低服务质量标准，要求服务供应商提供非歧视性内容。其首要目标是促进开放，也就是说，确保用户能够获得最优质、最有

① www. maec. es/sitecollectiondocuments/…/Directiva_2002. 77. pdf.

② www. davara. com/documentos/relacionados/telecom/d200219. pdf.

③ www. maec. es/…/DirectivasobreautorizacionPDF144Kb.pdf.

④ www. maec. es/…/Directiasobreserviciouniversalyderechosdelosusuar. pdf.

⑤ www. maec. es/.../DirectivasobreprotecciondelaintimidadPDF173Kb. pdf.

竞争力的接入条件，从而削弱业内某些主导公司的分量，因为这些公司通过控制国内市场融资以拓展国际市场。新指令的开放宗旨有利于在电信市场引入更有效的竞争机制，使欧盟整体的网络分布更加公平。事实上，在网络布局，尤其是宽带方面存在的不平衡是显而易见的。

如果我们看一下欧洲的区域性数据[①]，就会看到有些地区的网络覆盖率非常高，而另一些地区的却非常低。比如，在德国、法国、荷兰、瑞典、英国和丹麦，覆盖率和接入率都很高；而意大利、西班牙、葡萄牙、希腊以及东欧国家普遍在数值上有着巨大的差距。

新指令设立的第二目标则是网络的中立性（net neutrality）。这一方面的问题在美国很常见，争论激烈，但在欧洲还未引起足够的关注。在之后的几年中，这也将成为一个核心话题。那么，网络的中立性指的是什么呢？这个概念是由哥伦比亚大学法学院的吴修铭教授[②]提出的，指的是要明确区分网络接入和流通的内容，从内容来看，无论是何种内容，网络都要平等对待。这也意味着网络服务并非特殊化的服务，而是普遍性的服务，为现在和未来提供多种多样的系统和平台，无歧视地平等对待所有的内容提供商。到目前为止，各中立互联网点之间的互联互通过程都没有对内容的歧视，因为互联网确实并不属于任何人，它是由互联网服务供应商（ISP）通过自愿达成互通互联协议并共同提供多种互联网络构建而成的。一些公司已看到，通过干预设置、设定网络或优先传输内容，能找到获取可观收入的渠道，例如，控制网络电视分布或控制搜索引擎的某些系统。这些都是当今网络必不可少的运作模式，还有其他一些诸如此类的模式。所以说，捍卫网络的中立性就是真正意义上的捍卫免费网络。

（2）保护用户权益和知情权。这两个方面引发了第三方面的争论：负责监管的权力部门能否

① EUROSTAT INFORMATION: http://epp.eurostat.ec.europa.eu/statistics_explained/index.php/information_society_statistics_at_regional_level.

② GOLDSMITH, J. / WU, T. *Who Controls the Internet?* Nueva York: Oxford University Press, 2006.

中断或删除明显违法的内容，这些内容可能涉及儿童色情，或侵犯著作权，抑或有可以证明必须进行干预，以限制从某一网点提供内容的其他理由。这方面的讨论带动了一些互联网行业的发展。这些指令对此问题有几个拟定稿，终于，最后一稿允许监管机构进行干涉，在特殊情况下可以关闭一些内容供应商的服务。在欧盟电信委员会委员薇薇安·瑞丁女士看来，这些指令向前迈进了一大步。一些团体认为出台这些指令是在限制网络接入。面对批评之声，她指出："在全世界，网络自由前所未有地受到监管制度的保护，这也发出了一个强烈的信号，表明欧盟对保护公民的基本权利严阵以待，特别是对于信息社会的要求更加严格。保障互联网自由的新条例，得到了参与谈判各方的一致支持，现在正在紧锣密鼓地准备启动这场电信领域的改革。改革会大力加强对消费者权利的保护，增加消费者在欧洲电信市场的选择权，并完善网络开放性和中立性的相关保障机制。这将会促进电信市场新型移动服务的竞争和投资，使所有欧洲人都能接入宽带网络。"①

欧洲议会起初通过的一项修正案要求监管机构必须预先获得司法审理后的授权才能关闭一家网络服务供应公司，但最终欧洲议会和理事会各退一步，达成协议："对'无罪推定原则'和'隐私权原则'给予应有的尊重，保障处理问题的过程公正合理。"②

欧洲议会和理事会的这项最终协议意在确保具体落实《保护人权与基本自由公约》中制定的基本网络权利和自由，特别是保证实行无罪推定、隐私权保护原则以及欧盟所有公民都有权参加合理公正的听证程序。

（3）保护个人数据。这是格外受到关注的方面之一，被欧洲议会视为重中之重。侵犯隐私权是网络最为严重的一个问题，因为电话公司和服

① http: //europa. eu/rapid/pressreleasesaction. do?reference=memo/09/491.

② http: //www. elpais. com/articulo/sociedad/ue/da/via/libre/corte/internet/pasar/juez/elpepisoc/20091106 elpepisoc_4/tes.

务供应商都存储了海量信息供网络使用。面对这一现实问题，新指令要求其对隐私权、电子邮件地址，特别是银行信息提供安全保障。运营商应负责执行数据信息的存储安全条款。

（4）各国的电子通信管制机构更加独立，并设立新的欧盟电子通信管制机构（BEREC）。直到2009年，各个国家才拥有相对独立于政府或行业巨头的电子通信监管机构，当时也成立了欧盟管制者小组（ERG），主要负责协调各国国家监管机构对欧洲跨国电子通信公司的监管工作，这是因为电信领域出现了越来越多需要欧盟出面有效协调监管的情况。2010年，成立了欧盟电子通信管制机构，它已不再是一个"小组"，而是一个独立的机构，由各成员国的国家级电子通信管制者构成。这是各国监管机构获得独立不可或缺的第一步，这些机构既不受政府牵制，又优先于行业内的巨头公司。这个新机构由27个成员国的国家级监管机构的主席组成，有一个常设办公室，支持各国监管部门的工作，提供咨询意见，在不止一国出现矛盾时以其特有的方式进行干预。

（5）鼓励在新一代网络（New Generation Networks，简称NGN）领域的竞争和投资。新一代电子通信网络的发展以及相关投资是未来发展最为重要的环节之一。基于光纤或无线的网络替代传统低效的铜缆网络，目的是每家每户都能接入网络。对这些网络的投资产生的问题是必要的投资成本及其后果，以及第三方使用这些网络的结果。对于欧盟来说，新一代网络的开发将是未来经济发展的优先目标。

（6）网络功能拆分监管，以解决竞争方面出现的问题。这也是监管规则制定过程中引发争议最多的一个方面。需要照搬英国的做法，强制英国电信集团（British Telecom，简称BT）在平等的基础上为其他公司提供网络吗？事实上，英国电信集团已按照英国通信管理局的要求于2005年创立了Openreach子公司，以便提供开放和平等的互联网服务，并为整个行业的各家公司提供"最后一英里"服务。这样设计是为了保证通信行业的其他供应商可以拥有与英国电信集团相同的运营条件。这也是规制模式的一个范例。为了避免一家独大的情况出现，监管机构决定，首先将这家公司一分为二；其次，其中负责管理网络的子公司以中立的立场严格履行载体的功能，让所有的供应商都能平等接入网络，而另一个公司则负责通过这些开放的网络提供服务，参与真实的竞争。这便是功能性拆分，即分离运营商的网络部门和服务部门。对于英国民众来讲，这是一项重大决策，而宽带网络的接入也确实使大家普遍受益。现如今，Openreach公司在与超过400家电信服务公司合作，为它们提供服务。这些公司租用其网络为整个英国设定、提供、维修和维护各种网络服务。图3-1是有关欧盟互联网和宽带连接覆盖率的数据。[①]

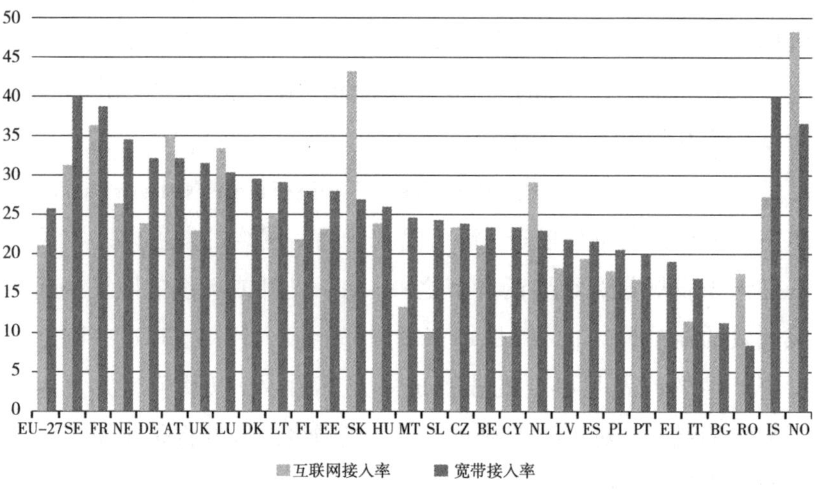

图3-1　欧盟互联网和宽带连接覆盖率

英国和瑞典在决定实行功能拆分时，其竞争力与网络覆盖率较其他欧洲国家有很大的优势；而西班牙和意大利的数据水平则相对较低。2007年，鉴于本国竞争力和网络覆盖率不足，意大利电信监管机构（AGCOM）决定对意大利电信集团

① Eurostat Information: http: //epp. eurostat. ec. europa. eu/statistics_explained/index. php/information_society_statistics_at_regional_level.

(Telecom Italia)实行功能拆分。在实施拆分之前，意大利电信集团于2008年2月创建了Open Acces公司以避免监管者强制执行相关决策。集团总裁弗朗哥·贝尔纳贝确认说："我们不愿意被强迫做一些事情。我们希望能和监管者保持公开透明的关系。"[①]西班牙电信市场委员会(Comisión de Mercado de Telecomunicaciones, CMT)承认，只有在一些极端的情况下并且面对的是新一代网络，才有可能对西班牙电信公司实行功能拆分。

尽管2008年欧盟电信委员会委员薇薇安·瑞丁女士在其发表的一些声明中，对功能拆分表示支持，因为这样可以保证"所有运营者机会平等，能基于相同的条件接入网络，而这些网络都是在实施自由化政策的前期由公共资金建设而成的"[②]，但是由于电信行业巨头和一些国内监管机构的抵制，功能拆分的做法由每个监管机构自主选择，成了推动竞争的最后一招。

以上这些内容陈述了欧盟在2009年底出台的有关电子通信领域的指令中最新变革的重点。此外，这些指令还要求无论是固话公司还是移动电话公司，都必须保证用户在24小时内实现携号转网，提高"112"应急服务水平。该指令还有其他一些措施，但影响较小。

欧盟电子通信管制机构2010年1月成立，2010年至2011年，这些指令也进入了成员国的国内相关法律当中。

九、三代规制框架

从我们对电子通信网络和视听媒体领域推出的各种标志性监管制度所做的梳理中，可以推论出如下三个规制阶段。[③]

1.第一阶段：模拟规制

如我们所见，第一代模拟规制诞生时的特点是技术匮乏，受限于无线电频谱种种限制，赫兹波是当时能够将信息传输给大量受众的唯一手

① http://kpmgsk.lcc.ch/dbfetch/52616e646f6d4956f-2bfe2e9e40631a03c58e58ce-bf631212073d7820a7fde4a/functional_separation_in_cee.pdf.

② http://www.idg.se/comunicaciones/impart.asp?id=187112.

③ BARATA, 2006: 18-40.

段。不仅如此，当时的经济水平也十分落后，尤其是在初期，由于开发传输技术的必要成本很高，还不是每个人或小团体都有条件接收无线电广播。总之，无线电频谱资源的可利用共享空间在彼时的发展还非常有限，花费高昂，充满未知数，但同时又让人们看到无限的前景，其影响是巨大的（我们应记得李普曼，还有乔姆斯基提出的大量“制造共识”[①]对被视为“迷惑的羊群”的大众可能产生的影响），而公共权力的妥善管理也是不可或缺的。

我们已经看到欧洲的应对方式，先是建议采取国家垄断，之后实行开放，创立受到严格监管的私人电视台，甚至于将公共服务也交给私人经营。所谓的欧洲社会的视听媒体规制模式就是这样诞生的。这一欧洲模式演变至今，经历了一个循序渐进的自由化过程：一家通常来说十分强大的国有运营者和几家私有运营者联手管理，后者要服从于普遍利益，履行特定的义务或是遵守相关的限制。

我们也已经看到美国的规制模式与之差别很大。美国对频谱的使用监管非常严格，目的在于保护普遍利益。这也是20世纪30年代罗斯福总统在执政期间设立美国联邦通信委员会的根本原因。经营许可证的持有者是普遍利益的受托人，这也意味着持有者要承担一些重要的责任，诸如少儿节目的合理编排，“行为得当”，信息平衡（根据“公平原则”）等。

从20世纪80年代起，规制开始放松，其源头就出自美国联邦通信委员会。该委员会认为过去实行的规制干预与《第一修正案》背道而驰。无论哪一种情况，第一阶段的业务模式或自身的价值链是非常简单的：创办者——制作者——发行者。在美国，创办者、制作者与发行者之间通常分工明确，而在欧洲，在垄断制度下，三者之间关联紧密。

除了美国之外，大部分国家的电子通信领域的公司都由国家垄断掌控。这一情况直到20世纪80年代才有所改变。

① CHOMSKY, 2002: 15-16.

2.第二阶段：对多频道内容的模拟规制和电信业公共垄断的逐渐消失

这一代监管规制主要基于科技发展的可能性框架，当时已出现新的传输渠道：电缆和卫星。

这时出现了一个新的重要角色：多频道业务分销商。这些分销商像是介于频道发送者和观众之间的中间人。这一形象最先出现在美国和一些欧洲国家，如德国和比利时等，这些国家的有线业务运营商已经占据很大的市场份额。不管怎样，到20世纪80年代末和20世纪90年代，这些运营商的作用已至关重要。电视业务通过卫星传输技术不断扩大，比如在意大利、英国、西班牙、法国等国家，有线电视业务越来越少。另外，不管是有线电视还是卫星电视都具有了观众对收看特定内容按次付费（pay per view）的可能性，成为与广告并用或替代广告的融资系统。这为电视业务带来新的附加值，也是一种新的创收方式。

这一阶段，欧洲和美国推出的规制对策是非常相似的。一方面，预先制定了一些必须跟进的规则：在欧洲，政策更倾向于为平台上的公共服务运营商提供保障；而在美国，政策则更加保护国内开播的电视频道，如NBC、ABC、CBS等的频道。另一方面，尤其是在欧洲，为网络接入提供保障的相关规制得到进一步完善。

在电子通信领域，信息数字化、微电子领域的变革和一系列的政治、经济决策推动了电信行业的自由化和私有化进程，移动电话和网络的发展也锐不可当。这些监管规制的目的就是助力市场开放、鼓励竞争和发展信息与通信技术。

3.第三阶段：数字化融合规制，也称为“规制3.0”[①]，目前实行的规制

网络和内容的融合将成为电子通信规制的一个核心部分，但同时也保留对内容管制的一些基本标准。哥伦比亚商学院通信经济学家艾里·诺姆曾这样说过：“变化来得太快了！不过十年的时

① NOAM, E."Regulation 3.0 for Telecom 3.0.", en Telecommunications polity, 34 (1-2) : 4-10, Feb. 2010.

间，因特网的先锋就在《互联网自由宪章》里这样宣称：'政府啊，别再管我们了。我们不需要你来管我们。'如今，在网络的中立性的庇护之下，互联网社区正在寻找这样一个政策——对电信运营商宽带连接的规制，只是还不敢大声嚷嚷……在美国，这类管制的范围包括从网络的覆盖面和经济能力（普遍服务）到向用户开放（共享业务），经历了权力部门位于市场之上的控制（价格和退货政策的监管），网络融合（网络互联），国际合作（账户目录），竞争激励（批发商和零售商的价格监管），消费者保护（质量控制），保护节目传输不受干扰（无线电频谱许可证），创新（信息服务），纵向保护（撤回投资，分公司完全独立），国家安全（《通信协助执法法案》，CALEA），个人安全（应急服务），消费者选择（号码迁移），联邦制度（联邦立法与国家立法），城市—农村间的平等（为高成本产品提供基金支持），社会内平等（援助），以及对互联网的推广，等等。"[①]

我摘录诺姆的这一大段话主要是为了阐明监管工作所包含的范围，那些尚未施行的部分也引发了强烈的争论，比如有关网络内容非歧视性的话题。尽管数字化融合的规制倾向于集中在网络上，但正如我们曾反复提到的，之所以需要对视听传播实行管制不仅仅是因为缺乏技术，还因为视听媒体的影响力——视听媒体作为公共传播的媒介会对公共领域产生巨大的影响。如我们所见，欧盟的《视听媒体服务指令》对网络内容方面的影响不容小觑。在很多国家，内部或外部多元化政策仍是人们关注的焦点：保护未成年人，限制商业媒体，当地或地区发行额度政策，限制侮辱性和煽动仇恨的内容。总之，在网络内容方面，要对各种不同的主题保持相应的监管力度。与此同时，在这个数字化融合的世界，互动性也日益凸显，催生了新的视听服务，也打开了信息社会特有的各类服务的大门，而这些服务明显呈现不同的发展动态。此外，业务模式也更加复杂。除了第二规制阶段的主导者外，又出现了网络电视服务的发包人、互联网的各大

① OFCOM, E.*Communications, Next Decade*. London: OFCOM, 2007: 69.

门户网站、搜索引擎、地面数字电视多路传输器的经营者，以及应用程序编程接口（Application Programming Interface，API）或是电子节目指南的持有者。

事实上，规制3.0至今仍未明确后续发展的方向。在第一次的广播一百年之后，我们身处一个截然不同的新舞台，微电子领域的变化推动着这个舞台的发展，也改变了整个传播世界的面貌。正如艾里·诺姆提到的，“当我们面向未来，不必感伤，因为一种不同的传播体系——规制3.0时代正在崛起”[①]。

在第四章中，我将介绍规制的价值观和原则，通常从民主的社会自由主义规制模式的视角来看，如果我们要应对当今社会赋予我们的挑战，必须将这些价值观和原则付诸实施。

第五节　视听传播与电子通信网络的监管机构

一、设立视听传播和电子通信网络监管机构的目的

除美国外，世界上绝大多数的监管机构都源自20世纪80年代末自由化进程的结果。当时那些国有电话公司和广播公司的垄断机制开始逐步解除。电信业的管制部门就是应市场调控之需，为确保行业竞争的规范管理而设立的，特别针对老牌的垄断企业及其对市场的掌控。随后出现的视听传播监管机构则是为了规范国有或私营的视听传播运营商，主要针对其传播内容和主旨。而美国的做法是，早在1934年就以某种方式对电信业及视听传播业务实行了“私有化”，部分实行自由化，并成立了已为我们所熟知的美国联邦通信委员会。

在近十年里，各种监管机构逐渐遍布全球，特别是在电信业更是如此，不仅是北半球的国家，几乎所有的拉丁美洲国家、亚洲国家以及非洲的很多国家也都拥有了这

① Noam, 2010: 33.

类监管机构。然而，视听传播业的监管机构却没有这么普及。虽说非洲已有二十多个国家成立了自己的视听监管机构，但拉丁美洲的情况却大不相同，只有智利、阿根廷、哥伦比亚和乌拉圭四个国家拥有相关监管部门；亚洲基本上就没有针对视听内容专设的监管机构，而是由政府负责相关事务；在欧盟国家中，除了西班牙外[①]，其余国家均设有视听传播的监管机构。

在电子通信网络领域，通常情况下，设立监管机构的主要目的是规范运营商的市场运作，监督它们履行特定职责的情况，促进它们之间的竞争，解决它们在市场运作中发生的冲突。具体来讲，电子通信网络监管部门的基本职能如下。[②]

（1）确保服务项目的多元化、网络的互联性和互用性，以便运营商能够顺利接入电子通信网络，在网络开放的条件下运营，并为服务提供者制定有关价格和市场营销的政策。

（2）当电子通信网络行业的运营商之间发生冲突时进行仲裁或干预，例如，解决它们在网络服务接入和互联性、基础设施的共享以及通用服务的融资等方面遇到的问题。

（3）在电子通信网络行业的运营商发展集中化进程中，当一个或几个运营者企图操控市场时进行干预。一些国家要求运营者预先提交具有约束力的报告，另一些国家则要求运营者经过相关监管机构的批准。

（4）在其权限范围内对不遵守已颁布的规则或决议的行为实施处罚，并对实施此类处罚事宜履行监督职责。

（5）就市场自由发展和竞争以及电信规制等方面的问题向政府提供相关咨询服务，如果是欧洲国家的监管机构，还应与欧盟委员会之间保持良好的关系。

通常情况下，这类监管机构都是非常专业化而不那么政治化的。它们面临的主要风险在于能否与市场运营者保持必要的距离，特别是与操控该行业

① 西班牙议会于2010年3月通过了《视听传播法》，规定设立国家视听媒体委员会。

② 关于西班牙电信市场委员会的目标和职能，可参见其网站: http: //www. cmt. es。

的运营商保持距离，从而以最大的独立性服务于公共利益。“监管者的俘获”的定义是：信息的不对称性或对能掌控运营者的代理商的依赖，造成监管者依附于运营者的情况。其中，评估监管机构效率的一个重要参数就是其实际的自主程度，或者说机构在多大程度上受到政府的控制或是行业的影响。为了效率更高，监管者必须赢得可信度，有权颁布和施行其各种决议。相关监管规制应当透明、有执行力度、具有前瞻性，并能够保证监管程序的完整性。一个有效的监管机构能够增强公共投资人的信任，并确保每位经销商在这个市场上都享受同等待遇。

在视听传播规制领域，设立相关机构的主要目的是对“保障言论自由和知情权”进行监管。这一点是这类组织运行的核心准则。信息自由和言论自由并非严格意义上的主观权利或个体权利，而是应该作为保障一系列原则行之有效的中心要素来理解。这一系列原则如：公共领域多元主义的维护，公民获取信息的权利，未成年人权利的保护，保证信息传播真实性的特定规则，保护消费者免受某些商业传播形式的影响，等等。视听监管机构的职能也可以概括为以下五个方面。

（1）对视听行业出台的规则实施情况进行后验监管，特别是在内容方面。监管过程中，监管机构需要考虑到宪法的有关规定和行业规则；如果是在欧洲，还要考虑到欧盟指令。这种合规性监管从不提前进行，而总是在规制实施后再进行，以规避各类审查风险。需要特别注意受到法律保护的工作时间的相关规定，以及适用的商业传播规则。如果是在欧洲，还要注意到国内和欧盟内部所占的生产份额。

（2）监管视听体系内部和外部的多元主义。通常情况下，大部分的视听监管机构以确保公共运营者内部的多元主义为目标，但不限于此，它们还关注影响公共领域的运营者整体（国有的和私营的运营者都包括在内）的其外部多元主义是否合理。从对多元主义的关注衍生出一些有利于文化多样性的机构职责。

（3）通过颁发许可证保证私有运营者进入公共领域。有一些视听监管机构还负责审批签发进入公共领域的许可证，这一职责与监管多元主义的责任紧密相关。

（4）监管视听行业的公有运营商提供公共服务的情况。这也是大部分视听监管机构的职责之一：对公有运营商的履责情况，特别是与内部多元主义、未成年人权利保护以及节目质量相关的方面，进行严格的跟踪监管。

（5）推动视听教育的发展。这一职责越来越普及。监管机构在视听领域找到了有效提升媒介素养的教化工具。

总的来看，视听监管机构政治化倾向较大，常常承受公共权力施加的强大压力，但我们也不能低估私有运营商带来的压力，运营商看到了监管对其经营活动和所追求的经济利益的诸多限制。大多数视听监管机构都具有或紧或松的处罚权。

二、三类监管机构

1.仅监管电子通信网络的监管机构

这类机构在不同程度上独立于相应的政府部门和该行业的公司之外，在全世界范围内迅速增多，与电信业自由化进程同步。由于移动电话和网络的出现，这类监管部门的重要性也更加凸显。网络的关键作用赋予了它们在各国经济上的决定性地位，这在发展中国家尤为明显。这些监管机构的任何决定都能引起巨大的反响，其中的大多数都制定了被国家相关法律明确认可的独立行政机构章程。“独立行政机构”的概念在不同的法律条文中都出现过，先是在美国联邦通信委员会的规定中，之后是在其他有关管理机构的规定中出现；在法国1978年成立法国数据保护机构国家信息与自由委员会（CNIL）时出现；在英国1984年独立的电信业管理机构——电信管理局（OFTEL）成立时出现。这些监管部门的制度是各种各样的，但无论是怎样的形式，它们在网络服务自由化政策的框架下都受到了极大的重视。创建这类独立行政机构旨在规范电信业市场的管理，其决定性因素之一就是执行欧盟的指令，那些指令曾用于要求欧盟成员国建立透明的监管机制，这明显始于把规制与监护职能从掌控各国市场的国有企业的股东职能中分离出来。所以并没有一种特定的模式，因为每个监管机构的体制规划、职能设定、自主性程度、人员构成以及权限划分均取决于每个国家各自的法律、政治和体制等方面的限定。为了进行有效监管，监管者必须创建能够具备以下条件的机构框架：保证结构、制度和预算方面的独立性，并有足够的竞争力和必要的组织结构来实现其各项职能。

国际电信联盟的数据表明，电子通信网络领域内监管机构的数量增长幅度很大。[①]

市场的开放造成了强大的阻碍，比如具有操控力的国有运营商，即那些老牌垄断部门，必须建立一整套行业规制，补充完善参与竞争机制的公共权力，使新的运营者参与进来，以促进竞争。应该坚持这一认识：垄断者的统治不会轻易消失，这是技术、成本结构以及其他有关结构和职能方面的因素所决定的，如果市场的开放服务不能坚定而明确地进行，垄断就会一直存在。尽管如此，我们以欧洲为例，无论是各国国内还是欧盟的相关行业规制仍在不断地努力前行，克服困难，凭借各自的实力或多或少取得了一定的成效，不同市场的竞争力都有了显著提升。

2.仅监管视听行业的监管机构

其参照模式是法国最高视听委员会。1986年9月30日颁布的法国86-1067法令（包括之后一些相关条款的变化）的第3条第1款规定，法国最高视听委员会是独立的监管机构，旨在保证广播、电视领域传播的自由。该机构负责监管传播内容的质量和多样性，以及信息的多元化和真实性。同时，如我们所知，该法令也保证它不受经济利益（86-1067法令的第29条和第33条第1款）和行政权力的干扰。最高视听委员会有权对违规违约行为采取相应措施，甚至加以制裁。

其章程通常也规定该监管机构应具有行政性

① 国际电信联盟的数据。

和独立性。电子通信网络的监管机构的影响主要是经济方面的，而视听监管部门的影响则主要是社会和政治方面的。监管机构也负责监管政治的多元化、言论自由、信息的真实性，还有权挑选能够通过电磁波进入公共领域的私有运营商，这些职能都赋予了监管部门相当重要的政治和社会地位，当然这也总是取决于国家的实力和规模。

3.监管网络和内容的机构

我们要讲的第三类是被定义为“融合型”的监管者，因为它们同时监管电子通信网络和多媒体传播的内容。第一家监管机构在其创立之时就是融合型的，只不过那时候“融合”这个词也许还没有用在这里，它就是美国的联邦通信委员会。

欧洲也有这种融合型监管机构。例如：1997年创立的意大利通信管理局和2003年在英国成立的通信管理局，后者整合了英国原电信管理局、独立电视委员会、广播标准委员会和无线电管理局四个机构的职能，成为监管通信传播行业规范运营和促进竞争的机构。以上提到的这两家监管机构可以说是真正的行业标杆，不论是在电子通信领域，还是在多媒体内容的规制方面都做了大量的工作。

以英国的通信管理局为例，《2003年通信法》第319章规定，除了对电子通信网络施行全面监管外，它还须建立相应的行业标准并掌控执行情况。具体来讲，就是“电视与广播新闻报道必须遵循320准则中的公平原则”以及“信息真实性原则”①。违反上述原则者，根据第395章的规定，会受到相应的处罚。

意大利的通信管理局2005年7月31日颁布的法令中，第177条明文规定，广播电视系统应遵循的基本原则是：保障广播电视媒体的自由与多元化，保护个人言论自由，包括发表意见与收发信息的自由。同时，该局也负责监管电子通信网络市场。

比利时法语区的最高视听委员会是一个相对来说比较复杂的例子，虽说其实力不如上述两家机构，但也属于融合型的监管部门。尽管比利时联

① “accuracy”近似于西班牙语的“veracidad de las informaciones”（信息的真实性）。

邦政府设立了一个电信市场监管部门，但这并不影响法语区的最高视听委员会也具有部分监管职能，然而，后者的主要职责还是在监管传播内容方面。另外，还有一个新发现值得一提，韩国也有一家融合型监管机构，负责监管电信行业的韩国通信信息部（MIC）于2008年设立了一家独立的融合型监管机构——韩国通信委员会（KCC）[①]。

三、负责监管多媒体传播网络的机构必须具备的两个条件

1.独立性

这是一个基本点。这里所说的“独立性”可以理解为既要保持独立于政府和执政机构之外，也要保持独立于通信行业的私有集团公司之外。这表明监管机构的设立与行政权的等级制度无关，总之，就是不受制于任何一种出自政府的政策方针。这种独立性是通过制定相应的法规来建立并得到保障的，比如规定机构的人员构成、成员的选举和任命、职务任期等，预先通过法律程序做出各项决议，决议一经采纳，只有司法部门有权监督或更改。如果监管机构被查出有政府或者企业介入，就会失去信誉和执行力。

欧洲理事会是第一个向其成员国提议有必要设立媒体行业的独立监管机构的公共组织。其2000年12月20日的23号提案[②]，就传播领域监管机构的独立性和职能，向各成员国政府建议：

> （a）设立传播行业的独立监管机构。
>
> （b）在国家立法中列入相关条款，用以授权传播领域的监管机构，使它们能够按照国家法律的规定，以独立、透明的方式履行职责。有关方针政策可参考本提案的附录。
>
> （c）向传播领域的监管机构、政府部门、相关专业团队以及公众推介这些附录中的方针

① 韩国通信委员会2008年的报告：http: //eng. kcc. go. kr/user/ehpmain. do。

② 2000年12月20日欧盟部长理事会第735次会议的提案。

政策，以确保监管机构在履行职责时不管受到什么形式的干涉，其独立性都会受到切实的尊重。

当欧盟就《视听媒体服务指令》进行新一轮的讨论之时，在一些成员国和欧盟委员会之间，以及一些欧盟代表之间，争论最为激烈的议题正是与监管部门有关的。欧盟能要求其成员国都接受独立监管机构的章程吗？这种强制要求有可能影响到欧盟的辅助性原则吗？这些争论远不只是出于机构权限方面的考虑，而是一些国家和某个行业内的利益集团企图阻止在整个欧盟强制设立这种机构，原因很简单，这样的措施意味着强化监管政策。事实上，当时欧盟只有一个国家还没有设立国家性质的监管部门，那就是西班牙。其他的欧盟国家虽已设立了监管机构，但令人怀疑的是这些机构是否具有独立性。最终，在议会中达成了最低要求的协议—— 一份很“欧洲”的盟约，意思是说并没有认定这类独立监管机构存在的必要性，只是在涉及新指令在各国的施行、未来成员国与欧盟委员会之间的信息交换时才提到了监管机构。新指令第23条的文字表述是这样的：“为了执行新指令的相关规定，特别是其中的第2条、第2+条和第3条，各成员国将通过其独立监管机构，采取必要的措施加强相互之间的交流，为欧盟委员会提供必要的信息。”①

欧盟以这种方式，用“通过其独立监管机构”这一表述，首次承认了这类机构的存在及其独立性。

2.对行业的了解和专业化

为执行该行业的法规，并能够与系统内的主导者进行合作监管，监管机构绝对有必要深入了解这个行业和相关的法律法规并达到专业水准，需要去了解多媒体传播网络这个纷繁复杂的世界，如市场及其发展历程、信息与通信技术、视听传播领域、新闻学与信息学，以及其他以各种形式相关联的领域。专

① 欧盟，《视听媒体服务指令》，2007年12月，http://europa.eu/legislation_summaries/audiovisual_and_media/124101a_es.htm。

业领域知识的匮乏常常会导致监管机构做出的决定适用性低或不合要求，也会造成监管机构被市场或有关政府的监管者抓住违规之处的问题。

为特定行业制定基本的监管条例，其目的在于让那些具有独立性的监管机构在遵纪守法的前提下，根据“专业技术经验”的标准，执行相关的法律法规并促进相关的法律法规不断完善。之所以这样要求，主要是因为受到监管的行业会有一种特殊的脆弱性，需要适当地远离政治或经济方面的压力。因此，对于监管机构来说，其成员的专业化是一个必要条件。

第四章

强化监管的十条规制，确保服务于公共利益

第一节　如何理解“公共利益”

从前述章节中，我们已经看到了不同的媒体模式及其与国家政治体系、文化、历史的直接联系。在许多时候，这种联系显得尤为直接。我们也看到了传播制度是如何根据视听模式发生改变的。我们不能忽略政治体系及各社会权力影响下的传播制度。对政权处于“过渡”时期的国家而言，“先进的”制度框架或许可以将自我管控与国家干预、公平与独立相结合，同时保障言论自由，并有助于该国民主结构与社会结构的建立。然而，这类国家屈指可数。以摩洛哥和波黑为例，无论是在摩洛哥民主过渡进程中，还是在波黑战后国家重建过程中，监管机构都一直占主导地位。

然而，大多数情况下，各国的监管机构、法规与其政治体系、政治文化相对应。比如，阿根廷的广播监管机构CONFER创建于军事独裁时期，其主席一直为拥有军衔的将军。与现在不同，当时的CONFER是一个服务于军队、受军权控制的媒体机构。随着军队统治的没落，这一机构的领导由将军变为普通公民，但其监管政策及法规并没有改变。从军队统治倒台到阿根廷监管政策发生重大变

化差不多有20年。直到2009年，阿根廷仍没有新的视听传播法规出台，也未对CONFER进行改革。

为了化解传统的公共媒体与私人媒体的对抗，汤普森提出了一个基于“多元化规制原则”[①]的方案，“重新构建公共财产，即在国家的概念之上创造新的公共生活方式”[②]，只有这样，独立的媒体组织才能存在。卡伦提出的“民主媒介传播系统工作模式”[③]，虽然难以操作，但具有启发性。格尔也提出要重拾公平原则，确保网络的中立性（非歧视性）。

多媒体网络的发展经历了一个开放式的过程。政府的公共权力必须考虑到其在公共领域的影响力。托尼·布莱尔在其10年任期结束之际发表的声明具有重要意义。他认为媒体是“野兽”，并认为“一开始我们在奉承、满足并说服媒体上耗费了过多精力”，他还补充说：“我认为公共生活与传播媒体间的关系十分糟糕，需要修复。”“也有必要重新审视其规制模式。因此，考虑到几乎所有的报纸和电视都在互联网上占有一席之地，其监管方式、类型各异也显得‘越来越不合理’。”[④]

通过多媒体让网络公民参与文化、公共领域的对话和沟通，政府部门的工作和信息的透明度将会得到极大提高。公共权力若想规范多媒体传播网络，则应以维护公共利益为基础。只有以这个原则为基础，公共权力才可能建立起影响媒体和电信传播网的规制。[⑤]

美国联邦通信委员会20世纪60年代的主席牛顿·米诺，是肯尼迪总统任命的，他对公共利益的理解非常精准，并制定了美国近20年的规制政策。事实上，米诺曾在一个美国著名私人电视台的会议上说：“美国总统在他的就职演讲中告诉我们‘因此，同胞们，不要问国家可以为你做什么，问问自己可以为国家做什么’。女士们、先生们，不要问广播能为你做什么，问问自己可以为广播做什么。我在华盛顿是

① THOMPSON: 1998, p.304.
② THOMPSON: 1998, p.310.
③ CURRAN: 2005, p.273.
④ *El Mundo*, 12/06/2007.
⑤ SARTORI, G. *La democracia después del comunismo*. Madrid: Alianza Editorial, 1993.

为了帮助广播事业，巩固它、鼓励它，并推进它的发展；而不是为了制造问题，削弱它、威胁它或压制它的发展；最重要的是，我在这里是为了捍卫和保护公共利益。'公共利益'到底是什么？柯林斯州长明确表示：广播，为了服务公共利益，必须有灵魂、良知、诉求；正如广告销售行为，必须有助于公民'坚持品格'，体现'精神高度'。我认为广播电台不能无视公众利益……它们可以做得更好、做得更多。"[①]

米诺的这次演讲阐释了广播电视运营商维护公共利益的义务：运营商传播的内容应有助于培养更有素养、受教育程度更高、更有文化的公民。米诺认为，运营商不仅要理解广告的实质——出售广告时间，更重要的是还要完成公共服务任务。"他们必须有灵魂和良知"，米诺如是说。肯尼迪总统去世后，在威尔逊总统进行民主执政的那些年，第一批美国公共电视台（PBS）诞生了。

20年后[②]，正值尼克松总统领导的共和党政府执政时期，马克·福勒任美国联邦通信委员会主席。他对广播的公共服务范围的转变起了至关重要的作用，认为"应该把公众利益替换为公共利益"[③]。这一概念标志着随后20世纪八九十年代的规制放松政策开始了。在共和党政府执政期间，这一政策尤为明显。对一些人来说，公共利益迫使广播运营商响应社会期望及共同利益，这显然会超过它们本身的经济预算。然而，对于其他人来说，公共利益的本质就是公众利益，运营商应该满足公众所需。

美国是视听和电信传播等诸多方面的佼佼者。同一个国家内出现的关于公共利益的两种不同见解促使我们分析关于这个概念的不同诠释。

---

① 美国联邦通信委员会主席牛顿·N.诺米1961年5月9日在美国全国广播协会做的报告。MINOW, N. N. *Equal Time: The Private Broadcaster and the Public Interest.* Lawrence Laurent, ed. 1964.

② Ver McQUAIL, 1998: 48-66.

③ FOWLER, M. S. "The public's Interest". *Communication and Law* 4. 1982: 51-58.

在此方面，赫尔德[①]提出了三种关于公共利益与私人利益的诠释及其相互关系的模式。首先，他提出多数论，即私人利益的总和表达了人民的意愿。在某种程度上，在最大限度地增加个体满意度之后，人民的意志或公共利益可被认为是大多数人的利益。其次，他提出共同利益论，这一理论符合卢梭大众意志的理念，即共同利益在个体利益之上。这对实现共存的可能性及提升公共领域的民主性和参与性是十分必要的。共同利益不仅仅是私人利益的集合，更是全体公民在公共领域所表现的基本价值观的集合。最后，他提出共识论，根据这一理论，不论该国家有何种宗教信仰或意识形态，公共利益都应当体现为一种公民的共同价值观。

细看上述三种关于公共利益的理论，我们不难发现它们与之前讨论的规制模式相呼应。其一为极端自由主义规制模式，在该模式下，传播系统由私营或商业广播公司提供，并受制于自由市场。它们优先考虑自身运营，几乎不受政府部门的干预。其二为社会自由主义规制模式，无论该模式是传承的或是非传承的，都使传播系统完整化。私营运营商不再局限于追求自身运营，而是更多地致力于提升公民的凝聚力与自由。

克罗托与霍因斯[②]也认为解释公共利益概念的方式有两种。首先，存在“视听市场模式”，该模式下“公共利益为公众的利益”[③]。这二位的观点突出了派别性、灵活性、创新性等特点，并在很大程度上将公民视作消费者。其次，他们参照哈贝马斯的理论，提出“公共领域”模式。他们认为由市场体制带来的社会不平等是“违背道德的”，且无法满足社会需求和民主需求。而在“公共领域”模式下，“一美元一票”的神话将被打破；人们不再被视为消费者，而是作为公民存在， 因为“公共领域”对公民责任进行了诠释，可被理解为：“知情是正义和民主存在的基础，因此

① HELD, V. *The Public Interest and Individual Interest*. Basie Books. Nueva York, 1970.

② CROTEAU, D. / HOYNES, W. *The business of media: corporate media and the public interest*. Thousand Oaks, Calif.: Pine Forge Press, c2006.

③ CROTEAU, D./ HOYNES, W., 2006: 19.

要‘启发’公民，使其知情。”从这个意义上讲，媒体责任的一个重要层面是使公民知情、获取信息，从而稳固社会。

与此同时，社会模式与媒体模式之间的相互关系也值得一提。麦克切斯尼如是说：“媒体系统不是自发出现或是必然出现的；它是政府政策与补贴的特定产物。社会上的各种媒体体制深受国家经济政策的影响……”[①]

总而言之，在极端自由主义管理模式下，公共管理部门对多媒体传播网络的干预必须尽可能少；传播实质上是一种资产和一项运营活动；公众利益大于公共利益。一般来说，这些国家都有最低标准的规制和规范、正确的价值观，因此会建立相应的机制，以避免情色内容等。[②]但实际上，不仅仅内容上有限制，正如美国媒体在伊拉克战争期间发布的报道，为了维护国家利益，视听媒体甚至被限制了言论自由。这种模式没有媒体内部多元化的概念，并认为只有不同运营商之间的市场竞争才能确保媒体内部多元化。历史上，尽管英国等国家的公司对信息的规制呈现较少干预的特点，以确保其新闻的“专业性”，然而这种规制的独立性似乎越来越有限。[③]在电子通信领域，正如我们所见，权力集中在大型电信公司。这些公司质疑一般服务所产生的义务，并质疑网络中立性的概念。因为网络中立性要求网络运营商履行不歧视任何类型内容的义务。对内容有任何歧视，即如果想要拥有选择内容的可能性，都意味着有可能需要付费才能进入网络。最低标准的规制可以确保网络间的互联性，并确保运营商让网络服务有条件普及。国家的职责是限制居于主导地位的运营商的垄断地位。事实上，正如这些公司要求的那样，这种国家的最小干预可能造成无线电频谱

① McCHESNEY, R. W. *The Political Economy of Media*. Nueva York: Monthly Review Foundation, 2008.

② 从这个意义上讲，我们不得不提到1996年美国通过的《正当传播行为法案》，该法案干预主题的正确性，并管控网络内容。最高法院接到不同的上诉后，压制了该法案这一部分的相关内容。

③ 美国的电视和广播运营商进行了大量研究，证实了上述这些趋势曾大范围、长时间干扰专业记者。CROTEAU, D. / HOYNES, W.: 2006, p.225; McCHESNEY, R. *Corporate Media and the Threat to Democracy*. Nueva York: Seven Stories Press, 1997.

的私有化。里夫金已经预言了这种迫在眉睫的风险，以及由此产生的负面影响。因为“由政府代表公民管理”的无线电通信领域和“由全球电信巨头控制的私人电子通信领域”，从根本上改变了人与企业之间的关系。少数跨国公司夺取了公民接触信息的权利，并掌握着公民传播信息的媒体[①]。

多媒体传播网络的社会自由主义规制模式，无论其是传承的或是非传承的，都为监管电信传播和视听传播提供了新的角度。公共利益不再被视为公众利益。根据赫尔德提出的模式及理论，共同利益、公共利益高于私人利益，人们通过寻找共通的价值观，形成一个更有教养、更民主、更有参与性的公共领域。对克罗托和霍因斯来说，公共领域模式追求公民责任，公民责任也是公共利益的基础。

回顾前几章内容，本人坚信这一事实。首先，多媒体传播网络作为国家和个人间关键的调节机制之一，占据核心地位。该调节机制有三重功能：发展个人的虚拟世界、诠释和表达现实、产出信息。其次，数据共存及集中运营都经历了前所未有的融合过程。在融合过程中，网络与内容之间产生了深远的相互依赖性，并产生了全新的逻辑诠释学。科斯特尔指出：“电信传播网络将成为我们生活的支柱。”[②]总之，多媒体传播网络正在成为创造价值的调节机制，在社会发展中逐渐起到决定性作用。多媒体传播网络提供网络访问权限，有了这些网络，公民可以接触到实质信息，以便合理地行使权利和履行义务。多媒体传播网络建立了越来越多的公民常见的调节机制，增强了社区的凝聚力。这些调节机制在社交网络和虚拟社区里表现得尤为突出。在此之上，很明显，多媒体传播网络提供了大量的非歧视性信息，其总量至今都令人难以想象。

接下来，本人将介绍规制模式的原则，该模式适用于北半球一些发达经济体及一些工业化国家。这些国家拥有基于自由体制的社会自由主义

① RIFKIN, 2000, p. 136.

② CASTELLS, 2004: 431.

规制模式。简单地说，本人认为这一规制模式能最有效地捍卫公共利益。本人深信，公共利益不能被公众利益的概念所替换或取代。这不仅是个人偏好数量上的聚合、最大化，若一个社区内没有商定的基本价值观，则最大限度自由公平的共同生活很难实现。同时，极端自由主义规制模式的拥护者可能会问："怎么理解公共利益？这是公众的利益吗？公众能决定公共利益吗？"如果回答是肯定的，则暴力和色情内容有必要安排在黄金时段。儿童节目可以被压制，但是，如何在节目中定义公众的角色？非宗教极端自由主义的拥护者如此回答我：他们只追求运营，为了实现运营成果最大化，他们需要最大限度地做宣传。为此，他们必须以最低的成本获取最大的观众量，这才是他们真正的目标。"以最低成本获取最多的观众"，从私人公司的角度看，这一目标是合法的。大多数私人公司的经理会以此为自己辩护，称他们没有其他义务。在此，我主张，公司只有创造价值，才能回报股东，也顺带提升管理者的奖金。极端自由主义规制模式的拥护者均认可福勒的名言："电视只不过是另一种家用电器，就像我们厨房里的烤面包机。"他们以此为自己的行动指导。

一、罗尔斯、哈贝马斯：在社会自由主义规制模式下探讨公共利益的理论基础

罗尔斯与哈贝马斯认为，电视不单是一个简单的烤面包机，还能为传递价值观念提供实体支撑。这些价值观念以各种各样的方式影响社会，并在某种意义上促进了社会发展。

发达国家在制定宪法时采用了社会自由主义政治体系，以确保公民的自由最大化，同时，也最大限度保证公民有平等的机会参与社会和融入社会。无论是英语国家的名人，如约翰·米勒、梅纳德·凯

恩斯、罗斯福，还是天主教名人，如雅克·马利坦、姆尼耶、莫奈、舒曼、德·加斯贝利，都对各自国家的社会自由主义产生了深远影响。我们的目的是用二律背反的方式将自由和平等这两个基本价值观联系在一起，接受资本主义市场经济，并寻找改善因自由市场运作所产生的不平等的办法。正如若斯潘所说："我们接受市场经济，但市场经济的价值观不能控制和主导社会。"[①]一个社会自由主义规制模式应有基本框架，并在整个社会内保证自由，否则将无法保证人人机会平等。一个世俗化的模式应与教堂无关，并充分尊重所有宗教信仰。将政治体系与宗教分离意味着公民共存的基础价值观念是合理的、被广泛认可的。[②]自由和平等这两种价值观念之间最大限度的平衡有助于构建一个公平且自由的社会。

在过去的40年间，对社会自由主义理论和社会民主理论产生决定性影响的两位思想家无疑是约翰·罗尔斯和尤尔根·哈贝马斯。罗尔斯属于自由学派，哈贝马斯则属于法兰克福学派和传统马克思主义学派。这二位均在建立连贯的社会理论体系、确保实现公民最大限度的自由和平等两方面耗费了大量心力。他们认为自由和平等是两个不可分割的价值观。罗尔斯的社会理论来源于传统契约主义论，哈贝马斯的社会理论则源自康德理性主义理论。在以合理的方式及原则建立一个完全民主与公正的社会这一层面上，这二位的社会理论是一致的。

罗尔斯的理论集中体现在他的著作《正义论》[③]当中。罗尔斯的契约主义则源自一个假设的契约，假设了一系列的完美条件，这些假设的条件完全尊重个人的自由和平等。这个社会契约的最终目标为呈现社会正义及其结构性，包含制度、宪法、社会政策及经济政策。这种契约只可能出现在相对有秩序的社会当中。只有在这样的

① 参见利昂内尔·若斯潘于2000年11月24日至26日在法国社会党格勒诺布尔代表大会上的讲话。

② 尽管契约可以源自事实，但依据罗尔斯的理论，这些契约也可能是假设的。

③ RAWLS, J. *Theory of Justice*. Cambridge, Mass: Harvard University Press, 1971.

社会里，实现正义的条件才有可能被满足。这样的社会不会走极端，人们在社会里相对平等，但也容易受到来自其他社会的侵害。然而，为实现这一假想的契约，“无知的面纱”是必不可少的条件。蒙上“面纱”的公众不再以其籍贯、社会地区区分，也不以其在经济、社会或其他科学领域的重大发现而区分。这一契约的最初立场即保证公正的合理性和客观性，并用同样的方式对偶然事件进行道德评判。

根据这一概念框架，确保个人正义的两个基本原则如下：

（1）每个人都有平等的权利主张，享有完备体系下的各项平等自由权，每个人所享有的自由与其他人在同体系下所享有的各项自由权兼容；

（2）社会和经济的不平等需要用以下方式调整：使社会中处境最不利的成员获得最大的利益，同时各类职位及地位必须在公平且机会平等的条件下对所有人开放。

整个社会的基本目标应为追寻自由的最大化，并采取措施消除由“自然因素”导致的社会、经济不平等，从而实现公平。之后不久，罗尔斯在他的著作《政治自由主义》[①]和《人民的法律》[②]中，从不同方面深化了“公共理性”这一概念：“公共理性深度诠释了道德论说及基本政治制度决定民主政府与公民之间关系的理论。简而言之，公共理性的焦点在于如何理解政治关系。”[③]罗尔斯本人承认从他的第一部著作到《政治自由主义》是一个“飞跃”[④]：第一部著作试图给出一个笼统的观点，而后一部著作则具体客观地描述了宪政自由主义、公共理性的概念。因此，保障公正的第一要务是坚持道德论说及基本政治制度决定民主政府与公民之间关系的理论。

① RAWLS, J. *Political Liberalism*. Nova York: Columbia University Press, 1993.

② RAWLS, J. *The Law of Peoples*. Cambridge, Mass: Harvard University Press, 1999. Edición en casrellano en Paidós, Barcelona, 2001.

③ RAWLS, 2001: 157.

④ RAWLS, 2001: 204.

说到社会自由主义，更确切地说，说到社会民主，哈贝马斯不可不提。哈贝马斯是法兰克福学派的承继者，深受康德哲学的影响。在过去的50年里，他的著作在政治学、社会学领域贡献突出。他基于现代思潮的传统提出了以下社会理论，即追求一个更人性化、更平等社会的理论。与后现代思潮相反，他将现代化称作一个"未完成的项目"。他的重要著作《交往行为理论》[①]提出经济和监管合理化将推动现代化进程。这些推动现代化进程的力量在媒体中有决定性的作用，往往会通过国家政策、企业资本主义和大众文化毁掉我们的生活，即毁掉我们的"公共领域"，因此也会波及我们的私人领域。

哈贝马斯认为，如果法律主体期望通过法律来规范自己的存在，必须确保遵循以下五项规制原则[②]。

（1）最大限度实现个人自由平等的权利；

（2）在法律规范下，公民可按自由意志自愿联合；

（3）保障个人基本权利的可操作性、自主政权的可实施性；

（4）保障法律的合法性及公民的基本参与权，即公民在接受教育、向政府提建议等领域享有公正平等的机会；

（5）确保提供受社会、技术和生态等方面保护的生活条件，公民拥有这些基本权利，就像上述第（1）条和第（4）条的规定一样，应确保公民机会平等。

这些关于民主的理性和启发性原则意味着整个社会的制度化，从而便于法律主体确保公民在参与社会的过程中享有机会平等的权利。对哈贝马斯来说，只有依法经历审议程序，据此制定的宪法才具有合法性及社会认同性。

如果我们比较罗尔斯的正义论和哈贝马斯的原则论，不难发现他们观点的相似处。这二位哲

---

① HABERMAS. J. *Theorie des Kommunikativen Handeln.* Suhrkamp Verlag. Fráncfort, 1981 (3ª ed.). Nueva edición en castellano Trotta, Madrid, 2010.

② HABERMAS, J. *Between facts and norms. Contributions to a discourse theory on law and Democracy.* Cambridge, Mass: The MIT Press, 1996, p.122.

学家一直是比较研究的对象[①]，这些研究的核心为康德思想。两位哲学家在理论上描绘了一个必须要同时寻求自由和平等最大化的社会。单靠自由是不够的，必须尽可能寻求公平的最大化，否则人类共存将变得十分困难。而且，没有真正的自由，个体将不再完整。

在社会自由主义及社会民主环境下，寻找自由和平等之间的平衡虽然很难，但不可避免。二人的公共理性论正是在寻找实现这种共存的模式。

在罗尔斯与哈贝马斯的研究中，我们发现一些类似的价值观原则。这些原则明确地界定了社会自由主义和社会民主。

（1）个人自主权。这一点至关重要。罗尔斯和哈贝马斯的观念与主张都有康德主义的影子，认为个人自主权本质上指个体可以无条件地按自己的理性方式做出决策的能力。在道德哲学和政治哲学领域，自主权通常被用作确定个人道德行为责任的基础。因此，自主权也被理解为人类选择他们认为有效的规范和价值的能力。这些规范和价值也是权利的根源。

（2）自由。这个自由也是康德主义最坚实的基础：可被理解为选择的可能性，比如行使自决权。康德认为自由也是人类品质之一，因此，它出现在“实践理性批判”中，也是道德建设的必要条件之一。尽管罗尔斯的著作和哈贝马斯的著作有不同之处，然而在某种程度上，他们的观点都源自康德的这一声明。二者的观点都在努力创建这一属性：在规范模式下充分发展公民的自由意志，同时不消除个人的自决权。个人自主权和自由作为两个不可分割的相互关联的基本

---

① HABERMAS, J."Reconciliation through the public use of reason: remarks on John Rawls's political liberalism", *J. Philos.* 1995; RAWLS, J."Reply to Habermas", *J. Philos.* 1996; HABERMAS, J., RAWLS, J. *Debate sobre el liberalismo político*. Barcelona: Paidós, 1998; BERLIN, Ⅰ."On human dignity: a letter to George Kennan", *New Republic* 4（541）: 23-30; DONALS MOON, J."Rawls and Habermas on Public Reason: Human Rights and Global Justice". *Annual Review of Political Science*, vol. 6: 257-274（junio de 2003）; McMAHON, C."Why there is no issue between Habermas and Rawls", J. Philos, 2002, 99（3）: 111-129; PEDERSEN, J."Habermas and the Political Sciences: The Relationship between Theory and Practice", *Philosophy of the Social Sciences*. Sage, Vol. 39, núm. 3. septiembre de 2009, 381-407; KENNETH, B. *The normative grounds of social criticism*: *Kant, Rawls, and Habermas*. Albany State University of New York: Kenneth Baynes Publisher, c1992.

原则，均与个人的自决权需要同样的理解方式。

（3）平等。平等不仅意味着法律面前人人平等，还意味着需要建立社会机制确保机会面前人人平等，利益、知识面前人人平等，以及人人平等参与公共事务。平等是完整的。在罗尔斯看来，为确保社会的稳定，这种平等也是必要的。在为实现社会稳定而确立的五项要求中，除了确保公平竞争以外，还有确保公正的收入和财富分配、保障基础医疗、提供就业机会，以及第五项“选举公共资助，公众对信息的知情权……从公民的角度进行评估并制定政策，为公民提供知识和信息”[①]。

罗尔斯提到，社会平等和稳定的一个要素是获取知识和信息的需求；哈贝马斯在他的著作中扩充了这一点。罗氏坚持认为：“完美的公共理性须包含一个公共政策研究，尤其是针对以上三点的研究。因此，这些原则确保了政策实施的有效性及可行性。”[②]

（4）正义边界，并以此寻求前三项原则间的相互关联、相互融合及相互协调。罗尔斯将其定义为现实的乌托邦。事实上，他理解的现实乌托邦为：“一个可实现的人类社会。在这个社会里，人民的自由、正派与政治平等和正义互相协调。”[③]同时，排除他思想中超现实的部分，不管他这一思想是否基于现实基础，可以确认的是，犹太基督教思想在罗尔斯的理论及实践进程中举足轻重。罗尔斯的思想与康德的思想相一致，也与自由主义和后马克思主义传统相一致，他对于上述原则及相关学说的研究都试图自成一体，而不必基于其他某条重要原则来证明自己理论的合理性。

在过去的30年中，自主权、自由、平等、正义边界等四种价值观有助于我们重新思考社会自由主义基础和社会民主基础：在自由主义领域，开拓和创新了约翰·穆勒的经典学说和凯恩斯的经济学理论（这些理论现今仍在该领域有重要的参考价值）；在社会民

① RAWLS, 2001: 63.
② RAWLS, 2001: 63.
③ RAWLS, 2001: 15.

主领域，基于阿多诺、布洛赫及阿伦特的思想，提供后马克思主义的思想路线。

总而言之，上述这些价值观构成了立足于社会各方面的公共利益原则的基础，也构成了多媒体传播网络领域的公共利益原则的基础。

二、丹尼斯·麦奎尔：从社会自由主义视角看传播领域的公共利益的实践基础

与其他学者一样，丹尼斯·麦奎尔也在传播领域夯实了公共利益的基础。[①]

然而，他在自己著作的序言中提到："公共利益的概念有时候也被用来掩盖政府自身不合理的规制野心，甚至被商业公司等用作破坏基本自由的攻击性武器。对那些持有这个观点的人来说，实现'真正公共利益'的最佳方式是给予媒体市场更多自由的力量，最大限度地为供应商、消费者和社会带来整体利益。"[②]

麦奎尔的立场更接近那些为了公共利益维护媒体规制的人，而不是那些反对媒体规制的人……没有关于公共利益的假定，就不会有传统研究。[③]约翰逊认为，当提到公共利益时，至少应该涉及公共目的、"公共财产"、公共影响力、公共政策；从这个意义出发，不论何种形式的传播，都不再仅是"一项业务"。[④]

尽管存在困难，尽管这些原则也"容易有不同的理解"，但麦奎尔认为："对媒体行为及

① McQUAIL, D. *La acción de los medios. Los medios de comunicación y el interés público*. Buenos Aires: Amorrortu, 1998; McQUAIL, D. *Introducción a la teoría de la comunicación de masas*. Barcelona: Paidós Ibérica, 1999; VAN CUILENBURG, J. / McQUAIL, D. *Media policy Paradigm Shifts: Towards a New Communication Policy Paradigm*. En FERNÁNDEZ ALONSO, I. /MORAGAS I SPA. M. *Communication and Cultural Policies in Europe*. Colección Lexikon. Cátedra UNESCO de Comunicación. INCOM. Barcelona, 2008.

② McQUAIL, 1998: 28.

③ McQUAIL, 1998: 28.

④ McQUAIL,1998; JOHSON, N. *Regulating American Style*. Intermedia 15 (4-5) ,1987, p.31-33.

自由的分析尚未全面普及，但它在时间上、空间上都普遍存在，我们有理由相信这一分析的基本原则在很大程度上与现代西方社会的核心价值观念相吻合。”[①]

麦奎尔认为，公共利益的三个基本价值应是自由、正义/平等，以及秩序/团结。

在传播领域，最被广泛认可的关于自由的定义应是《欧洲人权公约》第10条所载的定义，这一定义前文已经多次提到。传播应该是以正义和平等原则为基础的社会利益，是所有人都能享受到的社会福利（普及性），必须接纳不同见解以构建公共领域（多元化）和多样性。同样，关于平等的研究也应包含信息真实性和诚实性，以及秩序和团结。这些概念可能是定义普遍利益时最难阐述的部分，但正如我们将看到的，它们确实发挥了非常重要的作用。传播作为一种社会福利，具有明显的社会凝聚力，有利于维护社会秩序。媒体反映了一个共同体的象征维度及其身份认同。社会凝聚力这一表述则可能代表秩序和团结之间的共生关系。[②]

总之，麦奎尔认为，传播领域公共利益的价值集中体现在三个方面：自由、平等以及社会凝聚力。这三个方面的价值也是哈贝马斯和罗尔斯的学说所追寻的，尽管其中社会凝聚力这一价值不是由罗尔斯提出的。与此相反，对于哈贝马斯而言，社会凝聚力则是从他的社会理念中直接推导出来的一种价值。

麦奎尔认为，自由原则必须维护这些价值：媒体的独立性（以确保信任度、批判性及原创性）、频道的普及性、呈现内容的多样性。

他指出，平等原则必须维护这些价值：广播电台的普及性、普及渠道的多样性、内容的多样性及客观性。

社会凝聚力原则必须维护这些价值：团结、社

① McQUAIL, 1998: 110.

② ANDERSON, B., *Imagined Communities. Reflections on the origin and spread of nationalism*, Verso. Londres, 1983. 其中关于民族主义起源和传播的思考。本书分析了大众媒体对社会价值的塑造及可能产生的影响力。

会控制及象征文化。[①]

在这一理论提出后的几年，麦奎尔[②]与库伦伯格对其做了一些更正。这一次，他们定义了三种不同的公共利益，分别将其命名为：政治福利、社会福利和经济福利。在政治领域，一些价值和标准应得到发展与保护，以在传播政策领域建立新范式，具体的价值和标准有：自由、普及、多样、信息、管控和透明；社会领域须维护与发展的价值有：认同、互动、质量、凝聚力和选择；经济领域须维护与发展的价值有：竞争力、发展、就业、消费和创新。

面对新时代的传播业，在所有这些标准中，更为优先的应为以下几点：传播自由、普及、管控和透明度。[③]

没有必要强调麦奎尔提出的原则与罗尔斯和哈贝马斯理论的一致性；他的原则是根据后者的理论推演所得的。麦奎尔将这些原则视为公认的价值，但他或许忘记了，一些强有力的政治思潮会严厉质疑国家推进这些价值的合法性。

从更务实的角度出发，美国在视听媒体系统的发展上已呈现了新趋势：趋于同质化、琐碎化，具有轰动性并伴随本地媒体的消亡。鉴于此，克罗托与霍因斯提出三个界定公共利益的广义标准，如下所示。

（1）促进多样性并避免内容的同质化。促进多样性的目的是“提供不同的观点，以便于公民做出明智的抉择，并接受不同的文化”[④]。在这一方面，不得不强调联合国教科文组织的《保护和促进文化表达多样性公约》的重要性。该公约的目标是：重申各国拥有在各自领土上维持、采取和实施它们认为合适的保护和促进文化表现形式多样性的政策和措施的主权；承认文化活动、产

① 麦奎尔使用了“秩序”的概念，“因其在特定的社会组织层次上，也在加强或削弱凝聚力的过程中对‘凝聚力’与‘和谐’的接受度有限”（McQUAIL, 1998: 119）。

② VAN CUILENBURG,J. / McQUAIL,D. *Media policy Paradigm Shifts: Towards a New Communication Policy Paradigm*. FERNÁNDEZ ALONSO,I./MORAGAS I SPA. M. *Communication and Cultural Policies in Europe*, Colección Lexikon, Cátedra UNESCO de Comunicación. INCOM. Barcelona, 2008.

③ VAN CUILENBURG, J. / McQUAIL, D., 2008: 46-47.

④ CROTEAU, D. / HOYNES, W., 2006: 35.

品与服务具有传递文化特征、价值观和意义的特殊性；本着伙伴精神，加强国际合作与团结，保护和促进各个国家的文化表现形式多样性[①]。

（2）促进实质性、创新性主题，避免陷入精英主义。创建兼容的媒体，并避免陷入无序的精英主义之中，因为这样会导致观众人数减少；提供有实质内涵的内容，避免视听节目常见的表面性；此外，还需在教育、信息及娱乐等领域寻求创新模式。

（3）独立行事。运营商的独立行为——不论是在政治权力领域，还是在商业权力领域——的意义都越来越重要。公共运营商难以摆脱其管理层的控制以及该管理层对其财产（私营企业）、对新闻编辑的控制。具体则表现为管理层通常会直接干预运营商的专业性和独立性。近期，由运营商之间激烈竞争引起的财务危机直接影响了媒体的独立性。

下面，本人将列举十项核心原则，这些原则以经济发达、社会发达地区的多媒体视听传播网络规制政策目标为出发点，并根据本书第一章关于多媒体传播网络、第二章关于不同媒体系统及其规制模式、第三章对规制历史及现阶段发展趋势的分析和介绍推演总结得出。同时，这些原则基于我的个人观点，即社会自由主义模式是价值体系而提出。当然，我的提议也并不完善，仅希望能更好地服务大众福利或公共利益。十项原则具体如下：

（1）网络的普及性、中立性和对无线电频谱范围内的公共领域的维护，均是对信息权和网络信息作为公共利益的原则不可或缺的保障，应建立规制3.0；

（2）为多媒体传播网络服务的提供者制定基于线性特点及对特定受众所受影响的监管标准；

（3）保障言论自由及公共领域的平等，促进多媒体传播网络领域的文化多元化与多样性；

① http: //portal. unesco. org/culture.

（4）加强对多媒体传播网络节目质量和信息真实性与诚信度的监督；

（5）确保具有公有性和独立性的公共媒体的运作；

（6）确保在网络运营商、信息社会服务供应商和多媒体通信经营者（线性服务及非线性服务）之间建立透明有效的竞争机制，限制集中化；

（7）优先对组成多媒体传播网络系统的所有参与者推进建立自我监管与联合监管的规制；

（8）推进数字化教育和增强社会对多媒体传播网络重要性的认识；

（9）加强一些独立的、专业化的、目标一致的主管机构对网络及其内容的监管；

（10）创建一个欧洲多媒体传播网络空间和一个欧盟统领的监管机构；制定保证“免费流量、免费上网”的国际最低标准。

第二节　十条规制

第一条规制：应有利于建立开放、自由、普及的网络；支持网络中立，在无线电技术可传输范围内，将网络视为公共利益，为公众提供服务——规制3.0

正如在本书创作期间我所了解到的那样，绝大部分国家都已经实行自由主义，其政策也倾向于规制弱化。在很多情况下，自由主义的政策同样也意味着私有化的进步。这样一来，彼时作为公共财产的公共电视台和电信公司经常被以不透明的方式转移到了私人的手中。一些行业垄断变成了寡头垄断，并与政治势力有着紧密的联系。事实上，如果我们留心观察，就会发现随着新型大型跨国公司在传播领域和电信传媒领域实力不断增强，这些自由主义政策诞生了。另外，这些跨国公司在本国的霸权地位使其有能力参与全球市场贸易。

我们正在经历网络及网络内容完全私有化的过程，这也正是美国和许多拉美国家以及欧洲国家的现状。在电信传媒网络方面，这一点尤为突出。同样令人担忧的是，公共权力和规制部门似乎选择逐步取消对私有化的监管。那么，我们可以分层级地向私人普及网络吗?

根据曼纽尔·卡斯特尔的观点，这似乎是唯一可行的方式。在他的最新著作中，他批判了联合国下属的一些负责处理互联网规制的机构，并表示："我坚信……大部分政府都在致力于通过制定规制来实现对互联网的控制，并试图找到那些允许它们从公共秩序的传统角度来实行这一控制的机制。"[①]他还认为互联网的发展受到了"来自资本和国家的压迫，我们至今仍继续处在其阴影之下、受其统治"[②]。因此，"资本和国家的关系实际上是自由政策和规制弱化的根源，滋生了资本主义及促使多媒体国际企业网在新型电信传媒系统中形成。然而，在与国家相互作用中，企业作为得益方，在电信传媒的发展过程中已将目光投向了包含国际传媒新形式、大众自我传播的新规制政策。此时，媒体的受众变成了传播的主体，有能力去重新定义社会传播与自身文化趋同的过程。国家在资本利益面前的让步有助于新媒体的发展，新媒体可以使公民获得更多的凌驾于资本和国家之上的权力"[③]。

正如我们所看到的，卡斯特尔主张保护公民权利，最好的实现方式或许是让资本和企业在追逐经济利益最大化这一渴望的驱使下，边缘化公共权力，进而推动网络的发展。对卡斯特尔而言，国家不会强调政治独裁体系、自由主义或社会自由政治体系及其相对应的规制体系间的区别。以美国为例，不管是共和党执政还是

① CASTELLS, 2009: 179.

② CASTELLS, 2009: 179.

③ CASTELLS, 2009: 180.

民主党执政，国家都不会停止其“统治与控制”。虽然对国家和公共权力的作用持有不同的看法，但是卡斯特尔认为，除了让资本成为电信传媒发展的推动力之外，没有其他的出路；必须且只能继续推动私有化和自由化的进程。卡斯特尔认为，通过控制和开发网络而获得的巨大的经济利益将迫使这些企业保持最高的自由程度和开放程度；同时，公共权力的一切干涉都是负面的。总而言之，卡斯特尔认为，只有让传媒市场自由发展，才能最好地保障网络的自由和发展。

另外，主张保障公民权利也是卡斯特尔的最新研究中最重要的结论之一。不管他的研究的客观目的是什么，这一结论仍是一个对市场力量及公民响应能力过分乐观的观点。这看起来像是所有地球人都变成了“活跃且负责的网民”，并承诺捍卫自己的控制权。事实也许比这更复杂，也并不如此尽如人意。在任何情况下，对于自由民主国家中国家及公共权力的地位，我都持有与卡斯特尔相异的观点。进一步而言，我确信，如果在干预网络发展领域没有坚定的自由民主政策，网络内容的自由流通和公民的信息知情权将会受到威胁。

我认为有必要制定互联网国际准则。就此，提莫西·贾顿·艾什[①]在《国家报》的一篇文章中表明了他的观点：国家、企业和网民……如果我们去思考信息是如何呈现在我们面前的，我认为我们有四种可能的方式来分析这个问题：(1) 我所在的国家决定了什么是我能看到的，什么是我不能看到的，我觉得这是好的；(2) 我看到的是我所使用的大型信息供应商……筛选过的，我觉得这是好的；(3) 我想自由地看我想看的未经任何一方审查的新闻、所有的世界文学作品、所有党派的宣言和运动、“圣战”的宣传、炸弹的制造说明书、别人私生活中最隐私的秘密、儿童色情作品……我应该成为那个决定我想看什么的人（这是激进自由主义的选择）；(4) 除了那些在

① 牛津大学圣安东尼学院欧洲研究领域的教授。

国际准则中被明确规定的特定事物，所有人都能自由地看一切东西。因此，国家、企业和网民必须尊重这些国际准则。今天，我们把（1）和（2）进行了混合。不管我们喜不喜欢，技术的进步都会使我们想获得的东西越来越向（3）靠拢。眼下，（4）还像空中楼阁，但这是我们所应该追求的。[①]

本人的观点与贾顿·艾什的一致，即为了保证网络的可信性和广泛性，人们需要在全球范围内推广这些准则。艾里·诺姆在2010年3月的一篇文章中提出了电信领域的规制，即规制3.0。

在本书第三章中，我们已经了解了三代规制。“电信1.0”或“模拟”时代，视听领域主要依赖于铜制光缆，并处于垄断市场当中，光缆多为政府所有或严格受政府管控。规制2.0出现于20世纪90年代，它更加侧重私有化、自由化和竞争。现如今，光纤和高速无线网络，即新一代网络，正在带来一个更加集中的市场：更重视网络与内容供应商的基础、共存与独立。与卡斯特尔的观点相左，这一切将导致国家在规制中占主导地位。

诺姆指出，排除感伤主义的影响，放眼未来，一个不同的系统——规制3.0——正在显露。规制3.0的要素包括：

> a) 政府试图改善网络基础设施，以求在同其他经济体竞争时提高自己的国家竞争力。这常常被当成一种产业政策；
>
> b) 市场结构，尤其是在许多基于一个或两个大型基础设施供应商的市场中，不仅要有市场结构，还要有高速无线网络；
>
> c) 巩固区域、国家或超国家大型供应商；
>
> d) 普及内容和经销商，向新型运营商靠拢；
>
> e) 通用的服务，也逐渐对光纤有所要求；

① El País, 27 de marzo de 2010.

f) 普及规定，例如为保障最大盈利的价格，须规定最高网速等；

g) 政府为农村地区和电信研究与发展提供补助；

h) 电信企业成为经济领域的新角色——“国家冠军”。这个趋势已存在多年，然而2008年的经济危机加速了这一趋势的发展。[①]

从国家的角度看，诺姆提出的部分条件只能在高强度的规范化活动中得到满足。在这个意义上，互联网的普及性和中立性，以及维持无线电频谱的公共财产属性是现如今最重要的问题。它的解决方法部分取决于一项基本个人权利——知情权——的行使。关于这一点，我们需要强调三个规制行为：

（1）说明并确保人们有通过宽带访问互联网的权利，将宽带网络理解为面向全人类的“一项普遍服务”；

（2）通过法律保证网络在国家范围、区域范围以及国际领域中的中立性；

（3）维持无线电频谱的公共财产属性。

首先，我们需要说明并确保人们有通过宽带访问互联网的权利，将宽带网络理解为面向全人类的“一项普遍服务”。

什么是“普遍服务”？这一概念可被理解为一项强制义务，由一家或多家网络运营商提供服务，这些运营商的服务价格合理、不受公司地址的地理位置限制、为所有用户提供最基础的服务。这一概念仅仅应用于语音服务，即旧时的电话技术，至今仍未应用于电信传媒网络所提供的服务。

“普遍服务”这一概念最初产生于英国，用于定义邮政服务的义务和范围。奇怪的是，这一概念在电信传媒领域的应用最初出现在私营部门。事实上，美国电话电报公司的负责人西奥多·威尔曾在

① NOAM, 2010: 33.

1907年表示，“普遍服务”是他们公司的一个核心目标，这意味着要让在美国境内、甚至全世界范围内的人都能广泛地享受电话服务。对此，我有一点要补充：这是根据他们自己的标准而言的。“普遍服务”便在之后超过75年的时间内，作为美国电话电报公司基本商业战略的一部分持续存在。我们知道，威尔曾在美国的邮政系统中工作过很多年。美国电话电报公司的企业口号非常易懂：“一项政策，一个系统，普遍服务。”他们的目标就是消灭那些不与贝尔系统合作的独立公司。对此，他的理由是“普遍服务”需要有通用的标准。这个互联的必要性证明了他们与独立电话公司的斗争是合理的。在维护一个单一的通用系统的同时，他还希望能控制——他确实实现了——一个单一且同质的电话系统，这一电话系统在多年的行业垄断中发挥了实际的作用。

随后，关于这一概念的初始观点被公共行政部门接受。美国制定《1934年通信法》，成为第一个将这一概念纳入法律体系的国家。这一法律规定，必须“让所有美国人，不管身处何处，都能在合适的条件和合理的资费下，享有全国范围内或世界范围内的快速而有效的通信连接”。在这之前，英国和大部分西方国家都将这一概念应用于公共领域而非私人领域。在最近的50年里，电话技术已经被承认是公共利益的一部分，是公民团结和一个国家繁荣的必要条件。美国《1996年电信法案》再次承认了“普遍服务”的重要性，并将其解读为“提供高质量的、价格合理且能为大众所接受的服务，能提高全国范围内先进电信服务的普及度。这是为了提高这些服务在低收入地区、农村地区和海岛地区的普及度，并提供人们所能接受的、低于城市地区的价格。”[①]

欧盟加入了于2002年通过的“普遍服务”指令[②]下的竞争框架。这一指令和其他四个指令——“框架”“普及与互联”“授权”“电子通信与隐

① 《1996年电信法案》，美国政府出版局，公法号：104-104。

② http://ec.europa.eu/information_society/policy/ecomm/library/proposals/index_en.htm.

私”——一样，成为“电信包”的一部分。正如我们所知，欧盟提出这一构想是为了重新整合当时的电信管理框架，使其在电信传媒领域更具竞争力。根据这一指令的规定，成员国必须保证其国内所有用户不受所处地理位置的影响，都能获取专业且价格合理的电信服务。同时，成员国可以指派一家或多家公司来保证这一“普遍服务”的供应。成员国可以指派不同公司为国内不同地区提供不同的服务，其资费必须是人们可以接受的。在这一点上，为了让人们能用上电话服务，成员国必须保证低收入的消费者能享受特殊资费待遇或能从特殊帮助中获益。此外，成员国还可以要求这些公司尊重资费制度或采用统一的资费标准，承担起提供“普遍服务”的义务。同样，本国范围内不同地理区域也可以参照这样的条件。

新一代网络的地位在未来几年里日益重要，因为光纤接入家庭和企业的投资是十分必要的。国际电信联盟认为：“新一代网络能借助不同的宽带技术（宽带技术必须能够运用于传播领域，其质量可控且独立于服务技术）提供不同的服务，且允许用户不受限制地、自由地访问不同供应商提供的网络。”[①]这些网络可以融合当下及未来的不同技术，有很强的传输力，能满足网络用户的需求。

直到现在，公共权力只在传统电话领域——通话服务领域——规定了“普遍服务”的义务。这么做有意义吗？高速宽带网络、入户的光纤或新一代网络对社会的重要性和旧的电话服务相比，不是同等重要甚至更重要吗？这是当务之急，不能再延后了。我们认为大公司之所以拒绝将这一概念应用于宽带网络中，是因为这可能会影响它们的利益。并且，这些大公司和国际电信联盟现任代表薇薇安·雷丁女士的观点之间存在着矛盾。

但是，需要指出的是，欧盟委员会已经发起一个公众调查来重新定义电信传媒领域的“普遍服务”这一概念。2010年5月，欧盟委员会收到调查结果，在2010年年底之前出具了一份报告。欧盟

① http: //www.itu.int/ITU-T/studygroups/com13/ngn2004/working_definition.html.

委员会承认宽带服务对于增加新的劳动岗位具有战略意义，但是截至2012年，占欧盟人口23%的农村地区人口仍然无法享受这一服务。欧盟委员会需要对此进行干预以实现“所有人都有宽带”这一目标吗？还是我们应该将其交由市场的力量来解决呢？这是欧盟委员会就“普遍服务”的本质所提出的疑问。该问题的答案一直受到国家利益和大公司利益的控制，对于未来几年欧盟能不能应用这一概念来说是至关重要的；我重申，这对于实现社会公平最大化非常关键。确实，与此同时，在“普遍服务”确定的情况下，问题的关键是欧盟委员会和其成员国需要在什么程度上提供经济帮助，或者是否对这项服务提供帮助。因为这很有可能会加剧公司间的竞争，使一些公司失去在特定市场的垄断地位，并不得不按要求从巨额利润中拿出一部分投放到不获利的领域及部门。由此可见，这一问题甚至不应该被提出。

正如本书第一章所言，本人是新一代网络宣言的坚定拥护者，并认为新一代网络就是普遍服务的网络。如同电话技术过去的表现一样，新一代网络会在接下来的一个世纪内占据重要地位。毫无疑问，网络和信息数字化有利于更大的言论自由，有助于增加创新渠道及多方向交叉叙事；同时，这通常也有助于信息社会的创建、相关财富与就业岗位的增长。即使欧盟现在所处的政治背景并不是最好、最有利的，欧盟仍然有可能同时发展自由与公平政策。毋庸置疑，这一政策将在其他政策的配合下，刺激我们这块大陆的觉醒。

其次，用法律保证全国、地区或国际范围内网络的中立性。

上一章已厘清了网络的中立性这一概念。我认为，网络的中立性本质上意味着在网络访问和网络内容之间保持一个清晰的划分；一切内容都能得到同样的待遇。这也意味着网络不再是专业的，而是一个多系统、多平台、不区分内容运营商的全方位的网络。现在，互联网的内容都具有中立性及非歧视性，网络根据互联网服务供应商互换互联的自愿协议而建立，不属于任何个体。需要留意的是，如果互联网失去自由，并且其内容发布受到互联网公司的制约，人们将面临这样一个现实：用户和公民信息选择权将受到制约，替我们选择信息的将是互联网公司。因此，互联网公司不区别对待信息内容将是未来人们必须面对的一个优先级战略问题。

2005年，美国联邦通信委员会通过了一项关于互联网政策的著名声明。该声明起初提出了四项原则，随后，委员会又补充了两项。这六项管理开放互联网（尽管在网络中立性的规定上有其局限性）的原则是：

（1）用户有权访问其想获得的合法的互联网内容；

（2）在国家安全的前提下，用户有权使用其想使用的应用和服务；

（3）在不对网络造成危害的前提下，用户有权连接自己想连接的设备；

（4）用户有权选择相互竞争的互联网供应商、应用供应商、服务供应商和内容供应商；

（5）阻止互联网接入服务供应商对内容或应用做选择，但是允许其进行合理的网络监管；①

（6）保证互联网接入服务供应商的网络管理是透明的。②

不难看出，制定规制时，美国联邦通信委员会等规制制定者遵循的首要原则是保护互联网的开放与公开。受到语言、数字化和秩序的推动，虽然现在网络的互联互接已使其内部变得开放与公开，但这并不意味着未来也是如此，尽管我希望未来依然如此。部分国家和公司非常想推翻这一原则。和这几条关于互联网开放性和公开性的原则一样，美国联邦通信委员会的声明还明确支持网络和访问内容、服务和终端的互联性，以及供应商之间在互联网不同领域（网络管

① 第（5）项和第（6）项是之后才被采纳的，采纳时间为2009年9月。

② 美国联邦通信委员会，《政策声明》，http://hraunfoss.fcc.gov/edocs_public/attachmatch/fcc-05-151a1.pdf，2009年8月26日。

理者、服务供应商和内容供应商）中的竞争机制。之后，面对公司避开自由网络规制的意图，为了确保网络内容不受筛选和保证网络管理的透明度，美国联邦通信委员会补充了该原则的第（5）项和第（6）项。

不久前，由于康卡斯特公司在一场司法裁决中获胜，有人担心网络的中立性正处于危险之中。该决议的根本主题在于，网络供应商违反了《1996年电信法案》第2条之规定：可自由地选择供应内容。康卡斯特公司是一家有线电视公司，提供电视服务和互联网服务。它仅受《1996年电信法案》第1条法规的制约，须履行的义务不多。康卡斯特公司主张将关于有线服务的法律也应用于互联网服务中。作为一家有线运营商，康卡斯特公司没有应尽的义务，并有权决定通过它的网络提供哪些频道和服务。[①]社交网络推动了自由互联网的发展，进而促使美国联邦通信委员会在面对降低网络普及度这一明显的风险时找到一个解决方案。

诸多美国国会议员，如共和党的国会议员亨利·维克蒙和共和党参议员约翰·洛克菲勒，都倡议美国联邦通信委员会改变该司法解释。他们声称："我们相信管理者重视宽带政策问题是必不可少的，因为这对于消费者和我们正在增长的数字经济而言至关重要。因此，我们希望企业用其所有的权威来保护消费者，并遵循国家宽带计划的要求。"[②]

面对两个规制框架可能产生的影响，尤其是面对网络中立性可能面临的危险境地，在负责人朱利叶斯·格纳考斯基的带领下，美国联邦通信委员会已经变更了标准，修改了法律，并要求所有的网络供应商必须受到同样标准的限制。所有的网络供应商都将遵守《1996年电信法案》第2条（对电信运营商进行规制）的规定。

① "Must carry"（必须传送）这一概念通常应用于负有为用户提供部分频道的强制义务的有线服务供应商。其余频道的服务取决于有线服务选择的标准。

② http://arstechnica.com/tech-policy/news/2010/05/fcc-on-net-neutrality-yes-we-can.ars.

纽约大学斯特恩商学院教授尼古拉斯·埃克诺米迪斯，列举了互联网丧失中立性的六个后果：

（1）双倍资费；

（2）存在某些内容优先于其他内容的可能性；

（3）运营商可以决定哪些公司拥有优先权，可能产生付费纠纷；

（4）新的接入者将面临严重的障碍，创新能力下降；

（5）有运营商和其依附的公司相互勾结的风险；

（6）由于很多网络都连接着这两个终端，任何一个或多个网络都可以强制收取费用，这会造成互联网流量的下降。[①]

维护网络中立性的一方为规制部门、不同规模的网民组织、消费者联合会及内容供应商公司等。例如，谷歌公司是最大的内容供应商之一，它把网络的中立性定义为“决定互联网用户必须自己控制在互联网上看什么内容和使用什么应用的原则。互联网在早期已经遵照这一中立原则运行。最重要的是，网络中立性是访问互联网的平等权。在我们看来，网络运营商不得利用自身影响力偏袒或封锁某个产品或网站，正如电话公司不能告诉它的消费者怎样打电话或什么是能说的，宽带公司也不能拥有使用其市场权力来控制线上活动的权利”[②]。

但是，网络中立性的反对者所持有的观点与此相悖。一些公司认为，通过干预网络设置和鉴别内容推送的优先级，可以找到新的、更重要的收入来源。比如，通过控制互联网上电视节目的发行或搜索引擎，我们就可以遵循另外的模式。我们之前曾引用过西班牙电信公司负责人的声明：“谷歌、微软或雅虎使用了电信网络，却没有为此支付任何费用。这对它们而言是一件幸运的事，但对我们来说却是不幸。很明显，事情不能再这样继续下去了。是我们铺设了这些网络，是我们完成了监测，是我们构建了这个

① ECONOMIDES, N. TAG, J.: 2009.

② "A Guide to Net Neutrality for Google Users". Google.

系统，是我们在做客户服务、售后服务、安装服务……一切都是我们做的。我想说，这些都有真凭实据……”[①]同时，沃达丰西班牙公司的负责人弗朗西斯科·罗曼坚持认为“运营商有责任使用户拥有访问的权利和发布内容的权利，这对宽带的要求越来越高；但运营商不负责管控互联网上出现的商业机会”[②]。本质上，反对者正是那些既想对提供内容服务收费又想对访问服务收费的网络公司，我们将此称为双重收费。在接下来的几年里，这不仅是重要的大型电信公司间竞争的重要领域，还是大型服务供应商和内容供应商竞争的重要领域，如谷歌或微软、规制部门和互联网用户。

如同我们之前看到的一样，2009年11月25日，欧盟也通过欧洲议会和理事会的2009/140/CE指令，对网络的中立性进行管控。这一指令修改了关于电信传媒管理框架的2002/21/CE指令，旨在确保提供更优质、更具竞争力的互联网服务，并确保最低服务质量及内容的非歧视性。新指令的首要目标是追求开放，换言之，追求最大限度的、最有竞争力的用户普及度；其次则是确保网络的中立性。

总而言之，在网络中立性问题之后，备受关注的是对任意内容的普遍访问权，重点在于用户直接选择内容，而非电信公司或互联网管理公司替用户选择内容，也就是说，本质为互联网的公共性与自由性。若将这一问题交由市场逻辑处理，那么就意味着把整个互联网世界置于危险之中。

最后，第一条规制还包括维持无线电频谱的公共财产属性。

如同我们看到的一样，电信传媒网络领域最大的风险是无线电频谱的私有化。现在，国家已经把无线电频谱视为公共利益的一种，属于国家所有。电信领域可信网络接入（TNC）的利益诉求是占有这一资产，进而在互联网访问这一领域中拥有决定性的地位。由于无线电空间可能转化为

① http://www.elpais.com/articulo/tecnología/Telefonica/abre/fuego/buscadores/elpeputec/20100207elpeputec_1/Tes.

② http: // www.elpais.com/articulo/primero/plano/Banda/ancha/hora/Europa/elpepueconeg/20100509elpne/Tes.

“在那些从根本上改变人们与公司关系的世界级电信巨头控制下的私人电子领域”的公共资产——现在这一资产仍由代表公民的政府进行管理，里夫金曾警告过这一迫在眉睫的风险及其带来的负面影响：“一旦失去频谱的所有权，公民对信息传播媒体的访问将受到少数几个跨国公司的控制。”①

在欧盟，无线电频谱私有化这一危险并不存在，但是人们担心“模拟”时代结束后，使用话题检测与跟踪时可能出现的频谱自由化。众所周知，由于话题检测与跟踪技术使用的频谱远远少于模拟电视，欧盟决定在2012年前强制将赫兹模拟电视转换为赫兹数字电视，目的是优化无线电频谱的使用状况。

在这个意义上，欧盟委员会在2007年11月13日给欧洲议会和理事会、欧洲社会经济委员会和地区委员会的一份公告中，通过文件《充分利用欧洲的数字红利优势：关于使用自由频谱进行数字转化的公共提案》②，提醒所有国家有义务在2012年前完成从模拟电视服务到数字电视服务的转换。这些频谱的自由化被认为是“数字红利”。

2010年5月6日，欧盟委员会③要求其成员国为移动宽带留出800兆赫频带，以服务于高速互联网传播。委员会的这一决定尚未明确要求成员国将790-862兆赫频谱应用于电信传媒服务中，但将其作为委员会下一个无线电频率的战略提案。高速发展的互联网可能为欧洲经济带来价值超过440亿欧元的经济推动作用，并有助于实现2013年全民宽带接入的战略目标。这一新指令要求所有成员国必须采用统一的技术标准，以确保无线电通信设备，如电话、800兆赫基站等能通过宽带无线网络被高效地利用，正如第四代手机技术一样。相比于现在，尤其在图片服务中，长期演进（LTE）和全球微波互联

① RIFKIN, J. *La era del acceso*. Barcelona: Paidós, 2000, p. 294.

② http://eurex.europa.eu/smartapi/cgi/sga_doc?amrtapi!celexplus!prod!DocNumber&lg=se&type_doc=COMfinal&an_doc=2007&nu_doc=700.

③ http: //europa.eu/rapid/pressreleasesaction.do?reference=IP/10/540&format=HTML&aged=0&language=SE&guiLanguage=en.

接入有助于处理和传播更多的信息。

德国是第一个将自由无线电空间转交给电信公司的国家：2010年5月，媒体宣布“德国政府在频谱拍卖上获得了4,384,000欧元，这一金额超过了执行委员会最初的预期。事实上，德国政府一个月之前的预期是30亿欧元。这也成了西班牙、英国等其他欧盟国家效仿的标准”[①]。与此同时，西班牙内阁部长理事会在模拟广播停止服务后，于2010年3月26日通过了管理分配多路数字传输的法令[②]，明确790–862兆赫频率服务也可以应用到其他电视服务之中，以“促进经济的发展”。这一法令的目的是使电信运营商占有宽带，提高信息化对本国经济社会的贡献率。西班牙政府部门预计其增长将产生120亿—160亿欧元的红利，为国内生产总值的1.5%。

私人运营商能在多大程度上占有无线电频谱呢？如果为了保证网络的普及而保留一部分自由频率，这能否带来好处呢？像德国一样，保留无线电频谱公有化也许是提高新一代无线网络服务的一种途径，但这必须受到公共权力的监督，以确保这一服务的普及性。

不管怎样，频谱的一小部分已被电信运营商和广播电视运营商占有。然而，现在还需要对公共财富公有、占有透明度、关乎全民利益的公共服务的相关规定等进行保护。里夫金提出，无线电频谱私有化的危险似乎离欧洲很远，但是无论如何都必须坚持其所有权不可转让。此外，“数字红利”可使全面普及新一代网络变为可能。

第二条规制：传播内容灵活多样、简洁明了，制定一些线性标准与影响标准

正如我之前指出的，信息的数字化和网络的指数型增长正在改变我们的媒体。一个日益明显的事实是，所有媒体都要经历一次严格的转变，以后将不存在新或旧的媒体，而只有使用不同传

① http: //www.eleconomista.es/empresas-finanzas/noticias/2163360/05/10/Telefonica-se-hara-de-oro-en-Alemania-al-ganar-las-nuevas-frecuencias-de-movil-.html.

② http: //www.mityc.es/es-es/gabineteprensa/notasprensa/documents/.

播媒介的多媒体内容编辑者或运营商。在此意义上，我想明确的是，我没有区别编辑者和运营商的定义。一般而言，编辑者是书面新闻媒体的所有者，运营商则是涉及无线电广播与视听传播所传播信息的责任实体。这一区别渐渐消失，我们将需要为内容的所有者和负责人寻找一个新的定义。也许我们会使用多媒体传媒服务供应商，以延续《视听媒体服务指令》的定义；该指令表明，传媒服务供应商是“对视听传媒服务的视听内容的选择负有编辑责任，并决定如何组织该内容的自然人或法人”。相比“视听传媒”，我更喜欢用“多媒体”这一表达方式，因为我相信如此一来我们能更精确地定义规制的主体。

我们需要明确地定义多媒体传媒网络这一复杂领域的四类参与者。第一类是知识产权所有者—— 创作者和制作者，以及管理者。无论是严格意义上的创作者、制作者，还是版权管理公司，他们都是网络世界的主要参与者。正如本书引言部分所提及的，我不会去分析创作者、制作者或是版权管理公司的作用，因为正如我先前解释的，虽然我持有前文提过的标准，即在模拟世界或数字世界，创作者和制作者—— 被直接管理或被第三方管理——的权利有同样的时效性和意义。那是一个非常复杂的问题，需要一个专题性的研究。内容的数字化及网络普及化并不能为剥夺或削弱创作者的权利和知识产权这一行为辩解。剽窃正在造成危害，甚至可能带来更严重的危害，将会给视听和文化产业造成剧烈冲击。

在创作者之外，网络里还有三类参与者：网络管理者（过去的电话公司和现在的访问服务供应商，过去的有线电视公司和现在的访问服务供应商和网络管理者，负责网络访问服务的专业公司，卫星平台的管理者），信息社会服务的管理者（搜索引擎公司，比如谷歌和雅虎等；无编辑责任的内容包装服务提供者，如YouTube）和负有线性和非线性编辑责任的多媒体传媒服务供应商。[①]

我们知道，现存的管理模式是多种多样的。在一些国家，如葡萄牙和法国，书面新闻受到非常严格的监管，而在另一些国家则不存在相关规制。在一些国家存在着依法成立的信息委员会，对报业进行监管，而在另一些国家则没有信息委员会，或者像加泰罗尼亚地区的委员会一样，不是依据法律框架，而是依据运营商（通常还包括专业协会等）基于一致的道德准则商定的自我审查框架发挥作用。对广播电视的监管应是更强、更细致、更注重细节的，有时是更为复杂的。我们已经了解了不同的规制模式。事实上，对于互联网，我们还没有任何的规制模式，更不用说只针对互联网的监督方式。在这样的现实下，我们能做什么？接下来，我会提出两个基本的管理标准：线性与影响力。

1.根据多媒体传播网络的线性标准，制定一个单一的服务供应商区分规制

这一标准已经在新的《视听媒体服务指令》中确立了。我的观点是应该将其扩展到汇集互联网信息的网络内容和书面新闻领域。这一《视听媒体服务指令》的内容是什么呢？

前一章已经提及，欧盟关于视听传媒的政策已经在《电视无国界指令》（89/552/CEE指令）中确定。《电视无国界指令》于1997年被部分修改，并在2007年12月11日变为欧洲议会和理事会的2007/65/CE指令。新指令在调整成员国特定法律规定、规制规定及行政规定方面和无线电广播电视活动方面对欧洲理事会的89/552/CEE指令进行了修改，目的是调整欧盟成员国关于无线电电视广播和视听服务的特定法律规定、规制规定及行政规定。

其中最突出的一个改变恰恰是它的作用范围。

① 这个分类部分参照了以下文章制定的标准：TRUEQUE, J. 2009-*Regulation and Co-regulation in the public space 2.0*, en Bourcier, D., Casanovas, P., Dulong de Rosnay, M., Caracke, C., *Intelligent Multimedia. Managing Creative Works in the Digital World*. Florencia, European Press Academic Publishing, 2010。

它先是重新定义了视听服务并确立了两种视听内容服务类型：非线性服务（也称按需服务）和线性服务。第1条如下。

第1条。根据指令，下列定义适用：

a）“视听传媒服务”：如同第49条及第50条的定义，出版社的责任对应传媒服务供应商的责任，其主要目的是通过电信传媒网络向大众提供通知、娱乐、教育节目。正如2002/21/CE指令的第2条的 a）部分的定义。根据本条款的 e）部分，这一项视听传媒服务是无线电电视广播的传播；或者根据本条款的 g）部分，它指的是视听传媒的按需服务。[①]

接下来，新指令定义这两种类型的服务：

e）“无线电电视广播”或“电视传播”（一种线性的视听传媒服务）：传媒服务供应商根据节目时间表，提供定时收视服务。

g）“视听传媒的按需服务”（一种非线性的视听传媒服务）：用户决定收看时间的媒体服务，用户自由选择时间收看服务供应商编辑的节目。[②]

供应商提供的服务根据以下三要素进行分类：

（1）节目时间表：在线性服务里，节目时间是根据节目时刻表（安排）来确定的；在非线性服务里，节目时间是根据供应商选择的节目单来确定的；

（2）线性服务提供定时收看服务，非线性服务则在观众选择的时刻提供观看服务；

① http://europa.eu/legislation_summaries/audiovisual_and_media/l23101a_es.htm.

② http://europa.eu/legislation_summaries/audiovisual_and_media/l23101a_es.htm.

(3)(有可能是最重要的一点)在线性服务中,单个个体被动地接受传媒服务,需要做的只是打开电视和更换频道。非线性的传媒服务则是个体主动行为的对象,由个体进行选择或者点播。

根据新指令的描述,非线性的视听传媒服务确切地说并不是信息社会的服务,也不是传统的视听服务(线性服务)或在线服务。根据线性服务和非线性服务的区别,新指令力求确立一个双重管理框架:一方面,对传统视听服务或在线服务维持最严格的监管,变更部分管理要求;另一方面,建立针对非线性服务或按需服务的最基本的原则。即使新指令的根本目的是规定关于“视频点播”的视听服务的要求,即使这些现有的条件很有可能并不是最令人满意的,我还是相信提出这些标准是明智的,因为它们在传播领域内区分了两种供应商和两种规制模式。

总而言之,应有两种规制模式:一种是针对最传统的视听服务——普通电视——供应商的最严格的规制;另一种是针对其余可以通过有线的方式或互联网接收到的、需要个体积极行动的视听服务供应商的规制。有些内容可以通过被动的方式接收,与个体不会相互影响;其他内容则需要与个体的互动。新指令在任何时刻都不适用于无线电广播媒体和书面新闻。我的观点是,要遵守应用于视听传媒服务的标准模式,并将其传递给多媒体传媒服务的供应商,换言之,在多媒体传媒网络中使用不同传播介质的服务供应商。视听媒体这一概念的某些部分因网络新闻的出现而受到影响。传统报纸内容在网络上出现和在数字化形式的数字媒体上的出现,一定程度上超出了传统视听传媒的概念,并带来了一个更一体化的概念,即多媒体传媒。

我认为，由个体被动地接受的线性服务应继续作为新指令规制的主体，而其余所有类型的供应商（包括广播服务供应商）应受到类似于新指令规制的最基础制约，尤其是：

> 欧盟成员国要保证其管辖范围内的视听传媒服务供应商的用户能方便、直接且稳定地获取服务，至少可以获取以下信息：
>
> a) 传媒服务供应商的名字；
>
> b) 传媒服务供应商所处的地理位置；
>
> c) 用户快速与传媒服务供应商取得联系、开展直接有效对话的信息，包括邮箱地址和网页地址；
>
> d) 如果有必要，包括管理机构或主管负责人。

新指令第3条规定，成员国要通过合适的方式，保证其管辖之下的供应商所提供的视听传媒服务不会煽动种族、性别、宗教或民族仇恨。

此外，所有的多媒体传媒服务供应商都必须遵守各国的宪法，遵守宪法关于言论自由的规定与限制。我相信这一点表明相关部门对宪法及规制管理都了然于心，可能会有助于规制的实施。

2.根据特定供应商对其受众所产生的影响力的不同而制定不同的规制方式

在本研究的第一部分，我们就已经知道，传播世界是和媒体的出现、扩散及最重要的集中过程同时存在的。我们已经了解了美国媒体集中过程的数据——这对研究人员而言是最为触手可及的——欧洲也正在经历着相似的过程。比如，意大利有占据霸权地位的梅迪亚塞特传媒集团，德国有贝塔斯曼集团，法国有布依格集团。荒谬的是，在西班牙，频道的增加和电视模拟频道的开办都与一个偶然形成的联盟有关，就像普利萨（Prisa）广播公司和梅迪亚塞特公司的关系一样。由梅迪亚塞特公司主导的西班牙电视5台，及安特纳3台（Antena，其三大股东分别是普兰特那、迪亚哥出版集团和RTL集团），这两个大型视听传媒巨头正逐渐成形。导致这一集中的部分原因是电视台都希望在收视观众日益分化的今天争取到重要的观众。观众日益分化的局面提高了电影版权和体育赛事重播权的价格，以及改进电视模式的成本。

在欧盟，针对线性多媒体传媒服务供应商，也就是传统电视服务供应商，有一个明确且清晰的规制模式。这里我们不讨论第一个规制，因其涉及了公共运营商。公共运营商具有公共主体性质并参与各国公共服务，应成为最主要的规制对象，以确保其履行公共服务职能。对于私人线性服务供应商而言，唯一的区别是其规制基于社会影响力而制定。如果一家私人线性服务供应商在特定观众群体中有巨大的决定性影响力，那么为了保证多元化和多样性，监管部门的介入就是有意义的。接下来我们会看到，如果一家私人线性服务供应商在公共领域发挥极其重要或主导的作用，为了保证多元化不受侵害，它就会成为监测对象。

但是，这一区别对监督供应商遵守法律情况的监管部门也是适用的。在传媒碎片化和多渠道化的背景下，监管部门必须能识别规制的本质核心，同时优先对那些在特定群体中有影响力的供应商进行最高级别的监管。

总之，监管的基本标准有两条：线性和非线性以及在特定群体中影响力大小。显而易见，这除了涉及供应商私有属性，还涉及其公有性质。比如，一家公有的线性多媒体服务供应商在特定群体中有很强的影响力，如法国2台，在面对高强度的监管和监管部门高强度的监督时，这家公有线性的媒体服务供应商仍须满足三项硬性条件。TF1是法国的一个私人频道，在法国境内有较高的收视率。虽然是一个私有的频道，但它须满足两个条件：提供多媒体传媒线性服务，以及在法国公共领域具备较强的影响力。新频道 Direct8 专注于纪录片和通信报道，提供线性多媒体传媒服务，它仅须满足一个条件，因为它在法国公共领域的影响力较弱。很明显，为了介入无线电空间，Direct8须遵守常规规制。但是，要求它履行其他公共服务义务是没有意义的；同样，监管部门，比如法国最高视听委员会，也没有必要对其信息进行监管。当法国最高视听委员会不得不开始非常细致的内容监管时，它的受众会不断提出合理的抱怨。

对（大部分）非线性多媒体传媒服务供应商而言，监管应该是识别节目制作者。这么做是为了明确其职责，杜绝某些正在危害信息质量的神秘主义，以及像新指令所指出的那样：避免煽动种族、性别、宗教或民族仇恨。

第三条规制：应保证言论自由及公共领域的平等、文化多元化与多样化

第三条规制条款是由两方面组成的，侧重于多媒体的社会角色和政治角色：（1）保证言论自由，（2）保证公共领域的平等表达，并进而确保文化多元化与多样化。

1.保证言论自由

言论自由指的是人们可以自由表达、谈论、交流，且不受事前审查。言论自由不仅仅包括个体在语言表达上的自由，还包括用任意媒体搜索、接收和传播信息观点的自由。根据《世界人权宣言》第19条，言论自由是人权的一部分，《经济、社会及文化权利国际公约》第19条和第20条有关于国际人权的相关规定。[①]

在言论自由的理论基础中，英语国家的自由主义已经广泛占据决定性地位。此理论最初由约翰·弥尔顿[②]提出，之后被约翰·洛克[③]发展，在约

① http: //www.un.org/spanish/depts/dpi/boletin/humanrights/pidcp. html.

② MILTON, J. *Areopagitica: A speech of Mr. John Milton for the liberty of unlicensed printing to the Parliament of England*. Santa Bárbara: Bandana Books, 1992.

③ LOCKE, J. *Two Treatises of Government*. Ed. Peter Laslett. Cambridge: Cambridge University Press, 1988.

翰·穆勒[①]时代达到顶峰。另外，孟德斯鸠[②]、卢梭[③]、伏尔泰[④]、西耶斯[⑤]这些法国大革命家和启蒙运动的先驱也在推翻旧政权，倡导代议制、民主制及更宽容的社会制度及政治理论等方面发挥了重要的作用。事实上，宽容是十七十八世纪思想家们在面对由宗教战争和宗教迫害所引起的流血冲突时激烈争论的价值观念。17世纪末，英国在北美洲的殖民地接收了大量从欧洲宗教冲突中逃出来移民。他们是第一批将英国和法国思想家的理想付诸具体实践的人。也许，美国革命，这场为脱离英国殖民统治的斗争，正是洛克、霍布斯和卢梭的契约精神与自由主义基本原理首次具体化的表现。至今，《弗吉尼亚州宪法》作为费城制宪会议的前奏，是理解北美脱离英国殖民统治这一历史性、革命性改变的关键部分。乔治·梅森、托马斯·杰斐逊和詹姆斯·麦迪逊都曾主动在费城制宪会议上以不同的立场参与制定宪法和确定自由民主道路。在这一意义上，美国革命有着不输于甚至超过法国大革命的重要地位。法国大革命包括了现代、民主和现代人权的价值观，代表与专制制度的决裂，预示带有不同甚至相反性质的制度的到来。相反，美国革命是与殖民专制的决裂，预示着一个比较民主的资产阶级民主体制的到来。

这是美国革命的伟大意义之所在。汉密尔顿和华盛顿也参与了费城制宪会议；《权利法案》是对政治自由主义的伟大贡献，保护了北半球发达社会里自由制度的本质核心：言论自由、结社自由，包括充分的宗教自由和政教分离。和这两者一样，费城制宪会议确立了自由制度的另外一些根本原则：除了《权利法案》，还有人民直选代表[⑥]——由参议院代表各州——三权分立和权力之间的制衡、

① STUART-MILL, J. *On Liberty*. Lanham, Md. Oxford: Rowman & Littlefield, c2005.

② MONTESQUIEU, CH. L. *L'esprit de lois*. Flammarion. París, 1993.

③ ROUSSEAU, J. J. *Du Contrat Social*. LGF. París, 1996.

④ VOLTAIRE. *Tratado sobre la Tolerancia*. Espasa Calpe. Madrid, 2007.

⑤ SIEYES. E. J. *Qu'est-ce que le Tiers état*. Editions du Boucher. París, 2002.

⑥ 一些州，像弗吉尼亚州，还通过财产资格限制来剥夺公民的选举权，保留着某种按人口比例投票选举的方式。几十年后，这些限制将被取消。

法律的首要地位和联邦制度。言论自由、结社自由和宗教自由到现在依然是这一场美国实验中的要素，这些都为美国社会留下了进取精神和个人主义的痕迹。

1791年，《第一修正案》得到批准。当时，言论自由这一理念已经深入人心。有人相信，如果没有言论自由和信息自由，或过分的言论自由及信息自由，那么民有、民治、民享的政府将不复存在，公民将不可能行使公民权利。

《论美国的民主》作为众多现代政治科学的著作之一，至今仍是理解美国政治运行体系的参考。在书中，阿历克西·德·托克维尔发现出版自由和媒体数量激增是美国这个新国家的基本方面之一。“在美国，虽然每一家报纸个体的力量是微弱的，但是报纸拥有仅次于政府的权力。”[①]这个由托克维尔提出的言论自由模式是美国民族特有的价值观和特点。国会永远不会制定针对媒体的法律。[②]在对《第一修正案》多次不同的甚至是矛盾的解释中，出于各种目的，联邦最高法院已经裁定了在可能对第三方造成损害的情况下或避免干涉限制管理行为的情况下，自由传播行为处于首要地位。[③]不管怎么说，在著名的美国红狮广播公司一案的审理中，联邦最高法院认为：“这是观众和听众的权利，而不是传播者的权利。这是公众正当地参与社会事务、政治事务、艺术事务、道德事务和其他关键主题的权利……”[④]这在某种意义上开启了行政干预的大门。

除了费城制宪会议上提出的《第一修正案》和彻底的自由主义体系，我们还应知道《1934年通信法》也通过了所谓的公平原则。这是一个关于无线电广播媒体的公平原则。在第315章，它要求

---

① TOCQUEVILLE, 1993: 175.

② 两条法律除外：《1966年报业保护法》允许不同报纸公司在不对出版行业造成不良影响的前提下联合经营；《2009年报业保护法》保证记者信息来源保密性。

③ SCHAUER, F. *Free Speech: A Philosophical Enquiry*. Cambridge: Cambridge University Press. BOLLINGER, L. *The tolerant society: Freedom of Speech and Extremist Speech in America*. Oxford: Oxford University Press, 1986. KARST, K.L."Equality as a central Principle in the First Ammendement". *University de Chicago Law Review*, 1975, pp.20-68. KALVEN, Jr., H. *A Worthy Tradition: Freedom of Speech in America*. Richard Polenberg, 1988.

④ *Red Lion Broadcasting*. CovFCC 395 US, 367, 39, 1969.

无线电广播的运营商在选举中向所有符合法律要求的政治候选人提供“公平的机会”。但是，这一美式民主的原则是基于个人自由主义社会而存在的，在这个社会中，言论自由、结社自由和宗教自由都受到宪法的彻底保护。社会的宪法文明、政权自由持续两百年，促进了包括国家价值观、国家特性、国民身份等方面的自由主义文化的发展。然而，今天出现了一些不同的政治观点，它们担心媒体丢失集中性、单一性、“职业化”和多元化。另外，美国大型经济金融集团之间的联系和传媒领域的五大巨头使美国传媒系统特有的两种价值观岌岌可危：媒体系统的高度多元化和高度竞争[①]，以及本地主义，即在一个国家的不同地区由当地的媒体提供服务。不管是广播联合经营，还是电视联合经营，都在传播日益相似的内容，并逐渐去除本地化，导致公民知晓的信息越来越少。

同时，为了保护人权和基本自由，大多数欧洲国家都遵守前文提到的1950年11月4日的《罗马公约》。《罗马公约》的第10条提到了言论自由。我们要知道，虽然电视、电影和广播会事先受到权威机构的监管，但言论自由也包括接收、传播信息和思想的自由，是不应该受到公共机构干涉的。在民主社会，这些自由的实现也要满足一些特定的条件和受必要的限制。由于可以预见到来自公共权力的高强度监管，这一模式的自由主义并不彻底。事实上，或许是由于纳粹主义和纳粹大屠杀的历史，部分欧洲国家（比如德国和法国）的法律已经部分限制了言论自由，并对媒体进行监管，甚至是过度监管。

社会自由的规制模式确实是基于对自由交流的言论自由和信息自由——自由传播——的尊重和保护，这被认为是一项基本的价值观。现在，也许和极端自由主义模式不同，它更关注表达的形式、提法、第三方反应和社会的责任。对言论自由最明显的限制是对煽动情绪、诽谤、侮辱和仇恨

① 这一概念在Abams v. United States250 U.S. 616 (1919)审判中由法官Oliver Wendell Holmes Jr. 使用。这一判决结果以书面的形式指出，对事实最好的检查就是让观点的力量被市场竞争接受。

的传播的管控。例如，根据西班牙宪法，言论自由同其他法律的规定产生了矛盾，比如，“名誉权、隐私权、肖像权和对儿童与青年人的保护”。同时，只有以司法判决为依据才能冻结出版物：“只有司法审判能作为冻结出版物、录音和其他信息媒体的依据。”[①]

虽然布什用了一些手段隐瞒某些关于伊拉克战争的信息，虽然贝卢斯科尼政府在筹划一个以限制司法机关和媒体活动为目的的法案（法案能否获得支持尚不得知），但是言论自由或许并不是这些国家当前的主要问题。高度的言论自由和低成本、创新沟通渠道的技术手段扩大了沟通范围。在第一章，我介绍了存在于多渠道传媒和公司集中过程中的压力。黄金时段[②]很有可能被大型传媒公司或一些公共视听主体获得，而剩下的受众归属大量碎片化的、面向本地市场的媒体，或带有具体的活动、价值观、意识形态和派别的媒体。

仍有一些其他问题，比如之前提到的美国在言论自由方面存在的问题。这些问题是由所有制的集中和相近性的缺失导致的。但是，还存在着另外三个关于自由体制的普遍问题：信息加工过程中对内容的选择、由运营商主导的内容平庸化趋势和真实与高质量信息的缺失。接下来是对这三个问题的分析。

（1）对内容的选择。在第一章，我们了解了那些事实上有强大舆论影响力的拥有黄金时段的媒体受大型门户、信息流控制者的领导，这些大型门户和信息流控制者决定大型网络媒体的顺序和优先性。当地新闻会改变，但是我们会遇到相似的节目编排。没有在媒体中出现的事物就像不存在一样，至少对于大众而言是不存在的。大型公司和可信网络连接影响并控制着黄金时段，如在电影院或电视里播放电影的黄金时段，或大型美国电视剧的黄金时段，抑或世界性新闻电视节目的

① 依据西班牙国家法院胡安·德·奥尔莫法官应用这一法规做出的判决，《星期四》杂志于2007年被冻结。这一法令表明，其1753期的封面是“明显的诽谤和故意的名誉损害”。该期封面是一幅讽刺画，画上是阿斯图里亚斯公主在发生性关系。

② 这一概念被广泛使用。我所理解的媒体黄金时段是指无论使用何种媒介，都能拥有大规模受众连续或准时收看或收听的时段。

黄金时段。皮埃尔·布尔迪厄收集了法国不一样的实例，并在法兰西公学院的一场著名报告中指出："在自由主义信条下，垄断带来同一化，竞争带来多样性；就此，当记者和日报遭遇同样的强制管理、同样的调查和拥有同样的广告商（只需要看到记者从一家报纸到另一家报纸的便利条件）时，它们之间的差异将消失。我们只需要比较法国不同周刊封面在15天内的差别：广告的标题或多或少地在模仿其他广告。同样的情况还发生在广为传播的电视与广播内容中：相比起来较好的是，或者说更差的是，改变的只是新闻的顺序。"①

我们如果留意美国电视台（美国广播公司、美国有线电视新闻网和哥伦比亚广播公司）主要频道的新闻板块中任意一天的重要新闻，就能发现，各电视台的新闻议程和顺序在很大程度上是重合的。唯一一个提供不同内容的频道是福克斯新闻网，不同之处在于，它的主题、内容处理，及有时极端且具有攻击性的右派共和党的意识形态立场。在欧洲，虽然情况有所不同，但是在综合频道也发生着相似的情形。在国际政治领域似乎存在着新闻的一致性和解读的一致性。达沃斯是新闻，阿雷格里港则不完全是、甚至完全不是新闻。

我同意皮埃尔·布尔迪厄的观点："不管是在日常交际领域，还是世界范围内，政治斗争的主要因素之一都是强加一些世界观，使人们戴上有色眼镜，从而用特定的方式看待这个世界……"②正如我们看到的一样，全球化也是使世界同一化、标准化、一致性的一种方式。大型传媒集团的集中就是对全球化试图统一世界的回应。虽然传媒服务供应商逐渐出现，比如半岛电视台、南方电视台等媒体，并试图采用另一种叙事方式，但是这符合其在政治决策和全球公民价值观中产生影响的意图。

对上述问题的监管不应是一个固定形式，而

① BORDIEU, P. *Sobre la televisión*. Barcelona, Anagrama, 1997, p. 37{1996}.

② BORDIEU, 1997: 29.

应是编辑的责任。不能以具体的方式对这些问题进行限制，而应以增强编辑人员责任感的形式进行。监管能提高运营商的责任感及价值观的多样性。

（2）内容，尤其是信息平庸化和肤浅化的趋势。克罗托和霍因斯认为，电视日益庸俗化和倾向于制造轰动效应，并且从“危言耸听，负面，着眼于大事件而非主题、名流而非政治，碎片化和肤浅化，更重视策略而非本质”[①]的角度分析新闻。因奈拉里提认为，媒体内容是“经过挑选的、不稳定的、危言耸听的、简化的、情绪化的、简要的。对于媒体而言，这个世界就是一件丑闻和一个灾难”[②]。这是拥有大量观众的媒体共同的发展趋势。在罗伯特·麦克切斯尼看来，美国商业部门对控制媒体、实行民主政治有负面影响：“存在一种使人们在国家大选期间失去对政治的关心，造成公民冷漠、自私的政治文化。”[③]在尼尔·帕斯特曼看来，“所有的电视讲话的中心思想都是娱乐”[④]；出于各种目的，这一思想适应公民参与社会进程的行为。这两种立场——关于媒体在商业上的从属关系及其方针——都在乔瓦尼·萨托利的分析中找到了大量的辩论理论框架：“当智人被猿人取代时，智人的感性语言和思维认知将被取代，取而代之的是猿人词汇量更少、语义更为贫乏的理性语言。”[⑤]

面对这一现实，规制是无能为力的。规制只能使编辑人员重新牢记其职责，并促进自我规制标准的发展，以避免过度追求轰动效应，比如对悲剧和不幸事件的报道。[⑥]

（3）信息真实性、质量的缺失。关于这一点的重要性，我将在“第四条规制”里进行分析。在这些影响言论自由的问题面前，规制并不能合法地

① CROTEAU, D./ HOYNES, W. *The business of media: corporate media and the public interest*. Thousand Oaks, Calif.: Pine Forge Press, c2006, p.211.

② INNERARITY, D. *El Nuevo Espacio Público*. Madrid: Espasa, 2006, p.42.

③ McCHESNEY, 1997: 7.

④ POSTMANN, 1985: 87.

⑤ SARTORI, G. *Homo Videns. La sociedad teledirigida*. Madrid: Taurus, 2002, p.52{1997}.

⑥ 可参照CAC的一篇关于悲剧事件报道的报告。http: //www.cac.cat/web/actuacions/index. jsp? mji%3D&MQ%3D-%3D&L3dlYi9hY3R1YWNpb25zL2xsaXN0YXRDb250-ZW50.

管理任何事务。规制能推荐、提议、提倡自主调节和道德准则，但是运营商和编辑人员手中仍然掌握着基本的控制权。这是他们的责任。或许国有媒体可以有方法对媒体的编排施加高强度的监管，这同时也是国有媒体的责任。这一领域的问题既重要又棘手，最好的规制是严格要求编辑人员增强责任意识，以及确保没有任何凌驾于言论自由之上的法律规定。

2.应重点保证言论自由及公共领域的平等、文化多元化与多样性

言论自由意味着在公共领域存在不同的声音。单一的声音和媒体将直接打破言论自由的原则。保证公共领域的言论自由意味着要有足够多的（媒体）言论，并允许不同观点和不同声音存在，以便公民接收认识这个世界的必要信息，进而行使他们的公民权。米克尔约翰是最早将言论自由平等这一思想理论化的学者："民主需要自由的公民，他们可以获得所有可以获得的信息，并基于这些信息参与决策进程和参与选举。在此之后，民主的合法性是基于公民的自由决策而存在的。"①

在本研究中，我们了解了公平原则在美国的作用。之前我们分析了大部分欧洲国家如何在20世纪50年代初追随英国广播公司的模式，通过国家公共机构来保证媒体内部的多元化。同时，我们也知道公平原则已经被美国联邦通信委员会弃用，而在欧洲，虽然国有运营商仍然占据着十分重要的地位，但是视听媒体的混合模式仍然存在。另外，包括电视、广播和互联网媒体在内的多种传媒渠道更好地保护了公共领域的言论自由。

当谈论多元化问题时，通常我们都会分内部多元化和外部多元化两方面来说。一般情况下，我们把内部多元化理解为媒体通过专业新闻②保证信息的最高真实性和对信息的最高忠实度，以及以最合适的方式收集不同群体的多元观点。一般

① MEIKLEJOHN, A. *Free speech and its relation to self-government*. Kennikat Press, 1948.

② 我想明确的一点是，我不使用信息中立这一概念，因为我认为这一概念是不可行的。一个运营商能够以中立的方式行事，但是信息和运营商的态度是永远不可能中立的。

而言，内部多元化是通过公有制的运营商实现的，他们是广播的管理者；或者是通过那些要求私有运营商保证信息真实性、忠实于信息，并谨慎反映社会中不同声音的规制政策实现的。外部多元化指的是存在足够数量的媒体，以保证社会中不同的政治倾向、社会倾向和文化倾向等都能得到反映，因此公民会检验不同的意识形态立场的媒体所传达的信息。外部多元化是前文提到的思想市场这一概念的分支。这一市场中存在互相竞争的媒体，它们能保证观点的多元化。在这个意义上，通过平等原则，人们希望获得外部多元化系统中媒体的最大平等。然而，这一模式也是近几年才出现的。

虽然有的学者将多元化和多样性分开，但我更倾向于将它们视为一个整体。为了了解多样性（包括但不限于文化多样性），最好的方法就是倡导媒体收集社会多元化及多样性效应。根据联合国教科文组织《文化多样性公约》，保证文化多元性是证明传媒领域公共干预有效的要素之一。

为了保证多元化与多样性，我建议采取以下监管行为。

（1）要求公共运营商和编辑人员长期遵守内部多元化原则，并采取必要手段保证这一原则的执行。基于最真实信息、对信息最忠诚、通过专业新闻实现的多元化，能保证以合理方式反映多元化的不同观点和情感表达。在“第五条规制”中，我会介绍这些公共运营商的转变。

（2）在部分欧洲国家，所有运营商和编辑人员都应遵循这一标准。以法国和德国为例，我支持贝克的方式，即较少干预以避免媒体的过度集中。贝克的观点也适用于报纸行业：“这些特殊的义务，即针对多元观点和声音的平等原则，应该仅应用于报纸行业，使报纸行业强有力地进入市场并占主导地位……这些措施既有助于共和党包容性演说的发展，也有助于媒体在多元化自由主义演说中发挥作用。”[①]

我认同贝克的观点，公共领域中的民主运作需要采取措施来保证多元化，措施之一如上所述。但贝克建议将多元化举措应用在书面新闻上，我知道这是一个复杂的问题，我的建议是部分合并这些规制；但我仍认为这一问题不应只交给市场和私人监管，而应以透明、保险、合理的方式且按比例交给社会监管。

（3）设立机制和标准来约束有重要意义的政治、社会团体与公有制运营商的接触。多个欧洲国家实行这些标准，并允许党派、宗教团体、工会、非政府组织、各类文化团体进入公共领域。就我们社会的凝聚力而言，这一方式不同于小电视频道的一体化。以荷兰为例，电视频道须分配给不同社会、文化和宗教团体。这些普及标准不能为了实现某些目的而施加到私人运营商身上，除非相应的授予许可证活动已经提出此类措施并承诺实施这些措施。这些准入标准虽然不足以促进社会、文化等领域的多元化，但很可能是唯一合法的措施。

（4）设立更加透明的机制，使监管部门有多样且独立的结构，并以此作为实施规制的必要条件；这些规制包括保证媒体系统的多元化。监管部门的一个常规职能是关注媒体的多元化。现实是更不稳定的，但是当监管部门多样化且独立时，它便可以关注这一领域的多元化，且它的解决方式的效果将非常好。

第四条规制：监督节目质量、信息的真实性

这也许是最棘手、最复杂、最常被讨论的一条标准，同时也是未来几年社会自由主义的监管部门的首要任务之一。这条规制或许不适合极端自由主义，但被认为是社会自由主义内最好的规制。最好的规制其实并不存在，然而这种说法也有一定道理：以客观

① BAKER, C.E.*Media Concentration and Democracy*. Cambridge: Cambridge University Press, 2007, p.187.

性来界定什么是高质量的节目几乎是不可能的。可能存在关于信息真实性的不同定义，但均为很复杂的概念。这里我们仅分析供应商提供的常规内容。

1.避免内容偏差、减小垃圾电视节目比例的唯一合法手段为时限保护

虽然在上述电视内容中定义"质量"一词的含义是非常困难的，我仍认为每个人都对此有不同的见解，不管是对节目的形式、应用资源、美学的认识，还是对道德观念的见解。当我们看一个娱乐节目、电影或新闻节目时，我们会留意节目在制作时是否使用了合适的资源及技术。此外，我们还会注意到节目是否制作精良，是否有好的剧本，是否有谨慎的审美，是否以随意的方式制作：这应该是从美学角度出发的考量。但是，我们也会注意到这个娱乐节目、电影或新闻节目是否遵守最基础的道德准则，即是否符合道德标准。因此，对电视节目的评估可以依照这三个标准。

除了公共电视台和中欧、北欧、美国及加拿大的私人电台，包括TVC电台和现在的西班牙电视台，大部分电视频道制作的内容趋于垃圾化，尤其是在黄金时段播出的内容。第一章分析了多媒体网络、电视娱乐节目、虚构作品和商业广告体现的象征性权力。西方国家大部分电视节目内容质量下降的问题日益严重：娱乐节目都向真人秀靠拢；在西班牙等国家，大多数私人电视台的娱乐节目采用真人秀的形式，即垃圾电视节目的形式；在这些节目中，人们大声叫喊，并以十分不礼貌的方式讨论私生活、情事及矛盾冲突。加泰罗尼亚视听委员会于2006年1月在《关于垃圾节目的思考和建议》①中提出以下定义：

> 垃圾电视节目不是一种特殊的电视节目类型，也不局限于娱乐节目，尽管娱乐节目的特点是有最多的无下限的内容……
>
> （1）……

① http://www.cac.cat/web/actuacions/index.jsp?MjI%3D&MQ%3D%3D&L3dlYi9hY3R1WNpb25zL2xsaXN0YXRDb250ZW50.

（2）……

（3）我们了解到，垃圾电视节目的主要表现形式有真人秀、谈话类节目，更有甚者，这些节目的一些特色环节占用了其他新闻节目的播放时间。

（4）一些核心节目，如真人秀、新闻节目、竞赛或其他的节目，是电视垃圾节目这一命名的由来。这表明了垃圾电视节目不是一个种类，而是指在特殊情况下及特定节目的节目质量普遍下降。

（5）节目质量下降是因为聚集了众多影响节目质量并带来垃圾电视节目的因素。这些因素中的大部分与破坏基本权利及对民主或公民价值思考的缺失有关，比如蔑视人的尊严、不尊重私生活或隐私和使用张扬、粗鄙、不知廉耻的语言。这常常将那些为换取电视带来的名气或经济收益，而自愿被操控的人的生活变成节目内容。

（6）为了获得高的即时收视率，有些频道播放那些有着最廉价、最易制作的内容，轻易便违反隐私权，言语粗暴，强化性别偏见的电视节目。如此一来，垃圾电视节目能产生一个特殊且当即有效的造星系统，这一系统将占据整个电视屏幕，从而导致多种电视节目种类和形式混合。

我之所以使用2006年被提出的垃圾电视节目的定义，是因为这一定义清楚地反映了电视节目内容质量下降这一现象。不幸的是，从2006年至今，这一现象已经蔓延至其他国家和其他的开放频道，这些国家和频道被迫降低节目成本并追求收视率达到最高，导致广告流失和危机降临。在一个着眼于卖惨、恶搞的社会，受象征主义影响，人们将隐私和私生活卖给出价最高的竞拍者，这影响了社会的价值观和社会化进程。在一些社会里，电视就是一个愚蠢的工具，变成了生产让人失去理智的新型鸦片的工厂，有如“不知所措的羊群”[①]。

多年前，尼尔·波兹曼说：“在电视的统治下，这个世界会变得凋零和荒唐。”[②]在电视世界里，公开演讲、公民舆论都显得粗糙而荒唐。“我们的语言就是我们的媒介，我们的媒介就是我们的隐喻。我们的隐喻创造了文化的内涵。”[③]视听语言的力量就是隐喻为我们带来的，换言之，这就是我们的符号系统、所指物和假想，这创造了我们的文化和价值观，我们在其中和睦共存。

垃圾电视节目充满各种隐喻，甚至在儿童节目时段播放充斥着暴力的画面，很多时候还是免费节目；还有那些胡编乱造的电视剧，剧情离奇荒诞但毫无逻辑和主题思想；电视节目基本上以满足人们肤浅的娱乐需求为目的。看到这些，我们也没必要对周遭的肤浅文化和其他许多现象大惊小怪了。我们的文化太依赖于市场、工业要求和大众娱乐，它们无法构成所指物、“身份”符号和“群体”符号。在流动社会里，一切都是可以消散的，包括“历史”和神话；所指物会消亡，文化也一样；公共空间日益变为私人所有。波兰哲学家齐格蒙特·鲍曼[④]在他的研究中指出，在现代社会里，一切都是可流动的、可消亡的，并且是短暂存在的。不稳定性是我们这个时代的标记；我们的世界被科学与技术所控制，以毫无方向、令人眩晕的方式发展着。加速被强加于永恒之上，创新被强加于传统之上，速度被强加于平静之上。现代文明“似乎更像一个有距离感的、不连续的、被遗忘的文明”[⑤]。他的分析与新黑暗时期的理论很接近。鲍曼坚持“公共空间的重建”，“所有人都能在个人和集体之间、在公共利益和私人利益之间，以及在权利与义务之间开展连续对话”[⑥]。但是为了完成公共空间的重建，兼具娱乐价值和思考价值的叙事是必要的。这是信息社会中最具迷惑性

① CHOMSKY, N. *Media Control*. Nueva York: Seven Stories Press, 1991.

② POSTMANN, N. *Amusing Ourselves to Death. Public Discourse in the Age of Show Business*. Nueva York: Penguin Books, 1985, p.16.

③ POSTMANN, 1985: 15.

④ BAUMAN, Z. *Vida líquida*. Barcelona: Paidós, 2007.

⑤ BAUMAN, Z. *Els reptes de l'educació en la modernatat líquida*. Barcelona: Arcadia, 2007, p.34.

⑥ BAUMAN, Z. *Els reptes de l'educació en la modernatat líquida*. Barcelona: Arcadia, 2007.

的一个矛盾：虽然信息允许大量的观点沉积、计划沉积和人的价值沉积，但在这样一个不稳定的社会里，我们的信息具有暂时性、肤浅性，社会群体也有摇摆性。这是一个基于过分靠近、过分娱乐、过分表面、过多情感和几乎一致的多余的“文化相对主义”而存在的社会。

在这一过程之前，规制只能有推荐、建议和提倡线性多媒体服务供应商的社会责任，只能在受保护的时间表上施加依法制定的标准。这是唯一的道路。时限保护的解读标准为：保证早晨6点至晚上10点上述节目不会出现在电视荧屏上。这种时限保护在中欧和北欧等国家比较常见，西班牙并没有类似的规制。时限保护来自一项欧洲指令，这一指令规定了那些会对未成年人产生不好影响的内容将不能在上述时间段内播出。为了杜绝上述时间段内的垃圾电视节目，几乎所有的欧洲国家都选择了这条道路。如果西班牙希望电视节目的内容是有尊严的，哪怕不是完全沿着这条路前进，时限保护也不可或缺。

2.留意信息的真实性和对信息的忠诚度，区别报道与观点

传统报业一直在捍卫两个前提：一是根据“事实是神圣的，而观点是自由的”这一原则来区别报道与观点，二是清晰地区分报道和广告。现在我们的处境刚好相反：“事实是自由的，而观点是神圣的。”一个重要媒体的负责人甚至曾辩称报道的“可信度”是真实性的一个标准。同时，在该标准被付诸实践时，受众如何清晰且如愿地区分信息与广告也遇到了问题。

在我看来，有三个理由可以解释专业新闻这两个基本支柱所遇到的问题：市场的激烈竞争、所谓“专业”报纸可信度的缺失和极端保守主义对美国近乎全方位的冲击。

第一，行业内确实存在激烈的竞争，竞争的原因包括频道增加、广告的衰落和流失、经济危机、充满不确定性的行业前景、该职业的劳工流动频繁、媒体的集中，以及媒体与经济、金融和政治势

力间的相互关系。这些因素倾向于对早年已经获得大量收入、目前正经历严重经济危机、前景不明确的周围环境施压，进而导致传媒行业的衰退。如果再加上北半球国家严重的经济、政治和社会危机，我们便能很好地解释信息领域的衰退。同时，高收视率扩大了信息的影响力。正如克罗托与霍因斯分析的那样，“危言耸听的、消极的大事件优先于主题新闻；名流优于政治；新闻碎片化和肤浅化，更多地提倡策略而非本质”[①]。正如我在“第一权力”中分析的一样，某些运营商已经能制造明显的错觉，比如某些美国电视频道在伊拉克战争中的所作所为。

第二，所谓的“专业”报纸缺失了可信度。根据麦克切斯尼的观点，专业新闻的概念出现于“美国进步时代之后”。聪明的编辑人员明白，如果报纸希望获得可观的商业收入，就需要以中立、无党派的姿态出现。从1920年起，哥伦比亚大学、西北大学、密苏里大学和印第安纳大学的新闻学院推动了这一学说的建立。它的重点是分割记者的所有权，进而使他们有最大的自主权并根据职业标准来工作，而不是为了所有权而工作或为了商业公司而工作。[②]

这种“专业”新闻或“自由”新闻在某些国家，尤其是美国、加拿大和英国，标记了一个时代，并因为与公司的合作过于密切和渐渐逝去的独立性而受到质疑；因此，我同意麦克切斯尼的这一观点：“在既没有所谓的意识形态环境又没有所谓的信息环境的情况下，专业新闻加速了公共关系的产生。因此，‘专业’新闻和‘公共关系’之间存在密切联系。”[③]有的媒体，比如英国广播公司，仍然保持着很高的专业性，这或许是因为它有真实的独立性，正如我们在前文中看到的一样。英国广播公司专业新闻的模式直到现在还是参考模式之一。

第三，美国媒体在20世纪80年代末出现美国宗教矩阵新浪潮和极端保守浪潮。宗教矩阵主要

① CROTEAU, D. / HOYNES, W. *The business of media: corporate media and the public interest.* Thousand Oaks, Calif; Pine Forge Press, C2006, p.211.

② McCHESNEY, R. *The Political Economy of Media.* Nueva York: Monthly Review Press, 2008, p.29.

③ McCHESNEY, 2008: 33.

得益于无线电支持[1]，继而在20世纪90年代得到了电视的支持。宗教矩阵通过私人频道或者新闻频道让具有挑衅性质的极端保守主义者发声。比如，福克斯新闻网以具有挑衅性质的无线电谈话节目，系统性地、持续地对抗那些不符合其价值观的意识形态和政党。如果20世纪80年代的电视布道者有能力通过无线电说“艾滋病是通过索多玛和蛾摩拉传播的”“流产是希特勒在纳粹集中营中的暴行的延续”……[2]那么，福克斯和默多克新闻集团这种有着极高收视率的频道会声称“奥巴马是种族主义者”，或更为简单的“医改法案的目的是谋杀婴儿”。这些日常攻击一直持续到奥巴马总统谈到福克斯新闻网并承认“我订阅了一个电视频道，这个频道专门攻击我的政府……对您来说，如果想找到一篇正面报道我或我的政府的文章，那一定很困难”[3]之时。这种类型的广播电视频道在拉美也同样存在，似乎还想进入西班牙。[4]

在极端自由主义规制模式下，充分尊重言论自由的标准是不能公开挑战的，美国联邦通信委员会和法院也不可以干预。在社会自由主义制度下，这一标准的界限不十分清晰。英国通信管理局已经惩罚了多家广播电视服务供应商，原因是其内容“煽动仇恨”或“带有歧视”；同样的情况也发生在法国。在西班牙，扣普电视台案和加泰罗尼亚视听委员会的报告还处在缓慢的司法程序中。随着多媒体线性服务供应商的增加和信息政治化的发展，这一现象的出现将日益频繁，并且我们会看到相应的社会和监管部门的反应。加顿·阿什在一篇2010年发表的文章中说：“美国的福克斯新闻网的追随者们……是的，

---

① LITMAN, B. R. /BAIN, E. *The Viewership of Religious Television Programming: A Multidisciplinary Analysis of Televangelism*, 1989. AGUDÍEZ CLAVO, P."Los telepredicadores, los talk shows y la primera enmienda", en CIC (*Cuadernos de información y Comunicación*), n.º1, pp.143-156. Madrid. VALENZUELA, E."Religión con mando a distancia. Los telepredicadores". GEO, n.º12, enero de 1988, p.26-30. HORTON, M."The Agony of Deceit. What some TV Preachers are really teaching". *Journal of Psychology and Theology*, 18, 1990, pp.296-297.

② VALENZUELA, 1988.

③ http: //www. huffingtonpost. com/2009/06/16/obama-hits-fox-news-theyr_n_216574.html

④ 扣普电视台，尤其是在费德里科·希梅内斯·洛圣都时期，以及Intereconomia广播台、报纸和电视，都追随这一模式。

请吧！不完整的、有偏向性的报道！我们太喜欢了！面对民主世界中占大多数的、具有倾向性的媒体方向，英国广播公司的公正正在节节败退。”[①]也许，扣普电视台的观众也在想着同样的事情。

这是未来几年中最重要的话题之一。英国会允许包含片面的、有倾向性报道的开放电视或广播频道存在吗？法国的情况又如何？那么，德国会允许开放的频道和极端右翼势力结合吗？虽然纳粹思想处于被禁止的状态，这些极端右翼势力却带有不明显的纳粹性质。在美国，如果基督教、伊斯兰教的电视布道者出现在电视里并用相似的方式传教，那会发生什么呢？美国社会、美国法院和美国监管机构会有何反应？它们会坚持使用对《第一修正案》的同一个司法解释吗？

麦克切斯尼断言，媒体的现状可以用“专业新闻的局限和商业贸易对新闻的冲击”来解释。除了去政治化的新闻，保守主义和商业主义能很好地解释当前的情况。[②]

但是，我们是不是不再追求通过最专业的新闻来最大限度地获取真实信息了呢？监管可以干预吗？监管部门必须干预吗？在言论自由的领域，是不是只有司法部门能进行监管？

从社会自由主义这一思想开始，言论自由便和新闻的真实性联系在一起。西班牙《宪法》第20条d款指出：“要自由地接收和交流来自任何媒体的真实信息。为保护公民行使这项自由的权利，法律应明确相关的职业操守和保密原则。”最高法院提出的法律条款也涉及新闻的真实性：“一个直接获得的新闻与报道者的勤奋紧密相关，报道者应该也必须核实其报道内容的真实性……这意味着新闻已经是利用客观材料或有偿信息来源进行事先检验的对象……宪法受到了美国判例的影响；从1964年的《纽约时报》诉沙利文案中，我们能知道，当媒体知道发布的信息是假的或未细致

① *El país*, GARTON ASH, T."La lucha de poder en Internet", 27 de marzo de 2010.

② McCHESNEY, 2008: 66.

考虑其真假时，就得承担相应的责任。换言之，新闻不能骗人。”①

这是一项公民权利。如何保护这项权利呢？这将是未来几年的主要问题。当节目的编排多次明显与真实性原则相悖时，我支持监管部门采取监管措施。

随着新闻数量的增加及真实性的逐渐降低，大众面对新闻时不再思考其合理性和真实性，而持不信任和质疑的态度。在发达的工业社会，我们确实有言论自由的权利，但是另一个同等重要的权利却屈居第二位：获取真实信息的权利。真实性不仅仅是新闻行业的职业道德的一部分，也是新闻法规的要求。这将是未来几年的主要问题，并为民主的未来发展提供条件。

第五条规制：确保媒体的公民所有权和公有属性

在这一研究中，我发现在北半球的国家里，存在两种多媒体服务供应商的“所有制”模式或公共“属性”。欧洲模式最初是英国广播公司的分支，对此我已经做了详尽的分析；美国模式则是公共电视网系统，它的媒体有更多的公有制特点。

事实上，美国公共电视网系统于1970年10月5日建立，在林登·贝恩斯·约翰逊总统任职期间取得长足的发展。公共电视网系统在成立之初便承担了其前身机构——国家教育电视台——的很多职责，随后同其他公有的本地运营商合并。如今，公共电视网系统是一个非营利的、公有的视听服务供应商，总部在弗吉尼亚州的阿灵顿，拥有354个成员，成员多为非营利的基金会或社会团体。在美国商业网络的电视模式中，网络成员必须放弃部分本地节目的时间播放其他网络成员的节目。不同于美国商业网络的电视模式，公共电视网系统的成员不播放广告，并由国家网络支付获取信息的费用。虽然每一家本地运营商都

① ORENES RUIA, J. C. *Libertad de información y proceso penal. Los límites.* Pamplona: Thompson Aranzadi, 2008.

有很大的自由，但是它们习惯于通过网络播放一小部分节目。全国公共电视网系统和本地公共电视网系统都有来自少数公共行政部门的资金支持，这些资金来自基金会或捐款，或者直接来自观众。虽然报道的内容可信度很高，但是收视观众却很少。这个广播电视模式在不同国家主导着“评论”“第三部门”，甚至“教育”领域；也就是说，在这个系统中，大部分内容是由本地社区或社区中某社会团体指导并制作的，或者是由某个特定社会集体策划、指导并制作的，抑或被策划并制作成教育工具。这个情况在加拿大和拉美同样存在。有时候，它们会因为内容过于精英化、完全被视听系统排斥而受到批评。此外，近期也有人控诉此模式逐渐背离商业价值，因为观众数量很少。它们具有公共属性，掌握在私人团体、基金会或某个地方的行政机构手中。

然而，在欧洲、加拿大、澳大利亚和一些亚非国家，国有媒体是不一样的。这些媒体是公有的，同时有公共属性或受政府支持。通常来说，公共权力直接管理这些媒体，是这些媒体的所有者。在欧洲，公共视听媒体是欧洲社会模式中的一个重要因素，某种程度上是国家民主的保障。对欧洲大多数国家而言，公共媒体在欧洲公共领域框架中的定位是一个共同属性。1997年，《欧盟成员国公共视听系统条约》在《马斯特里赫特条约》框架下签署，其附件中第32号草案将公共服务直接与各个社会的民主、社会和文化需求，以及保护媒体多元化这一需求相联系。欧洲议会于2004年1月27日在第1641号草案中承认了媒体公共服务对加强公民社会、政治和文化权利的作用和增强社会凝聚力的作用。2009年7月2日，欧盟委员会也通过了一份关于国家为无线电广播的公共服务提供支持的新公告。这一公告确立了促进无线电广播公共服务发展、加强媒体公共或私人投资法律保障的明确框架。这一公告确定了指令的内容，并在不破坏竞争准则的框架下批准了视听传媒公共服务和全部或部分的公共资金支持。[①]

每一个欧洲国家都有不同独立程度的视听传媒服务供应商。之前，我们了解了汉弗莱斯[②]的分类方法。虽然欧洲法律允许公共服务掌握在每一个主体的手中，但我们还是在大多数欧洲国家的法律中找到了共同点。

（1）大部分的法律都允许国有媒体解除和政治经济势力之间的关系。关系是否解除很大程度上取决于国家的民主传统和运营商的规划。英国广播公司在成立之初便是一个独立的主体，至今仍保持着明显的独立性。在斯堪的纳维亚半岛和中欧国家，民主文化直接影响了两者关系的解除；准确地说，这些国家媒体的所有制为公有制，并带有公共属性。虽然大部分的法律都保证了媒体的独立性，但南欧和东欧国家的现状与此并不相同，可能会受到资金支持、行政建议、各国的历史变迁和不稳定的民主文化的影响，因此独立程度都很低。它们属于公有制，但政府特色更鲜明，或者说，有着意识形态的特色。同样的情况也发生在亚非的一些国家和少数有公有制媒体的拉美国家。南方电视台是一家公共电视台，近几年在拉美地区的影响力不断提高，得到委内瑞拉、玻利维亚、阿根廷、古巴、尼加拉瓜、厄瓜多尔和乌拉圭政府[③]的支持，基本已经提出南美大陆新闻整合规划，成为隶属美国的南美大陆新闻频道，就像西班牙的美国有线电视新闻网。虽然该电视台代表无线通信领域的一种声音，但它的立场仍是亲政府的。

（2）虽然大部分法律都保证从业人员的独立性与公正性，但是由于媒体的依赖性，事实却事与愿违。虽然有专业委员会和道德准则，但许多公有制媒体的从业人员很难负责任地、谨慎地完成自己的工作。事实上，在很多媒体中，编辑人员

① http://ec.europa.eu/competition/state_aid/legislation/broadcasting_communication_se.pdf.

② HUMPHEREYS, P. J., 1996: 111-159.

③ 南方电视台顾问委员会成员名单：Adolfo Pérez Esquivel, Ernesto Cardenal, Guardo Galeano, Tariq Ali, Saul Landau, Ignacio Ramonet, Richard Stallman, Danni Glover。

和管理层之间的关系都很紧张。选择主题，聚焦“敏感”问题，优先报道政府活动而不是反对党的活动，内部推广，这些问题更易导致日常紧张局面。

在一些公共电视台里，还存在着过多的员工编制和如公务员纪律一般的记者条例。这些条例无助于保护这一具有强大社会影响力的职业的灵活性、职业奉献和道德责任。新闻编制的“公务员化”在很多地方已经扼杀了必要的灵活性和创新性。

（3）保证提供尽可能专业、真实、多样且客观的新闻，同时保证社会群体、政治群体和文化群体拥有访问渠道。之前我们提到过，确保新闻的真实性和多样化的社会视角及受众群体的自由访问，或许是公有制和有公共属性的媒体的首要目标。

（4）保证节目质量。在前文中，我们已经确定了科技、美学和道德方面的要求，这三方面决定了视听节目的质量，因此公有制或公有属性的媒体必须严格遵守这三项要求，对节目质量的研究应该成为其第二个决定性目标。

（5）在公共领域追求高收视率。部分公有制或有公共属性的媒体选择面向特定精英群体或特定公共领域，这是不公平的。需要注意的是，这并不是指在公共频道设立专门的少儿频道或文化频道。作为一个整体，媒体提供服务时如果收视率不高，那么媒体也许并没有实现其本质目的。无论如何，我们要知道，公共媒体不能以牺牲新闻的质量和专业性为代价来获取高收视率。追求高收视率永远不能成为节目编排失衡的借口。我认为，公共频道的目标应该是以不同形式的节目扩大受众面，进而获取高收视率。

（6）资金来源透明以确保目标的实现。这也是我们能在不同国家的法律中找到的共同点之一。大部分中欧和北欧的国家都用租金体系或直接资费来给国有媒体提供资金支持。通常而言，广告是被禁止或被严格监管和限制的。这些租金和公共资费是国有媒体主要的资金来源。虽然有收入减少的危险，但这一模式是相对稳定的。[①]其他国家，如法国和西班牙，曾采用依靠国家拨款、公共捐款和广告收入的混合经营模式，但其政府已决定公共媒体严禁播放广告，原因是私人供应商为了从广告收益中分一杯羹而向政府施压。由于缺少明确的资金替代方案，这些严厉且果断的措施对这两国的公共运营商而言将是一个很大的问题。此外，再考虑到2010年实施的削减预算方案，毫无疑问，我们所处的环境是困难且令人担心的。

（7）透明的机制和问责制度。根据相关的制度体系内媒体的责任，为了不对其自治法律造成损害，大多数的媒体都预备了相关的措施来有效地保证有关运营商活动的控制机制、评估机制的运转。

虽然我们研究过的大部分法律都确立了这些标准，但是现实情况十分不同。公共模式产生危机的原因是，这些标准难以被遵守及独立运作。这些标准追求的永远是优秀的节目和新闻，是可以继续完善的。如果没有这种追求和自由，公有制或有公共属性的媒体将会失去其社会合法性。

大部分公共媒体危机都是由以下因素导致的：很多国家的私人供应商希望同时占有大部分广告收益，吸引大部分收视观众，获得更多的、仍掌握在公共供应商手中的访问权，希望直接获得本属于公共供应商的公共资金作为补贴。绝大部分私人运营商都是在印刷媒体领域实力很强的多媒体集团，有能力迫使政府和政党审查公共服务提供者的模式。批评和压力会导致社会合法性的丧失，这在一定程度上是失去质量、职业性和真实性规范的结果。

公共媒体必须在公共战场和社会战场中战胜对手，必须通过提供公共服务来获取社会合法性，就像英国广播公司，加泰罗尼亚地区、德国、法国等地的TVC一样，这些媒体有了合法性后，会带给政府和议会重重压力。现在，国有媒体必须

① 这是英国广播公司未来几年里可能遇到的问题。保守党从2010年5月起便和自由民主党组建联合政府。为了将这些资金用于支持新一代网络的发展，保守党为英国广播公司提出了较少租金的方案。

真正转变为公有制或有公共属性的媒体，并带有公民属性。有的国有媒体模仿私人视听媒体模式，这是完全没有意义的，是浪费公共资源。斯堪的纳维亚半岛上的和中欧的国有媒体有很高的可信度并获得大量的社会支持，但是在南欧和东欧，情况则完全不同。在这些国家，有一些例外的情况，国有媒体就像面向公民集体和国家集体、远离政治经济势力、对国家民主质量负责的公共服务供应商一样，必须打赢夺取合法性的战争。本研究的第一部分指出，通常情况下，媒体和多媒体网络经历了信息大爆炸和大型传媒团体合并的过程。此时，观众被分为两种类型：专业的碎片化观众和大批的线性服务环境中的观众。合并就发生在后者之中，线性服务环境中的观众质量和多元性岌岌可危。同时，这一部分观众更能对民主社会的成熟发展产生影响。国有媒体如果想拥有重要性和社会合法性，就必须在第二类观众中出现，并为其提供娱乐节目，教育节目和优质、专业、真实且多样的新闻节目。国有媒体必须从政府、政党和行业利益共同体的保护中脱离出来，因为它们已经导致了国有媒体的封闭化和精英化。

美国公共电视网和一些更加城市化、社区化的少数派媒体都处在麻烦之中。在社会自由主义中，公有制或有公共属性的媒体该如何获取社会合法性、更好地符合公共利益呢？

在美国，私人供应商占据主导地位，公共电视网的观众很少。在此背景下，克罗托和霍因斯提出，应建立一个标准框架来要求私人供应商履行以下义务："在大选期间，私人运营商应遵循公平原则，安排专门的竞选节目，并确保所有参选者自由访问。"[①]这一提案是否可行还不得而知，尤其是考虑到运营商对宪法《第一修正案》的不同解读。也许美国公共电视网的前景将会比欧洲的公共供应商的未来更加暗淡。在欧洲的社会自由主义背景下，我建议对那些在观众中不占主导地位的私

① CROTEAU, D. / HOYNES, W. *The business of media: corporate media and the public interest*. Thousand Oaks, Calif,; Pine Forge Press, c2006, p. 233.

人供应商进行普通监管，如同欧洲《视听媒体服务指令》要求的一样；或者相反，强化公有制或有公共属性的线性服务供应商的特点，扩大公民的参与规模以使其获得更多的社会合法性。

这些政府机构的分化和非政府化在一定程度上遵循了德国模式，通过共享公共实体的方式来实现。一些具有广泛代表性的政府理事会虽然没有其成员的专属奉献精神，但也足以保证对管理机构的规制和对公共服务任务完成度的规制。须重申的是，最基本的目标是去党派化和去政府化。去党派化和去政府化的路径可以是不同的，但大量的公民参与将有助于此。

不论如何，我坚信，如果国有媒体做不到的话，它们可能会失去社会合法性，并在接下来的十年内消失。对于所有相信传媒和新闻在培养多元、独立的观点和增强社会凝聚力的过程中具有决定性价值，认为新闻的真实性也是民主基本价值观之一的人而言，公共运营商有一个明确的、需要支持的根本任务。

第六条规制：建立透明的竞争机制，如果不利于多元化，就要限制集中化

先前我们已经明确，除了内容创作和版权管理之外，大致有三类主体参与多媒体通信网络。第一类是网络运营商（包括以前的电话公司，现在也是接入服务商；以前的有线电视公司，现在的网络运营商和接入服务商；还有专门从事网络接入的公司、卫星平台运营商）。第二类是信息社会服务管理者（包括搜索引擎管理公司，比如谷歌和雅虎；无编辑责任的内容包装服务管理者，比如YouTube）。第三类是负有编辑责任的线性或非线性多媒体服务供应商。

1.多媒体传播网络中的这三类参与者确定后，公共权力提出：在国家、区域或国际一级，一家公司不可能同时在两个或多个领域发挥作用。

诺姆认为："媒体现有的结构状况意味着集中程度将会更高，因

为从经济角度来看，这样更有效率，而从社会角度来看，并非一定如此，但规制政策很难阻止技术和经济结构发展的趋势。”[①]如果规制的目的是实现我在为公共利益辩护的部分提到的公共干预，则有可能建立民主制度以避免过分集中或非法垄断。[②]

可行的标准之一如下：不允许同一家公司在多媒体传播网络的两个或多个领域发挥作用。这是什么意思呢？比如，西班牙电信公司在拉美有重要的存在意义，但它不能进入信息社会服务领域，也不能进入多媒体服务领域，而只能在网络管理和网络访问领域出现。英国的法律对此要求更为严格，区分了网络管理者和网络访问服务（著名的功能分离法律，要求拆分英国电信公司）。眼下，只要占主导地位的网络管理公司提供服务时不区别对待它在访问领域的竞争对手，我就认为其不适宜功能分离。现在，西班牙电信公司不能进入信息社会服务领域和多媒体服务领域这两个领域〔这意味着西班牙电信公司现在需要出售某个拉美电视频道，或者放弃它的搜索引擎莱科思（lyas）及特拉公司〕。在美国联邦通信委员会处理康卡斯特和NBC环球间可能发生的合并时，这一问题应该在其议事日程之上。正如伊恩·保罗所说：“现在还没有针对网络中立性的明确规制，那么康卡斯特公司的客户访问NBC环球内容的速度能不能比访问哥伦比亚广播公司或娱乐与体育节目电视网的内容的速度快呢？”[③]

路透社在2010年2月10日报道：“谷歌计划为50万人建设一个高速互联网，这一计划将迫使电信公司在美国放松对网络访问的控制。”事实上，由于网络中立性的标准还未被完全纳入规制，且公司压力巨大，谷歌已经决定开始考虑创建一个自己的网络的可能性。在圣弗朗西斯科，对公民访问开放的市政网络已经接受谷歌参股。但是，谷歌如果创建了自己的网络，难道不会占据主导的、令人难以接受的控制地位吗？

---

① NOAM, E.: 2009.

② 参见欧盟对微软的诉讼。

③ http: //www. pcworld. com/ article/183652.

2.针对多媒体服务领域的不同市场和不同观众分别建立具体规制，保证不同参与者的有效竞争

查尔斯·埃德温·贝克在他的书中[①]提出了七个政治规制措施，来限制媒体的所有权，并促进思想市场中的真实竞争。这是七个野心勃勃的提议，坦白来说，不论是自由规制模式下，还是社会自由主义模式下，有一些可行，有一些则不可行；有的措施应用于所有类型的供应商，另一些则未被采用。不管怎么说，这些观点有助于建立防止集中、保证多元化和公共利益原则的规制。具体提议如下。

（1）反垄断法

贝克认为，为了避免过分集中，反垄断法是必需的，即便法律尚不完善。由于法律对媒体有独特的价值，所以它以特殊的方式存在于视听媒体供应商的领域。委员会关于德国媒体并购的判决拒绝了斯普林格集团收购普洛西本集团的计划，原因是这一收购将意味着给它过多的“面向公众的权力”和“对广告市场过分的控制力”[②]。德国规制政策的制定者认为，斯普林格集团在公共领域影响力过大。我们可以预见康卡斯特和NBC环球合并将会发生什么。这一理由同样适用于多媒体传播网络。互联网的独立性日益增强，这就意味着网络媒体在公众新闻和信息选择中占据主导地位。我同意贝克的观点：虽然反垄断法还不足以用相应的、合理的手段来管理多媒体传播网络，但是反垄断的措施是必需的。

（2）公司的合并需要政府的批准

这一要求在大部分民主国家中普遍存在。在公司合并之前，通常监管部门——不管是电信部门、视听部门，还是竞争管理部门——必须给出适当的许可。这已经内化于这些国家的监管法律之中。

（3）若合并会提高集中度或令某家“非媒体”公司拥有控制权，则应禁止这样的合并

① BAKER,C. E. *Media Concentration and Democracy.* Cambridge: Cambridge University Press, 2007, pp. 171-189.

② BAKER, 2007: 173.

这是最受争议且最难以施行的建议之一。贝克认为，这种方式会不利于这一领域的交易和引进只追求收益的投机资本。此类公共干预有可能会过分限制自由市场的基本原则。即便如此，也要针对特定市场或特定受众建立严格的法律规定，以限制集中化并简化监管部门的工作，正如某些国家的情况一样。同时，“非媒体”公司不能收购媒体公司的这一规定并不完全合理；这在自由经济和自由市场中是不可接受的。

（4）编辑的独立性

贝克指出，针对不可避免的媒体合并，需要有相应的机制来确保媒体的独立性和编辑方针的独立性。由尼克松总统签署的美国《报纸保存法案》作为一种可能的解决方案，保护了美国报纸。该法案保证不同报纸都能使用网络，目的是降低成本并保证编辑的多样性。同样，在法国《世界报》的案例中，新闻机构和几家报纸操控着编辑方针。

（5）合并需要记者的批准

这一建议很难实施，仅在那些已有如此规定的公司中有实施的可能性。

（6）有助于分散和限制集中的强制政策和补贴政策

在集中程度极高的市场和某些特定领域中，这些方式听上去很有趣，但是无法推广。我坚持认为，这取决于具体形势。在一些特定的市场和国家，提高多媒体传播网络部门的集中度可能是适应全球化市场的有效方式。我们要知道，没有一定的规模，这些多媒体传播网络公司会十分困难。

（7）将特定的责任强加于大公司的可能性

这一点上文中已有介绍，此处不再赘述。

贝克针对美国市场和美国媒体的建议有影响力，且比较有趣，但是我认为这无法在多媒体传播网络领域内推广。

第七条规制：重点推进参与者联合管理和自我管理的体制，管理要合理、灵活

网络监管进程变得越来越全面而复杂。如果想使管理生效，需要以法律带动可行的、试行的管理体制，既要有核心议题，又要灵活兼顾次要问题，同时针对多媒体传播网络系统的不同参与者制定相应的准则，让这些参与者能够适应监管机制。坦率地说，我深信过分细化的法律注定行不通。同时，我也不希望立法者每两年就要修改多媒体传播网络的相关法律条款。唯一可行的方法是制定通用的管理框架，提供准确的概念和定义，为某些政策指明方向。此外，我还要重申不同参与者在未来管理体制中具体化这些框架的重要性。如果想要建立一个利于实现其价值的管理框架，那么适应性以及参与者的一致性是两个决定因素。

"自我管理"和"共同管理"，《欧盟治理白皮书》(2001)的宗旨在一定程度上体现了这两个概念。该文件确立了两个加强管理的基本标准。首先，做得更少是为了做得更好。也就是说，管理减少但质量提高，行动减少但做得更好。其次，治理模式多样化，即管理形式多样化。我们可以清楚地看出，这些原则是欧盟立宪工作原则的补充部分。以这两个标准为范畴，抑或如在布鲁塞尔提出的"支柱"概念，欧洲立法意味着自我管理和共同管理。"联合代理与私人代理之间的相互作用形式具有共同特征，即有约束力的立法与自愿协议之间的某种关系存在于某一特定地区。"[①]最后，欧盟本身在其有关欧洲媒体系统共同监管的报告中指出，坚持柔性管理，例如自我管理和共同管理，以优先保护未成年人和商业交流。[②]

英国通信管理局，可能是汇集国际基准的管理机制之一，确立了四种可能的规制方案。

① SENDEN, L., 2005.

② 媒体行业共同规制办法，由欧洲委员会信息社会和媒体常务理事会根据视听传媒政策而定(2006)。

（1）运营商和市场的非规制：当市场能够在没有任何公共干预的情况下产生预期结果时，公民和消费者有权在不受损害的情况下充分利用产品和服务。

（2）自我管理：面对某些有关公民或消费者的问题，或其他管理问题，在没有政府或监管机构正式监督的情况下，行业实施自我管理。商定的标准没有明确的先验法律限制（尽管可能存在适用于供应商的一般义务）。

（3）共同管理：在公共管理部门和行业中加入自我管理及法律规制的系统，以寻求解决具体问题的方法。责任划分可能会有所不同，但通常情况下，政府或监管机构拥有法定权力来确保达到预期目标。

（4）"法定"规制：代表由立法机关、政府或监管机构制定的目标、法规和干预规制，包括针对公司制定的具体流程和要求。[①]

英国通信管理局在自我管理领域的两项实践被视为成功案例。第一个例子是英国网络观察基金会。此机构致力于打击在网络上发布的儿童性虐待内容，具体来说，"它是行业自我管理的典范，在该领域努力使程序标准化，采用了执法机构认可的方式，并且实现了对儿童色情制品的最佳管理"[②]。实践报告还指出了另一个自我管理的范例，即关于手机内容自我管理的举措，包括手机运营商对青年用户的一系列有关供应内容及其商业性质的承诺。英国独立移动设备分类机构框架分级结果于2005年2月公布，已取得积极成果。

第二个例子是西班牙广告自律组织。它在很多方面都堪称典范，其目的是"为更好的广告而工作：为了真实、合法、真诚的广告而努力"[③]。这个非营利组织于1995年由广告商、相关机构和媒体等创建，负责监管西班牙广告自我管理系统，其中一项主要任务是提前审查广告，特别是视听广告，确保这些广告遵守法律法规中的两百多项有关规

① http://www.ofcom.org.uk/consult/condocs/coregulation/statement/statement.pdf.

② http://www.ofcom.org.uk/consult/coondocs/coregulation/statement/statement.pdf.

③ http://www.autocontrol.es/.

定。如今，通过分析广告自律组织自己的规定、不同法律中制定的法规，以及与信息产业管理部门的协议，我们可以说，西班牙对商业传播内容的监管模式是共同管理。如果广告自律组织没有与管理部门约定任何有约束力的规定，按照它自己的规制，它将转变为在该领域内进行自我管理。但是如果它在某种程度上遵循了管理机构的管理协议，那么它离共同管理仅有一步之遥。无论如何，不管是联合管理还是自我管理，该协会的实践使我们看到，地中海国家也有可能采取有序、合情合理且明智的方法管理公司，并在公共领域产生重大影响。

恰如欧盟委员会报告中所指出的，自我管理与共同管理最为成功的领域是保护未成年人方面，主要涉及界定在受保护阶段中允许与不被允许的内容，以及对商业传播的解释性协议。未来几年的目标将是把这些“柔性管理”的类型扩展到其他领域，并通过特殊方法扩展到网络内容方面。这也许是唯一可能实现的干预方法。

第八条规制：推进数字化教育，不局限于“媒介素养”的培养

1.从媒介素养到数字化教育，促进规范的教育体系向数字化环境转变

什么是媒介素养[1]？媒介素养是一种分析和过滤日常来自视听媒体的信息（如新闻或娱乐信息）的能力。媒介素养有助于我们批判性解读媒介传播的内容。对于欧盟委员会而言，“媒介素养就是使用大众媒介的能力，是公民了解、使用、判断、评价、批评媒介及媒介信息的能力。媒介素养中的媒介指的是所有媒介，包括电视和电影、广播和录音、印刷媒体、互联网，以及其他所有的新数字通信技术。这不仅是年青一代的基本能力，也是成年人、老人、家长、教师以及媒体从业人员的基

① 西班牙语是“alfabetización mediática”或“educación audiovisual”，译为媒介素养或视听教育。——译者注

本能力”[①]。

媒介素养为人们提供了有助于批判地分析信息的工具，为学生提供了拓展有关媒体经验的机会，并有助于学生发展自己解读媒体信息的创造性技能。媒介素养应该可以帮助我们更好地理解媒体传播的信息，并自问：这个信息是针对谁的？哪些声音被听到，哪些没被听到？从什么角度、以什么形式进行叙事？

媒介素养教育在加拿大、美国和英国已得到显著发展。加拿大是首批要求把媒介素养列入学校课程的国家之一。在这个概念的演变过程中有两个阶段[②]很突出：第一阶段以初级技术为媒介的立体传播阶段，尤其是电视媒体阶段，这一阶段的主要特征是保护主义，以免受部分危险和有害的内容伤害；第二阶段通常是通过结合正规教育，为年轻人提供批判性解释工具，使他们了解媒介信息，简而言之，就是了解那些人们通过生活中无处不在的屏幕获取的内容。

随着数字革命发展和技术进步，在媒介素养教育中，电视媒体已经逐渐丧失了中心地位。新生的多屏幕、多媒体环境从本质上改变了沟通环境。随着仪器设备及其型号的增加，信息接收者面临多重现实，被迫改变技能和态度来获取压缩信息。这是过去十年中发生的变化之一，导致该领域的研究人员讨论多媒体能力，“为了拓宽视听能力这一概念，并不是为了取代视听能力，正如不能取代语言能力一样。恰恰相反，该领域需要视听能力和语言能力”[③]。

欧盟于2009年11月通过了一项协议，确认“提高媒介素养至关重要，原因是数字革命带来了重要利益和机遇，丰富了人们的生活，媒介素养涵盖了沟通、学习、创造和改造社会经济组织的能力”，并倡导“包括正规和非正规教育在内的教育体系可以在发展和优化媒介素养方面发挥重要作

---

① http://ec.europa.eu/avpolicy/media_literacy/index_en.htm.

② OLIVA, M. "Panoràmica de l'educació en comunicació audiovisual en l'era digital". *Quaderns del CAC*, n.º 25, 2007.

③ FERRÉS, J. "L'educació en comunicació audiovisual en l'era digital". *Quaderns de CAC*, n.º 24, 2007.

用，以及在创新层面和革新潜力上发挥作用”[①]。

通过该决议，欧盟建议其成员国将视听教育纳入正规教育的课程。然而，由于以下两点，该建议难以实现：首先，由于正规教育课程已饱和，在某种程度上，正规教育基本需求应被明确而精确地置于优先地位。其次，也许更重要的是，这一概念可能被纳入，甚至成为整个教育系统的迫切需求，这包含了两方面的结合，一方面是正规教育内容和方法的数字化，另一方面是实现向数字教育的真正转变。

事实上，除此之外，我们不得不讨论多媒介素养问题而不是媒介素养问题，以发展多媒介能力。这并非实质性问题，而是整个教育系统需要改革，这是由数字革命和多媒体传播网络带来的深刻变化。数字支持和多媒体传播网络将成为教育进程中的核心要素，亦是正规学习中不可分割的部分。有鉴于此，媒介素养或多媒介素养将会是微小却必要的因素。因此，可以理解为，虽然仍有必要推广视听教育或多媒体教育，但是公共权力需要的是推动正规教育系统发生真正的转变，并与数字语言与多媒体传播网络的非凡潜力相结合。然而我们迫切需要的是一个真正的公共政策，以促进新数字环境中正规教育系统产生根本性变革。

信息社会的特征是信息的巨量积累，特别是如我们所见，这些信息基于一种通用语言，也就是数字语言。巴特罗和德纳姆认为，这意味着把知识传播从不同的媒介和限制中解脱出来，往往会导致媒介间的残酷竞争。因此，我们恢复了教育信息的统一性。几个世纪以来，我们在知识、艺术与科学之间建立了不可逾越的障碍，同时，文化与民族也被分离并孤立。这种人为分离对教育理论和实践造成了严重破坏。[②]

这种通用语言拥有非常大的潜力，但是它不能对内容进行必要的辨别。信息成为知识是必要

① http://ec.europ.eu/avpolicy/media_literacy/docs/recom/council_adoption_ml_27112009.pdf.

② BATTRO, A. M. / DENHAM, 1997. 英文原文参见：http://byd.com.ar/decwww.htm。

的，为了使这一点成为可能，我们需要对信息加以辨别。

2.提高多媒体传播网络受众与互联网用户群体的社会意识

使社会自由主义规制的效力合法化的必要措施之一，是帮助人们意识到多媒体传播网络在社会中的作用，并且协助创建非政府的互联网用户与观众协会组织。

在一些国家，观众协会在保护观众权利方面有悠久的历史，通常是通过强有力的规制，确保媒体中的内容尊重每种社会价值观念。然而，互联网用户群体孕育了另一个方向：保护网络的中立性，并避免任何可能限制其中某一类型内容的行政干预。网络的中立性也有助于调动互联网用户的积极性。

在英语国家，这种观众协会组织形式更为传统。英国媒体观察协会（Mediawatch-UK）的前身是国家观众与听众协会，是一个非常活跃的组织。该组织反对视听媒体传播有害的、带有冒犯性的内容，如暴力、粗言秽语及淫秽色情内容等。此组织在1965年由玛丽·怀特豪斯创立。另一个协会是听众和观众之声（VLV）。它以特殊形式运作，通过向规制部门及公、私营运营商施压来确保视听内容的质量。总体而言，其主要目标之一就是捍卫英国公共视听系统。

西班牙也存在不同的观众协会，但这些协会并没有重大作为，也没有产生多大的社会影响。加泰罗尼亚观众协会（TAC）成立于1985年，由不同的家长协会推动发展，“是一个非营利性的协会，为捍卫电视节目的质量和用户权利——特别是孩子们的权利而工作，孩子们属于在屏幕前最没有防御力的群体”[①]。这可能是参与人数最多也最活跃的联盟了，特别是通过它的Zapping奖，该组织也已经取得了一定的声誉。还有通信用户协会（AUC），“捍卫公民与不同媒体、通信系统以及新信息技术之间关系的利益”[②]，有向西班

① http: //www.taconline.limpio/.

② http: //www.auc.se/.

牙及欧洲管理部门施压的能力。欧洲儿童电视台（OETI）[①]是一个活跃的小型组织，旨在促进“屏幕”所传播的内容价值的发展。但是，所有这些协会在西班牙公共领域的作用都是有限的。同样的情况发生在欧洲，如欧洲观众利益协会（EAVI）[②]的作用也很有限。无论如何，应保留这种组织形式，只要它具有一定的代表性，并且能在公共领域发挥一定的作用，就可能以最佳方式提高自我管理的价值。这是面向未来的必经之路。

第九条规制：由独立的、专业化的、目标一致的管理机构来主导制定相关法规

本书第三章综合论述了电信和视听通信监管的演变，还分析了现有的不同监管机构，特别是在北半球的、位于美国和欧洲的机构。在社会自由主义价值范畴内为了加强对服务于公共利益的网络及内容的监管，我认为，监管机构必须具备一套原则和能力，以确保能够完成指定的任务。在我看来，管理部门对电子通信网络和多媒体传播供应商提供的内容进行规制时，必须坚持以下两个基本原则：独立性和专业化。此外，管理部门还需要在网络和内容的融合间确立明确的管辖范围。

1.由独立的管理机构来主导

独立性是一个基本的决定性因素，从某种意义上来说，独立性是使行为合法化的必要条件。把这种独立作为目标，是可能实现的，虽艰难，但可行。当不同国家的或欧洲的法规界定监管机构的独立性时，本质上讲，监管机构力求同时独立于公共权力、私人权力、行政权力、政党，以及各个利益集团代表的经济权力。

欧洲理事会是第一个建议其成员国为媒体部门设立独立的规制机制的机构，在其（2000）23号建议[③]文件中称：

① http: //www. oeti. org. noflash. html.

② http: //www. eavi. eu/.

③ 2000年12月20日欧盟部长理事会第735次会议上通过。

欧洲理事会就传播部门中监管机构的独立性和职能向成员国提出建议，建议各国政府：

a) 若传播部门尚未建立独立监管机构，则须建立；

b) 将相关措施纳入欧洲国家的立法，将相关观点纳入政策，将权力赋予传播部门中的监管机构，使其能够按照国家法律的规定，根据相关准则（列在本建议的附录中），以独立而透明的方式执行任务；

c) 向传播部门中的监管机构、公共机构和相关专业团体以及普通公众颁布这些准则，同时确保监管机构在活动受到干扰时能切实保持独立性。

正如我们之前所看到的，在欧盟，新文件包含了对规制的存在及其独立性的需求。独立性意味着在视听市场现有的代理机构以及电信领域中存在公共权力机构。该机构的独立性必须通过两方面来保证，一是机构成员的选举方式，二是融资机制。

我们经常强调与政治权力相关的独立性是必要的，而与经济权力相关的独立性却很少被讨论。两者都是必要的，且都很难实现。随着经济实力的发展，监管部门必须保持沟通与平等对话，以及保持必要距离，以便用不受私人利益影响的决策方式进行监管。在网络与内容相统一的方面，这一情况并不容易实现。在多媒体内容供应商领域，因为公司和政治团体之间的政治关系非常紧密，大型公司对国民经济具有极其重要的决定性作用，在电子通信网络领域存在过度保护国家一流企业、损害自由开放的市场竞争的监管。这一切意味着，监管机构往往与私营部门、多媒体部门一样，面临困难局面，这迫使后者在必要时可对抗监管部门。

公共部门和主要政党会影响决策，在研究不同规制选择机制后建议选举成员时，先在议会评估会议上通过实施各自议会强调的多数机制，根据优点和资格选择候选人。这些机制要求议会中的不同团体就具体特点和将被任命的成员达成协议，以保证候选人思想和能力的多元化。这类部门所需的能力水平必须明确并得到法律承认，公共部门不能以监管机构提供资金的表现作为条件。

但是，所有这些机制都不足以保证监管部门的独立性。这些机制是必不可少的，但并不充分；在私营机构实力强大的公共领域，监管部门想要实现独立面临着诸多困难。独立性也取决于其他因素，比如当选成员的个性和选举出的领导这类机构的代表。有时候，他们的决策倾向于各自议会中的多数派或少数派，这样也大错特错。

在我的整个研究过程中，我们已经看到法规和监管机构是如何以某种方式与政治和媒体权力联系在一起的。绝大多数组织希望拥有绝对的独立性，但这通常不是由法规本身，而是通过责任人的能力和对责任人的信任，以及社会的民主文化来实现的。无论如何，其成员的选举过程在多数情况下是一个重要的决定因素。法国最高视听委员会（法国媒体监督管理机构）是一个标志性案例。作为欧洲最早的监管机构之一，也可能是最负盛名的机构之一，法国最高视听委员会的成员选择机制曾一度在客观上不支持多元化选择的形式。在特定的时期，六年间（由两年一度的重新选举构成）共和国总统、国民议会主席和参议院议长都属于同一政治团体，且委员由具有相同政治敏感度的人担任。这些任命影响了整个机构的信誉，因为该机构正是为了监督多元化而建立的。在这种情况下，选举程序并不能确保体现该国的不同文化政治敏感度。

2.监管机构的独立性和专业化

事实上，我们必须从两方面来理解监管机构的专业化：一方面，通过选举管理机构的成员，寻找具备该部门或某些通信领域中相关部门知识的“理事”来确保专业化，从这个意义上说，重要的是这些管理机构在其成员培训及职业道路上也应多元化，并且以这种方式支持跨学科领域的决策；另一方面，成员的专业素养和突出的工作能力也是至关重要的。

监管机构的专业化也与其微观组成部分关系密切，如果没有资源，缺少人员，客观上存在困难，就难以实现最低限度的目标。然而，其他机构则设备冗余，人员过多，“理事”过多，成本过高也可能是人员过多的结果。这两种模式都不好，都会影响信誉和专业水平。

专业化还意味着要建立透明的内部和外部决策机制。对外通过适当的协商和对话，对内则要按照既定的机制和原则确保决策的透明性，不受其他不良干扰。

3.共同管理机构同时监管电子通信网络和多媒体传播供应商

在这个研究过程中，我想首先强调我们正在经历的势不可挡的数字融合过程，这是信息的数字化和我们生活的这个微电子世界中的实际突变带来的结果。在不同的阶段，我坚持认为这个过程会影响网络和内容，使二者产生巨大的相互依赖性。我们还见证了影响电信或电子通信网络，以及视听广播公司或视听服务的规制的演变过程。规制自20世纪90年代中期以来一直以非常直接且特殊的方式出现。诺姆已经将规制3.0[①]作为未来几年内实施的具有共同管理特征的规制模式。在这种情况下，监管机构向共同管理转变是明智、合理并更有效的。这些监管机构不仅能够关注多媒体传播网络所经历的整个过渡过程，还能够和公共管理部门或机构保持一致，致力于采取均衡、灵活、有效、合理的监管措施。目前，存在三个采用共同管理模式的监管机构：建立于1934年的历史悠久的联邦通信委员会，英国通信管理局和意大利电信主管机关。近年来，英国通信管理局也许已经提出了更多的规制理论，并已应用新的干预机制，如“公众咨询机制，特定市场研究等”。如今，英国通信管理局已成为该领域内可作为参考的权威之一。

① NOAM, 2010.

第十条规制：倡导制定保证“自由流通，免费上网”、创造多媒体传播网络空间的最低标准

在全球化和相互关联日益加深的世界，正如我们已经广泛看到的，监管政策有一个中心目标。但是，人们此时应该记住这一点：随着网络和服务的普及化和中立化（指网络中立），多媒体传播网络力求在任何时间、任意地点都能以不可逆的方式迅速实现所有内容在已知世界中传播。实际上，这是为了确保信息在各处无障碍自由传播和公众能免费上网。

为了实现这两个目标和对网络运营中的多媒体传播供应商的基本监管，人们必须协调全球范围内或特定区域的国家监管政策，也就是区域政策，以及在多边性的国际合作组织中建立洲际协议，以确保免费互联网和网络中立性的不可逆转。

1.欧洲多媒体传播网络空间和欧盟的统一监管机构

1997年，由于电信领域管理政策的自由化以及欧洲监管框架的制定，欧盟各国管理电子通信网络的不同部门决定集中建立监管机构网络，并独立于欧洲电信。独立监管机构（IRG）成立后，作为欧盟不同成员国电信监管机构的协调实体，旨在促进自由化进程和共享监管内容。根据欧盟委员会2002年的决定，独立监管机构成为委员会在电信新指导方针下的咨询小组。独立监管机构的首要任务是“提供一个适当的机制，促进委员会中国家监管机构之间的协调合作，促进电子通信网络及服务的内部市场发展，各成员国贯彻落实新监管框架下建立的法规”[①]。面对当前的沟通挑战，该组织是改变欧盟交流的最佳实践，主要包括标杆管理、知识管理和培训论坛。随着电子通信网络新规定得到批准，欧盟委员会于2009年建立了欧洲电子通信监管机构。

实际上，欧洲电子通信监管机构是由欧盟委员会协议（ECN.1211/2009，2009年11月25日）创建的，

① http: //www.irg.eu/render.jsp?categoryId=260325.

由成员国的国家监管机构组成，并将继续独立监管机构一直以来所做的工作。与独立监管机构不同，欧洲电子通信监管机构是由欧盟委员会创建的组织，属于欧盟机构框架的一部分。约翰·多尔蒂为欧洲电子通信监管机构第一任主席，同时也是爱尔兰监管机构的主席。2010年1月他在欧洲电子通信监管机构首次会议上宣称：“欧洲电子通信监管机构的建立是整个欧盟电子通信领域的重大进步。它将有助于实现建立欧洲统一电子通信市场这个目标。欧洲电子通信监管机构的创建将使欧盟国家监管机构在欧盟获得正式地位，以实现行业及消费者服务的必要变革。欧洲电子通信监管机构的目的是确保整个欧盟统一执行电子通信网络和服务方面的监管框架。”①

欧洲电子通信监管机构的成立是在电子通信网络管理方面整合公共政策过程中的一个非常重要的步骤，尽管有些国家不希望在本国范围内执行欧盟的规定。它的总部位于布鲁塞尔。

1995年，马耳他建立了欧洲监管机构平台（EPRA）②，主要目标是成为视听运营商领域的监管机构之间进行非正式讨论和交换意见的论坛：交流有关规制和视听行业常见问题的信息，并讨论解释有关欧洲视听管理的法律问题的实际解决方案。在这方面，应该强调的是，欧洲监管机构平台和独立监管机构与现在的欧洲电子通信监管机构不同，无论管理部门是该机构的一部分还是与委员会有关，它都仅是一个无法做出具有约束力的决定的平台。简而言之，欧洲监管机构平台是一个公共平台，其管理机构的监管方法是非正式的，通过分享经验，并以不具约束力的方式寻求解决常见问题的办法。欧洲监管机构平台由50多个机构组成，每个国家最多有3个机构。成员国包含非欧盟国家，但都属于欧洲委员会。欧洲监管机构平台还与欧盟委员会和欧洲委员会召开正式会议，其总部设在斯特拉斯堡。欧洲监管机构平台每年举行两次会议，每次会议由其中一个受监管机构主持。论坛的性质意味着

① http: //www.irg.eu/streaming/BORO%20%2810%29%2005%20PRESS%RELEASE.pdf?contentId=546760field=ATTACHED_FILE.

② http: //www.epra.org/contento/english/index2. html.

欧洲监管机构平台从未做出任何类型的决策，也没有能够明确地代表其成员在欧洲组织的利益，因为其章程尚未承认这一目标。

考虑到欧洲监管机构平台的非正式性质，欧盟委员会每年召开一次视听监管机构会议，就监管决策进行汇报与协商，特别是近年来，该会议多围绕《电视无国界指令》的转变这一话题进行。

随着2009年新的电信指令和2007年新的《视听媒体服务指令》的颁布，无论是欧洲电子通信监管机构、欧洲监管机构平台，还是欧盟，都拥有足够强大的工具来推动监管政策统一化，并真正建立一个多媒体传播网络的欧洲空间。这个空间由电子通信网络和多媒体传播服务供应商组成，它们与欧洲媒体一起组成电影和视听行业，并构成一个真正促进网络、视听媒体和传媒行业发展的系统。

这个空间很可能必须由一个新的类似美国联邦通信委员会的监管实体来配合，但与美国联邦通信委员会不同的是，它将连接和协调欧盟现有的有关网络及内容的国家机构，明确欧洲的监管措施还必须加强对行业、内容提供者和公民权利的保护。欧洲多媒体传播网络空间强有力的联合，可能成为欧洲一体化进程中促进联盟革新和自由的决定性工具。

2.确保信息自由和免费上网的国际最低标准

自由流通，或者说信息的自由流通一直是美国通信政策的中心目标之一。我们已经看到，他们的代表认为，如果在20世纪80年代实施了《麦克布莱德报告》，自由流通将会面临危险。以自由流通的名义，美国在英国和日本以及一些企业部门的支持下，实现了对《麦克布莱德报告》行动方针的封锁，还导致了联合国教科文组织政策的瘫痪。回想一下，由于这些国家的封锁以及该领域一些国际公司的行动，《麦克布莱德报告》和《世界信息传播新秩序报告》实际上在贝尔格莱德教科文组织会议批准的同一天终止。事实上，第二次世界大战之后，美国是提出并批准在《联合国宪章》中列入言论自由和传播权的国家之一，还试图终止欧洲新闻机构卡特尔集团的垄断，因为卡特尔集团在两次世界大战之间控制了信息流通。对于美国及其在全球实行霸权的渐进政策来说，必须同时高举自由流动的旗帜，更谨慎地控制生产和分配过程。而后，卫星转播电视技术不断发展，20世纪90年代CNN模式大获成功，互联网名称与数字地址分配机构提出的免费上网概念也随之不断发展。

但是，通过互联网控制自由流动几乎是不可能的。如今，人们可以看出新内容运营商也想结束北美对世界的解释权。半岛电视台也用英语播出，有些信息的质量标准使人想起BBC的黄金时期；南方电视台是拉丁美洲的西班牙语电视台，在意识形态上受到拉丁美洲一些政府的认同；中央电视台，作为中文电视台，也有一些英语频道；我们可以继续列举不同的多媒体传播供应商，它们有助于打破北美多数时候对信息及叙述的彻底掌控。

在依据分散和相互关联的逻辑创建网络的背景下，自由流动具有至关重要的意义。自由流动类似于网络中立。现在，它不再由最激进的自由主义来保证言论自由，保证来源自由并控制来源自由。自由流动为更加公正和公平的世界带来了新的战略意义。真正的自由流动确实可以重新平衡信息流，为其他较弱的具有依赖性的成员消除霸权的叙事逻辑。

为了确保实现真正的自由流动和免费上网，我认为应建立更明确的有约束力的国际协议，确立最低标准，有效地保证实现普遍化和中立性的网络，没有歧视内容。有人认为市场可以凭借自己的力量做到确保服务质量和全面覆盖，公司之间的问题和冲突也会成为市场需要解决的问题。也有人认为不需要就内容达成任何协议，任何解决方案都会影响网络的自由性。最好的解决办法是将控制权和分配权留在美国商务部主持下的一个非营利协会——互联网名称与数字地址分配机构手中。

负责相关运作的政府间多边机构不够稳定，虽尽可能以最合适的方式进行管理，但做不到尽善尽美，所以必须建立透明的、具有指导性的和公开的网络监管机制，从一开始就确立禁止任何形式的审查这一原则，但并非所有的内容都可以接受，如未经个人明确同意的涉及个人隐私的内容和儿童色情内容。而且，也许会再添加一条最新准则：所有门户网站或多媒体内容必须标明负责发布者及内容的负责人。尽管所有人都留下了痕迹，可追溯性是不争的事实，但匿名仍是网络缺乏可信度的主要原因之一。

考虑到互联网的重要性，确保免费上网的条约必须由联合国大会及联合国教科文组织确立；尤其是国际电信联盟，必须领导该进程，以执行这一国际条约的监督和管理机制。该机制将取代互联网名称与数字地址分配机构一直以来所执行的职能。国际电信联盟在突尼斯首脑会议之后举行的不同会议中，可能已经在推进该机制，但仍然没有明确具体内容。

美国以及许多自由主义互联网协会很可能会认为，互联网名称与数字地址分配机构是网络管理者。美国政府在不干预的论调下，希望维持目前的监管机制，以使美国拥有高于世界上其他任何国家的干预力度。大型电子通信网络管理公司也表示反对，因为它们认为各种公共监管干预可能会对其业务产生反作用。我们将看到欧盟的立场，该组织已经在突尼斯会议上对互联网名称与数字地址分配机构受美国商务部领导的关系提出质疑。我们还会看到其他国家，例如中国、俄罗斯、巴西、印度和南非等在全球公共领域举足轻重的国家，我猜想它们希望建立一个不依赖于特定国家的监管框架。

我们正站在一个多极化日益加剧的世界的门口，随着中国、俄罗斯、巴西、印度、南非、印度尼西亚等国日益走近世界舞台的中央，我们确实面临一个不完全由北半球，尤其是北约，控制的新的国际关系。拥有非常优秀、年轻的成员的新兴经济体倾向于承担更重要的、战略性的国际角色。在这个多极世界中，国际关系将由同质化区域政策和跨洲机构的多边协议来维持。在这种情况下，基于我在开始时指出的关于这一点的前提，我认为它很可能是未来免费互联网的监管方式。

第五章

多媒体传播网络的权力与公共利益

第一节　信息社会和多媒体传播网络

正如我在整个研究过程中提到的那样，本书的写作目的是详细分析电子通信网络和多媒体（我将其统称为多媒体传播网络）的演变和现状。本书的目标是基于规制政策分析，提出在建立一个适应社会自由主义的基本价值观的、稳定长久的多媒体传播网络规制模式时所必须考虑的一些基本原则。

为了实现这一目标，我简要分析了工业社会的演变过程以及电子通信网络和视听媒体在该演变过程中发挥的核心作用。我们可以看到多媒体传播网络在经历了全球大爆发之后成为社会发展的基石之一，并成为保证社会自由和凝聚力的不可或缺的网络。当前的网络化社会就是信息社会，信息的生成、处理和传递都成为影响经济和社会发展进程的重要因素。电子通信网络是我们社会的脊柱，而信息则是其中重要的组成部分。在信息社会中，除了政治制度和国家制度之外，跨国公司的作用也日益重要。

跨国信息资本主义很可能是对当前全球发展模式最好的定义，它改变了全球网络模式，构建了经济、政治和文化网络新空间，使之变得更流畅、灵活和充满活力，在这些新空间里，网络得到滋养并被重新定向。我们可以将网络比作轮毂。[①]轮毂指的是轮子的中心部分，即辐条汇聚的地方。在数据通信中，我们可以将网络理解为数据的传输枢纽，这些枢纽从一个或多个方向接收数据，并将数据转发到一个或多个方向。枢纽这个概念通常包含某种类型的开关。“枢纽”在航空领域更加广为人知，它指的是连接世界的各大机场。而跨国信息资本主义正是通过各类相互连接的大型网络枢纽运转。卡斯特尔（见第一章）在多媒体传播网络方面区分了以下概念：网络权力，指的是信息对网络协议与网络标准的适应度；网络化的权力，即具有信息过滤能力，更新传统守门人功能的程序员；网络内权力，即网络节点的控制权力；制造网络的权力，即对网络进行配置和编程的权力。网络枢纽恰好具备网络运行的后三个权力，可以作为创建网络权力的中心以及具备财务、法律、组织和技术资源的中心，组织和管理电信传播网络。跨国信息资本主义的特点是侧重于创新、研究和创意产业生产活动——通常以文化和娱乐为导向、以生物技术行业以及服务行业为主。知识产品使传统工业活动转移到其他社会和环境成本较低的地方，同时依然维持着对生产、分销，尤其是许可和经济增值的所有权的控制。

正如我们所阐述的，全球化涉及四个相互紧密关联的过程。第一，全球化意味着存在一个日益密集且广泛、如同无国界运转的国际交流网络，通过该网络建立连贯的逻辑、叙事和价值观。第二，全球化意味着从18世纪继承而来的国家—民族模式、19世纪的第三世界以及20世纪的后殖民模式的解体。全球化越过了国家之间的传统边界，质疑其过去的一些基本功能。第三，全球化有利于国际舞台上出现分量和实力日益增强的新兴国家，如巴西、南非、印度、印度尼西亚、中国、尼日利亚。第四，一种新型的跨文化个人主义跨越多种传统文化和宗教在全世界范围内传播。实际上，全球化进程由跨国公司及一种基本价值所引领。彼得·伯杰[②]认为，上述四个过程之间的共通之处正

① Fuchs, 2009.

② BERGER, P. L. / HUNTINGTON: 2002.

是对全球化最重要的东西："那就是个人化：新兴全球文化的所有行业都信仰个人独立性而反对传统和集体性。"[①]伯杰非常清楚地强调，个人化过程与意识形态的个人主义不同，它是鼓舞着世界范围内全球化发展进程的中心意识形态。我们必须区分个人主义和个性化过程。我们要认识到，个人主义是与以下价值观相关联的：言论自由、结社自由、政治自由，以及以政治自由主义价值观为基础的政府。相反，个人化是一个严格局限于私人领域的过程，其中最重要的就是独立于周围环境的个人肯定过程。在一个软威权主义体制下，当市场经济具有开放性和竞争性，没有极端的腐败现象，个体的主要特征就是如何通过与他人竞争而脱离其所依存的群体和历史，最终成为自己想要成为的人。

2005—2010年，网络以一种非常特殊的方式出现，而伴随着网络的活跃，个人化能力也随之出现。根据国际电联的记录，2009年年底世界人口的移动电话普及率达到67%，拥有46亿用户。在占世界人口26%的17亿互联网用户中，发达国家占64%，而发展中国家占17.5%。目前已有5亿固定宽带用户，其中包括1亿中国用户。

同时，媒体在舆论的形成过程中占据的分量显著增加，这部分归功于电子通信网络。媒体成为当今社会的关键要素，影响社会凝聚力。报纸在公共领域形成过程中所起的作用已被视听媒体所取代，先是由无线电取代，二战之后则由电视媒体所取代。同样，由于多媒体传播网络的出现，大众媒体通过电视闯入公共领域。如今电视依然是世界上最重要的、在某种形式上也是最霸权的传播媒介。电视通过两种渠道实现其目的：电视所播出的消息和相关的观点，以及其他电视节目，这些节目越来越多地关注娱乐方面，即影射"社会现实和公共事务"的信息节目和影射"共存价值"的娱乐节目。

① BERGER: 2002, p. 9.

然而，我必须指出，由于移动或固定宽带网络应用广泛，公众不再仅仅依赖于电视来接收视听内容。随着互联网和新设备的出现，视听内容的影响力无疑正在提高，同时，电视本身的影响力则可能有所降低。

电子通信网络的发展及其与多媒体内容的深层关系使我形成了一个多媒体传播网络的概念，我也多次强调过这个概念。这些网络由通信媒体和电子通信网络组成，它们汇聚到一起，相互之间的关联日益紧密并共同发挥作用。当今社会，多媒体传播网络已成为人际关系和社会经济发展不可或缺的一部分，也是生成个体符号宇宙的媒介网络；多媒体传播网络成为公民行使权力的入口，也是阐释现实和生成知识的入口。网络正在以非凡的方式改变着整个媒体环境。与此同时，如果没有媒体和多媒体内容，网络就失去了它最重要的资产之一。这种深刻的相互依存关系影响着所有的传统通信领域。我们必须从全球化和融合汇聚的角度来理解通信网络。首先，通信网络推动了个人虚拟世界的诞生。在工业化社会，我们正在目睹家庭、学校、教堂、政党、工会和其他类型协会的传统媒介结构逐渐瓦解。其次，多媒体传播网络已成为公民行使权利的准入条件的一个基本要素。无论是简单地获取信息（与网络之间的联系日益紧密），还是获取线性或非线性、单点对多点、点对点的媒体内容，多媒体传播网络都起到决定性的作用。最后，多媒体传播网络也成为解释现实和生成知识的基础网络。

在整个研究过程中，我一直坚持认为多媒体传播网络正在经历三个真正重要的过程。首先，随着互联网的出现、传统媒体的过渡以及新媒体的出现，产生了一种新型的交流形式，即由卡斯特尔提出并命名的大众自我传播。大众自我传播意味着用户同时成为信息的发送者和接收者。随着网络用户数量倍增以及网络传播的可能性加大，大众自我传播模式将会变得越来越重要，成为言论自由和通信自由的工具。其次，我还强调了处于发展黄金时段的多媒体公司以及电子通信网络正在经历的集中化过程。集中是一个日益扩大的事实。虽然所有的这些公司都在经历艰难的时刻，虽然它们依然在信息的筛选中扮演核心角色并日益成为娱乐文化和信息产业圈的附加者，但大型媒体公司依然在世界范围内的媒体内容中占有决定性的分量，尤其是掌控相关媒体的黄金时段，而这丝毫不损害其在传播领域之外的影响力。这些例子就表明了媒介力量即政治力量。最后，我证实了通信的商品化。多媒体传播越来越被视为商品资产、经济资产，并且在逐渐丢失其作为社会资产或文化资产的意义。信息和通信不能仅仅是商品，它们太过珍贵，不能将其放在市场的无形之手中。

第二节　政治系统和多媒体传播网络系统

在政治领域，多媒体传播网络扮演着非常重要的角色。我们已经见证了多媒体传播网络如何成为公民进入公共空间或领域的关键手段，公民通过多媒体传播网络可以获取信息、表达意见、了解知识，这保证了社会的多元化、自由以及进步。每个国家的通信系统都是该国社会中许多具体因素——国家的社会历史、政治历史以及国家制度——共同作用的结果。同样，通信系统也是一个强大的机制，它可以影响和控制社会结构和政治结构的转变。多媒体传播网络可能正在成为我们后工业社会的社会转型和政治转型最宝贵的工具。提到多媒体传播网络的时候，我们指的是在一个具体的国家或社会中，通信媒体以及电子通信网络的组织模式、影响以及相互间的关系。

西伯特等人在20世纪60年代出版的一篇研究报告《传媒的四种理论》中定义了一些新闻媒介系统，这些媒介系统多年来一直被作为行业参照，并且目前在许多方面依然可以被视为行业参照。在21世纪初期，哈林和曼奇尼提出了针对西欧和北美的新闻媒介系统模式。该模式提出了三分法："地中海或极化多元主义模式""北欧/中欧模式或民主法团模式""北大西洋或自由主义模式"。

虽然该模式好像是许多大学的参考模式，但正如我在第二章中所说，该模式存在明显的缺陷。即便如此，我想强调的是，我的主要批评意见在于，对于一个于2005年提出的关于新闻媒介系统的研究，其调查的核心目标本质上不应是报纸，即使该模式对于政治精英很有影响力，它也不过是工业化国家通信系统的基本子系统而已。如今，视听媒体和电子通信网络及其各自的规制框架构成了各国新闻媒介系统的基本组成部分。这可能正是我批判意见的核心观点。

为了支持我关于多媒体传播网络的建议，我对政治系统进行分类，将其理解为一套政治机构，在特定的法律制度中汇集了明确而可识别的形式，以确保公民在一定程度上参与政治活动，而这表现在可以观察的他们行使政治权力时的相关行为。基于四个变量，我确定了四种不同的政治制度：第一，激进自由主义政治制度，一个拥有所有宪法保障且国家对于经济和社会活动干预很少的民主制度；第二，社会自由主义政治制度，一个拥有所有宪法保障且国家对于该国的经济和社会活动进行重点干预的民主制度；第三，威权政治制度，在这种制度下不存在带有保障的民主宪法体系，且国家通常在经济和社会活动中进行重大干预；第四种政治制度，即从威权主义模式向自由主义模式转变的政治制度，处于经济开放过程中的国家减少对公共领域的控制，并建立起具有相应保障机制的民主制度。

我认为，视听通信网络的相关规制只有建立在民主或自由的政治制度基础上时才是合法的。因此，我的研究从三个现存的民主规制体系出发，着眼于与激进自由主义政治体系相对应的激进自由规制模式、连贯的社会自由主义规制模式以及萎缩的社会自由主义规制模式，这两种社会自由主义规制模式对应社会自由主义政治制度，并根据私有权利在公共领域的渗透程度进行区分。

在我的研究中，在确定了自由主义政治体系中的三种规制模式后，我想从特定的历史角度来解释大西洋两岸的网络和多媒体内容自出现开始到现在的规制模式。我们可以看到，欧洲的第一个视听通信规制模式是在每个国家建立公共垄断，特别如英国广播公司在第一次世界大战和第二次世界大战之间所采用的规制模式。该规制模式的基础是推动内部多元化。鉴于无法构建足够多样、开放、多形式的公共视听空间，该模式垄断制度中的公共运营商在某种特定社会背景下反映不同的观点和意见。至于其他作为参考的规制模式则遵循了相对不同的路径，它们的出发点包括《1934年通信法》，该法律是视听通信和使用无线电频谱的指导方针。根据这部法律，美国对视听通信进行私有化改革，同时制定了关于频谱使用的严格规制以约束作为公共利益受托人以及公共资源使用者和占有者的私人运营商。

从20世纪80年代开始，各国开始认识到电子通信网络行业和视听媒体在经济增长中的作用日益重要。10年前，微电子领域和信息数字化领域取得了重大进展，网络作为发展和创新的战略要素也得到了广泛认可。20世纪90年代出现第一波自由化改革浪潮，部分国家对电信运营商进行了私有化改革，私有视听运营商开始进入欧洲市场。几年以后，第二波自由化浪潮又进一步引入了新的电信和视听运营商。第三波自由化浪潮发生在20世纪90年代末，当时的电信行业已经存在更多实际的竞争，此外，在欧洲，私有运营商开始获得比公共运营商更重要的地位，且国家的具体情况有所不同。

从20世纪80年代末开始，电子通信网络领域的相关规范开始出台，此过程在整个90年代发展、延续。出台这些规范的目的是：保证电信市场从垄断市场成功过渡到竞争市场；维护消费者利益；推动TIC行业的长远发展。作为一种能够影响公共舆论且具有塑造公共领域意识的公共通信系统，多媒体传播行业于20世纪30年代出台了第一项管理规范，当时技术不完善且经济发展不成熟，出台管理规范的目的是调节个人演说对公众领域的影响力，所谓个人演说，即不是面对所有人的。从20世纪80年代开始，尤其是到90年代后，在技术不断成熟且经济得到了良好发展的背景下，该行业开始进一步放松规制。尤其在欧洲，随着实力强劲的私有运营商进入公共领域，相应的规制也逐渐放松。

从这个意义上说，我们已经回顾了全球在多媒体传播网络领域出台的重大法律。从1932年英国BBC皇家特许状、美国《1934年通信法》，到最近的英国《2003年通信法》和美国《1996年电信法案》。同样，我们还看到了法国的1986年《传播自由法》，《1987/2007欧洲视听媒体服务指令》以及欧洲理事会的《欧洲跨境电视公约》（CE，1989）。以我最严格的观点来看，这些法律一直在影响其他国家的立法改革。

在国际层面上，以未能落实的《麦克布莱德报告》为例，我们分析了各国政府在通信传播领域交流协作的第一次尝试。我们回顾了传播政策从联合国教科文组织转移到国际电联和世贸组织的过程、国际电联的标准化和技术监管，以及世贸组织将传播商品作为经济商品的做法。而出人意料的是，通过《文化多样性公约》，人们对传播的认识又回到了联合国教科文组织的观点上来，承认传播是一种文化商品。

在这一章中，我们分析了监管机构的出现及其演变过程。事实上，20世纪80年代末，第一批针对电信传播网络或视听通信系统的监管机构开始出现。电子通信网络主管部门的主要目标是：确保提供多样的服务、确保运营商能够进入电子通信网络、确保不同网络之间的互联和可操作性；对电子通信领域不同运营商之间可能发生的冲突进行仲裁和调节、介入电子通信领域的一个或多个运营商的兼并过程或者收购过程，以及为政府提供关于市场的自由竞争发展和通信规制方面事宜的咨询。在视听规制领域，视听管理部门的中心目标是确保言论自由和知情权。与此同时，视听管理部门在确保视听行业符合规范之后，要行使监督职责，保证视听系统内部和外部的多元化，通过颁发许可证的方式保证私有运营商能够进入公共领域，并监督在视听行业运营的公共运营商履行公共服务职责。

第三节　社会自由主义规制模式及其根本价值观

在自由主义政体或民主政体中，多媒体传播网络有两种主要的规制模式：激进自由主义政体中存在的激进自由规制模式；社会自由主义政体中存在的连贯的或萎缩的社会自由主义规制模式。无论如何，总的来说有两种模式，即激进的自由主义制度和社会自由主义制度。

简而言之，我们可以将多媒体传播网络的激进自由主义规制模式理解为公共权力的干预必须尽可能小，通信在本质上属于一种经济利益和业务，公共利益变成了公众的利益。这种模式不赞同诸如媒体内部多元化这样的概念，并且认为只有不同运营商之间相互竞争带来的外部多元化才能保证媒体内部的多元化。在电子通信领域，这种模式通常倾向于把一切权力赋予大型电信公司，质疑普遍服务所隐含的义务，且直接质疑网络的中立性这一概念。降低规制要求能够确保网络之间的互操作性，保证提供网络服务的运营商的有条件接入，以及限制主要运营商（以前属于国家垄断地位）所扮演的角色——各国的具体情况存在差异。

多媒体传播网络的社会自由主义模式——无论是传承的还是非传承的——从另一个角度审视电子通信和视听通信世界。公共利益不等同于公众的利益，不得因为公众的利益而减少或取代公共利益；公共利益不仅仅是个人偏好的汇聚、叠加或最大化。在一个具体的社区内，如果没有共同约定的基本价值观，人们就很难自由共处并拥有最大的公平。这一模式给予公共管理部门在规制和提供服务方面更大的干预权力。多媒体传播网络不仅仅是经济资产，更是文化、道德和社会资产。电子通信网络的运营商必须承担确保公共利益的使命。媒体，尤其是公共媒体，在为社会整体提供服务的时候必须确保视听内容的多样性和高质量。这种模式，无论是传承的还是非传承的，或是这二者的变体形式，都是捍卫我们社会价值体系的最好模式，更是同时寻求最大自由和最大公平的社会价值体系。

科学界普遍认为，在过去40年里，罗尔斯和哈贝马斯都是奠定社会自由主义思想基础的当代思想家。两位哲学家都是比较研究的对象，其思想的核心内容与康德思想一脉相承。两位思想家提出的理论是社会必须同时寻求最大限度的自由和公平。仅靠自由是不够的，如果没有寻求最大可能公平的条件，人类共存将非常难以实现。同样，如果没有确保真正自由的条件，则个人也会变得微不足道。虽然十分困难，但社会自由主义和社会民主也不得不在自由和公平之间寻找一种平衡。哈贝马斯提出的公共理性和罗尔斯提出的公共理性都是为了实现这种共存的框架。这些哲学学说标志着社会自由主义和社会民主的智慧全景。

我们认为以下四个方面的价值观给社会自由主义和社会民主主义打上了深刻的烙印，并与哈贝马斯和罗尔斯的思想有相似之处。第一，对个人自主性的肯定。这方面至关重要。也许，哈贝马斯和罗尔斯都用康德所流传下来的教义作为各自的学术基础，该教义主要指的是理性的人具有按照自己的、无条件的方式作出决定的能力。第二，对自由的肯定。我们同样可以在康德的教义中为此处所说的自由找到最坚实的基础：自由可理解为存在选择的可能性，个人可以行使自主决定权。第三，对平等的肯定。平等不仅意味着所有人在法律面前都是平等的，还意味着社会应建立相应的机制来保证人们在获得和享受商品、知识和参与公共事务方面的机会平等。第四，对正义视野的肯定。寻求前面三项原则之间的联系、相容性及和谐。罗尔斯将其定义为现实的乌托邦。

这四个价值观：个人自主性、自由、公平和正义视野确立了本书

第四章试图用大部分篇幅设定多媒体传播网络规制基本方向的十条规制。这十条规制都很重要，其中一些比另一些更重要。在我的研究的最后一个章节，我想要强调第一条规制的战略重要性：网络的可访问性以及中立性是当前和面向将来不可或缺的因素。当我们看到全球网络部署的数据时，我们可以认为全球网络部署已经是一个事实，并将继续作为事实而存在。网络市场如饥似渴地想要增加客户量，因此将继续努力使普及网络成为现实。但这不完全是事实。不容置疑的是移动电话已经在世界各地普及，然而无论是光纤宽带还是无线宽带，即便在发达国家也未能实现普及。另外，网络访问这个概念也与网络的中立性紧密相关，也就是说，不得对网络内容有任何的歧视。当网络运营商设法区分网络上传播的内容，或者我们去选择什么内容可以看、什么不可以看的时候，互联网将失去其作为一个开放、自由和通用的网络的本质。这也许就是当前和未来的网络规范必须捍卫的战略因素之一。

第二个重要的监管原则是确保多媒体传播网络的节目质量以及信息的真实性和可信度。网络的出现和普及以及传播窗口日益增多都正在导致传播内容的退化，以及新闻业基本道德规范遭到摒弃。我相信网络将使言论自由和交流自由得到更好的保障，甚至在已经放开电子通信网络的威权国家，自由程度也变得越来越高。然而，值得关注的是，网络所产生的信息的真实性、诚实性及质量。虽然这是一项难以进行规范的任务，但规制框架、监管机构、专业的自律机构、传播和新闻学院、观众协会和信息使用者必须为实现这一至关重要的目标而一起努力。

第三，我认为有必要重新构建多媒体传播服务提供者公共系统，使多媒体传播成为面向公民的服务，并致力于提高社会的民主质量水平。公共媒体和民间媒体是必要的，但一些国家必须提升媒体的可信度，并摆脱经常制约它们的政治和经济环境的束缚。面对那些因为公共媒体过去的活力不足而认为公共媒体多余的人，我相信随着网络的发展和即将到来的激烈竞争的出现，网络将会为我们带来专业、高质量、多元化且限制尽可能少的信息。

同样，欧洲需要建立一个真正的欧洲多媒体传播网络空间，将各国的视听政策和电信政策横向和纵向地结合起来。我们需要建立一个真正的欧洲多媒体传播网络空间，以推进当前欧洲整体的发展进程，使欧盟成为国际舞台上更加强有力的主导者。

在多媒体传播网络领域，连贯的社会自由主义规制模式提出的十个原则寻求为建设更开放的公共领域作出贡献。在这个公共领域，公民可以最大限度地知晓并参与政治活动。公共利益的目标非常明确：公民重新占有公共空间。

然而现在，公众在重新占有公共领域时却遇上了一个不可阻挡的趋势。商业价值观和大型跨国公司已经过度渗透到公共领域，并变革公共领域。跨国信息资本主义模式在世界范围内越来越广泛，控制着文化、价值和经济商品的制造枢纽和传播枢纽。跨国信息资本主义在全世界的扩张越过所有的国界和边界，似乎已经不在政府手段的可控范围内了，各国和各区域都很难找到应对之法。一个典型的例子就是2010年春季在一些欧洲国家发生的危机。"市场"的无形压力导致大多数国家不得不将削减公共预算放到台面上，以控制各自的公共债务。在希腊经济及类似的微型经济体的牵动下，绝大多数欧盟国家都因需要减少公共赤字而修订其社会契约模式，我们不太清楚这究竟是因为谁或为什么。在英国，新的保守—自由—民主政府宣布削减25%的公共开支。法国提高了退休年龄。在西班牙，政府在既没有和工会也没有和雇主达成一致的情况下进行了劳工改革。2012年，这些欧洲国家还在为国际银行提供贷款，补贴车辆消费，推动生产性经济和鼓励消费。然而，在不到十二个月的时间里，欧盟的环境就经历了这样的变化。而现在我们依然不太清楚为什么，也不知道是谁推动了，抑或因为何种利益导致了这种趋势的变化。我们能看到的只是国家政府的弱点，以及所谓的欧洲政府的有名无实。

这些变化所造成的管理不善和混乱无疑会导致公民远离公共事务。这些变化也使政治失去威望，并且不可避免地导致多媒体传播网络的声誉受到损害。

在这些混乱的时刻，国家和地区政府不得不扪心自问什么才是基本的社会价值和契约精神。新的黑暗时代很有可能到来。实际上，凡·科恩盖认为“这一概念让我们想到了第一次黑暗时代所带来的灾难性后果——社会凝聚力缺失、法律至上原则的破裂以及历史记录的遗失。这些后果不仅仅是一次干旱带来的，而很可能由于一次信息雪崩而一触即发”[①]。在缺乏法定权力的情况下，面对权力及其责任的不透明，面对重新建立社会凝聚力的困难（正如我们广泛认识到的那样），我们必须考虑这个问题，必须再次确定公共权力是为公民服务的权力。我们看到自由主义民主是公开的公共权力，是可见的权力。这是民主的核心条件。民主意味着公共权力是透明的和可以控制的，并且最关键的是，民主是可以消除权力中的阴暗和污秽的。尤其是在当前的情况下，大型跨国公司没有受到任何性质的规制和控制，而民主可以消除跨国公司强大权力中所隐藏的阴暗和污秽。

透明度是公民参与公众事务的必要条件。尽管网络产生了大量的信息，但大型权力中心的透明度并不高，权力不透明仍然存在。这很可能是我们正在经历的社会过程的复杂性导致的，但原因不限于此。在我以前的调查中，我的观点是媒体和电子通信网络正在成为第一力量，取代人民的力量。经过这三年的研究，它将证明这一点：多媒体传播网络是这些新的权力中心的一部分，与金融网络、某些政治和经济网络一起，共同配置跨国信息资本主义的权力核心。这些核心是真正的权力枢纽，其中的公共面孔越来越少，而管理这些

① VAN CORNEGAY."Media Convergence and the Neo-Dark Age"en GRANT, A. E.; WILKINSON J. S. (ed.) *Understanding Media Convergence. The State of the Field*. Oxford: Oxford University Press, 2009, p. 95.

核心的技术专家们只想尽可能谨慎地与大的世界通信集团以及大部分的政府勾结，追逐其几百万的薪水。这些新的权力中心既没有意识形态，也没有家庭、国家、宗教信仰。它们既可以跨部门，又可以跨国运作，能够和任何类型的制度和睦相处，但同时它们会蔑视和不信任社会自由主义政府，因为对于市场“无形的手”来说，社会自由主义政府代表一种反制力。这些权力中心控制着市场、网络以及一些政府和国际机构，它们喜欢被动、困惑和乐于消费的公民。多媒体传播网络是它们伟大的盟友。

我们已经看到了网络如何鼓励薄弱的政治文化和冷漠的态度，正如柯伦所回忆的那样：“市场不是为公共利益服务的独立监督机构，而是调整关键选票以满足其私人目的的公司雇佣军。”[①]如果没有宣传公共事务的媒体使权力的决策过程具有透明度，并在暗处构建真正能够制约大型跨国公司的机制，那么，公民将很难参与监督和行使自己的权利。

从这个意义上说，公民必须重新占有公共领域。为了实现这一目标，我们需要一些不受市场、大型跨国公司或政府的政治逻辑影响的多媒体传播网络。在自由主义政权中，公共权力尽管有其不足之处和局限性，但它是公民认可的用公共合法性来管理公共事务的力量。过度放松管制和私有化导致我们失去了由公共权力控制和监督的领域。市场自由或言论自由不可受牵连。社会自由主义规制模式的基础恰恰是尊重言论自由和信息自由，并尊重自由市场。根据我提出的原则，社会自由主义规制是民主及其价值观的无条件盟友，能够加强民主、支持公民在公共领域行使权利，并使政治恢复其最高尚的意义。规制可以成为民主发展的盟友，使公民可以在最佳和最公平的条件下做出有“代表性”的决定。多媒体传播网络可以成为加强公共空间的合作伙伴。我再说一次，更公开的公共空间使公民文化更丰富，也更有参与性，并创建一个经过讨论和对话的、透明与自由的空间。是的，自由。只有

① CURRAN, 2005: 245.

当对多媒体的规制是恰到好处的、有调整的、灵活的且在法律和社会层面具有合法性时，人们才能将其看作自由的盟友。最后，我要引用诺伯托·博比奥的一句著名的话：“任何古代的暴君，任何现代的绝对君主，即使身边围绕着数以千计的间谍，他们所得到的关于其臣民的消息也远比不上最民主的政府通过电子头脑获得的信息。描绘整个政治思想史的老问题‘谁来照顾照顾者’，今天可以用‘谁来控制控制者’的形式发问，如果找不到这个问题正确的答案，政府就将失去民主。”①

参考文献
Bibliografía

AGUDÍEZ CLAVO, P. "Los telepredicadores, los talk shows y la primera enmienda", en *CIC*, (*Cuadernos de Información y Comunicación*), núm. 1, Madrid: 1995. Pp. 143-157.

ALBARRAN, A. B. *Media Economics. Understanding Markets, Industries and Concepts*. Ames, Iowa: State University Pres, 2002.

ALBARRAN, A. B.; MIERZEJEWSKA, B. I. "Media Concentration in the US and European Union: A Comparative Analysis", presentado en *6 World Media Economics Conference*. Centre d'Etudes Sur les Média and Journal of Media economics, HEC Montreal, Montreal, Canadá, 12-15 de mayo, 2004.

ALTSCHULL, J. H. *Agents of Power*. Nueva York: Longman, 1984.

ANDERSEN, R.; STRATE, L. *Critical Studies in Media Commercialism*. Oxford: Oxford University Press, 2000.

ANDERSON, B. *Imagined Communities. Reflections on the origin and spread of nationalism*. Londres: Verso, 1983.

ARENDT, H. *¿Qué es la política?*. Paidós. Barcelona, 1997 {1995}.

— *La promesa política*. Paidós. Barcelona, 2008 {2005}.

ASABERGER, A. *Media and Society. Acritical perspectives*. Maryland: Rowman & Littlefield Publishers, 2007.

AUTIN, J. L. "Le Conseil supérieur de l'audiovisuel en France", en *Revista Catalana de Dret Públic*, núm. 34, 2007. Pp. 83-115.

BAGDIKIAN, B. *The New Media Monopoly*. Boston: Beacon Press, 2000.

— *The New Media Monopoly*. Boston: Beacon Press, 2004.

BAKER, C. E. *Media, Markets, and Democracy*. Cambridge: Cambridge University Press, 2002.

— *Media Concentration and Democracy: Why Ownership Matters*. Cambridge: Cambridge Press, 2006.

BARATA, J. *Democracia y audiovisual. Fundamentos normativos para una reforma del régimen español*. Madrid: Marcial Pons, 2006.

— "Regulation and Co-regulation in the public space 2.0", en Bourcier, D., Casanovas, P., Dulong de Rosnay, M., Caracke, C., *Intelligent Multimedia. Managing Creative Works in the Digital World*, Florencia, European Press Academic Publishing, 2010.

BARBERO, M. *De los medios a las mediaciones*. Barcelona: G. Gili, 1987.

— *Comunicación y culturas populares en Latinoamérica*. Barcelona: G. Gili, 1987.

BARSAMIAN, D. *The Decline and Fall of Public Broadcasting*. Cambridge: South End Press, 2002.

BAXTER, H. "System and Lifeworld in Habermas' Theory of Law", en *Cardozo Law Review*, núm. 23, Nueva York: 2002. Pp. 473 y ss.

BATTRO, A. M.; DENHAM, P. J. *Educación Digital*. Buenos Aires: Emecé, 1997.

BAUMAN, Z. *In Search of politics*. Stanford: Stanford University Press, 1999.

— *Vida líquida*. Paidós: Barcelona, 2007.

— *Els reptes de l'educació en la modernatat líquida*. Arcàdia: Barcelona, 2007.

BAWDEN, D. "Promoting literacy in a digital age: approaches to training for information literacy", en *Learned Publishing*, vol. 15, núm. 4, octubre de 2002.

— "Information and digital literacies: a review of concepts", en *Journal of Documentation*, vol. 5, núm. 2, 2001.

BBC. *Building Public Value. Renewing the BBC for a digital world.* Londres, 2004.

BBC OFCOM. *Review of public service television broadcasting. A BBC response.* Londres: OFCOM, 2004.

BECERRA, M. *Sociedad de la Información: Proyecto, Convergencia, Divergencia.* Buenos Aires: Norma, 2003.

BECK, U. *La sociedad del Riesgo.* Barcelona: Paidós, 1987.

— ¿Qué *es la globalización?* Barcelona: Paidós, 1998.

BECK, U.; BECK-GERNSHEIM, E. *La individualización.* Barcelona: Paidós, 2000.

BELL, D. *El advenimiento de la sociedad postindustrial.* Madrid: Alianza, 1994 {1973}.

— *The Cultural Contradictions of capitalism.* Nueva York: Basic Books, 1976.

BENNET, W. L. *News: The Politics of Illusions* (8.ª ed.). Nueva York: Longman. 2009.

BENINGER, J. *The Control revolution: Technological and Economic Origins of the Information Society.* Cambridge, Mass: Harvard University Press, 1986.

BERGER, P. L. *Facing Up To Modernity.* Nueva York: Harper Books, 1977.

BERGER, P. L.; LUCKMANN, T. *La construcció social de la realitat: un tractat de sociologia del coneixement.* Barcelona: Herder, 1996.

BERGER, P. L.; HUNTINGTON, S. P. *Many Globalizations. Cultural Diversity in the Contemporary World.* Oxford: Oxford University Press, 2002.

BERLIN, I. "On human dignity: a letter to George Kennan", en *New Republic*, vol. 4, núm. 541. Pp. 23-30.

BERTHO, C. *Histoire des Télécommunications en France.* París: Eres, 1984.

BEVIGLIA, A. *WTO Rules in the Audio-Visual Sector.* Hamburgo: Hamburg Institute of International Economics, 2003.

BIERBAUER, CH. *The Future of Media Convergence* en GRANT, A. E.; WILKINSON, J. S. (ed.). *Understanding Media Convergence. The state of the field.* Oxford: Oxford University Press, 2009.

BISCARETTI DI RUFÌA, P. *Derecho Constitucional.* Madrid: Tecnos, 1965.

BLAIKLOCK, A.; KROTOSZYNSKI, R. J. "Enhancing the Spectrum: Media Power, Democracy, and the Marketplace of Ideas", en *University of Illinois Law Review 3,* 2000. P. 867.

BLUMLER, J.; GUREVITCH, M. *The Crisis of Political Communication.* Londres: Routledge, 1995.

BOBBIO, N. *El futuro de la democracia.* México: FCE, 1986.

— *Derecha e izquierda.* Madrid: Taurus, 1995.

— *Elogio de la templanza.* Madrid: Temas de Hoy, 1997.

— *El tercero ausente.* Madrid: Cátedra, 1997.

BOGART, L. *Commercial Culture. The Media System and the Public Interest.* New Brunswick (NJ): Transaction, 2000.

BOLLINGER, L. *The tolerant society: Freedom of Speech and Extremist Speech in America.* Oxford: Oxford University Press, 1986.

BORDEN. D. L. *The Electronic Grapevine.* Londres: Lawrence Erlbaum Associates, 1998.

BORDIEU, P. *Sobre la televisión.* Barcelona: Anagrama, 1997.

BRAND, S. "Escaping the digital dark age", en *Library Journal,* vol. 124, 2003. Pp. 46-49.

BRIGGS, A. *The BBC. The First Fifty Years.* Oxford: Oxford University Press, 1985.

BRIGGS, A.; BURKE, P. *A social history of The Media* (3ª ed.). Cambridge: Polity Press, 2009.

BRZEZINSKI, Z. *La Era Tecnotr*ónica. Buenos Aires: Paidós, 1979.

BUCKINGHAM. D. *Media education: a global strategy for development.* París: Unesco, 2001.

— *Media education.* Cambridge: Polity Press, 2003.

BURDEAU, G. *Droit Constitucionnel et institutions politiques.* París, 1974.

BURNETT, R.; MARSHALL, P. D. *Web theory: An Introduction.* Londres:

Routledge, 2003.

BURNS, T. *The BBC: Public Service and Private World.* Londres: Macmillan, 1977.

BUSTAMANTE, E. *La televisión económica. Financiación, estrategias y mercados.* Barcelona: Gedisa, 1999.

BUSTAMANTE, E. (comp.) *Hacia un nuevo sistema mundial de comunicación: las industrias culturales en la era digital.* Barcelona: Gedisa, 2003.

CAMPBELL, A. J. "Self-regulation and the media", en *Federal Communications Law Journal*, vol. 51, núm. 3, 1999. Pp. 711-772.

CAMPOS FREIRE, F. "La nueva directiva europea sobre los medios audiovisuales remueve el mapa de la televisión", en *Icono*, vol. 14, 9 de junio de 2007.

CANTOR, N. S. *The Civilization of the Middle Ages.* Nueva York: Harper Collins, 1993.

CAPPELLA, J. N.; JAMIESON, K. H. *Spiral of Cynicism: The Press and the Public Good.* Nueva York: Oxford University Press, 1997.

CARBONELL, J. M. "Els mitjnas de comunicació i els poders públics", en *Revista FRC*, núm.7, 2003.

— "Bases per a la dinamització del sector audiovisual", en *Revista Econòmica de Catalunya*, núm. 53, 2006.

— *El Primer Poder.* Mina: Barcelona, 2008.

— "Las autoridades independientes en la regulación del sector audiovisual. El Consejo Audiovisual de Catalunya", en PAUNER, C.; TOMAS, B. *Las administraciones independientes.* Valencia. Tirant Monografias 654. Tirant lo Blanch, 2009.

— "Cinc reflexions sobre el paper de les productores en el futur de la televisió local", en Xarxa de Televisions Locals, *L'audiovisual local, una mirada per afrontar el futur 29 anys després.* Barcelona, XAL, 2009.

CARBONELL, J. M.; SAEZ, F.; ALVARO, F. M.; RISQUETE, J. "La tematització i personalització de la informació digitalitzada i el seu impacte en la formació d'opinió pública", en *Revista Trípodos*, núm. 18, 2006.

CARLSSON, U. "The Rise and Fall of NWICO. From a Vision of international regulation to a Reality of Multilevel Governance", en *Nordicom*, vol. 24, núm. 2, 2003.

CARRILLO, M. "Derecho a la información y veracidad informativa", en *REDC*, núm. 23, 1998. Pp. 187 y ss.

CASTANEDA, L.; MURPHY, S.; HETHER, H. J. "Teaching print, broadcast and online journalism concurrently. A case study assessing a convergence curriculum", *Journalism and Mass Communication Educator*, vol. 60, núm. 1. Pp. 57-70.

CASTELLS, M. *L'Era de la informació. La societat xarxa*. UOC: Barcelona, 2003.

— *L'Era de la informació. El poder de la identitat*. UOC: Barcelona, 2003.

— *L'Era de la informació. Canvi de mil-leni*. UOC: Barcelona, 2003.

— *Comunicació i Poder*. Barcelona: UOC press, 2009.

CARVAJAL, M.; SANCHEZTABERNERO, A. *Media Concentration in the European Market*; *New Trend and Challenges*. Pamplona: EUNSA, 2002.

CHAPMAN, J. *Comperative Media History*. Cambridge: Polity Press, 2005.

CHAUVEAU, A. *L'Audiovisuel en liberté? Histoire de la Haute Autorité*. París: Presses de Sciences Politiques, 1997.

CHERRY, B. A.; WLIDMAN, S. S.; HAMOND, A. S. *Making Universal Service Policy*: *Enhancing the Process Thought Multidisciplinary Evaluation*. Nueva Jersey: Lawrence Erlbaum Publishers, 1999.

CHESTER, J. *Digital Destiny*: *New Media and the Future of Democracy*. Nueva York: New Press, 2007.

CHOMSKY, N. *Media control. The Spectacular Achievements of Propaganda*. Nueva York: Seven Stories Press, 2002.

— *Manufacturing consent*: *The political economy of the mass media*. Nueva York: Pantheon Books, 2002.

COLOMER, J. M. *La política en Europa*. Barcelona: Ariel, 1995.

— *Instituciones políticas*. Barcelona: Ariel, 2001.

COMPAINE, B. M.; GOMERY, D. *Who owns the Media? Competition and*

Concentration in the Mass Media Industry (3ª ed.). NJ: Erlbaum, 2000.

COOPER-CHEN, A. (ed.). *Global Entertainment Media: Content, Audiences, Issues.* Mahwah, NJ: Lawwrence Erlbaum, 2005.

COTTA, M. *Les Miroirs de Júpiter.* París: Bayard, 1986.

COULDRY, N.; CURRAN, J. *Contesting Media Power: Alternative Media in Networked World.* Lanham: Rowman and Littlefield, 2003.

COYER, K.; DOWMUNT, T.; FOUNTAIN, A. *The Alternative Media Handbook.* Londres: Routledge, 2007.

CRANDALL, R. *Competition and Chaos; US Communications since 1996.* Brookings Institute, 2005.

CRANDALL, R. W.; WAVERMAN, L. *Who Pays for Universal Service? When Telephone Subsidies Become Transparent.* Brookings Institution, 2000.

CRANE, R.; NEUMAN, R.; NOAM, E.; SAPOLSKY, H. (ed.). *The telecommunications revolution.* Nueva York: Routledge, 1992.

CROTEAU, D.; HOYNES, W. *By invitation only.* Common Courage Press, 1994.

— *The business of media : corporate media and the public interest.* Thousand Oaks, CA: Forge Press, 2006.

CURRAN, J. "Rethinking Media and democracy", en CURRAN, J.; GUREVITCH, M. *Mass Media and Society.* Londres: Arnold, 2000. Pp. 310 y ss.

— *Medios de comunicación y poder.* Barcelona: Hacer, 2005.

CURRAN J.; SEATON, J. *Power Without Responsibility: The Press and Broadcasting in Britain* (3ed.). Lonrdes: Routdledge, 1988.

DAHL, R. *Pluralist Democracy in the US: Conflict and Consent.* Chicago: Rand McNally, 1967.

— *La democracia y sus críticos.* Barcelona: Paidós, 1993.

— *La democracia. Una guía para los ciudadanos.* Madrid: Taurus, 1999.

DEAR, M. *The Postmodern Urban Condition.* Oxford: Blackwell, 2000.

DE LA CUADRA-SALCEDO, T. *Liberalización de las telecomunicaciones, servicio público y constitución económica europea*. Madrid: Centro de Estudios Constitucionales, 1995.

— *Derecho de la Regulación Económica IV: Telecomunicaciones*. Madrid: Iustel, 2009.

DE MORAES, D. (ed.). *Por otra comunicación: los media, globalización cultural y poder*. Barcelona: Icaria, 2003.

DE ROSNAY, J. *Le Macroscope. Vers une vision globale*. París: Éditions du Seuil, 1975.

DE SOLA POOL, I. *Technologies of freedom*. Cambridge: Belknap Press, 1983.

DEBBASCH, CH. (dir.). *La Comisión nationale de la communication et des libertés*. Presses Universitaires d'Aix-Marseille.

DEETZ, S. A. *Democracy in an age of corporate colonization*. Nueva York: State University of New York, 1992.

DERBER, CH. *Corporation Nation. How corporations are taking over our lives and what we can do about it*. Nueva York: St. Martins Press, 1998.

DENNIS, E. E. *Reshaping the Media: Mass Communications in an Information Age*. Newbury Park, CA: Sage, 1989.

DICKEN, P. "A New Geo-economy", en Held, D.; McCrew, A. *The Global Transformations Reader*. Cambridge: Polity Press, 2000. P. 305.

DIMAGGIO, P.; HARGITTAI, E.; NEUMAN, W. R.; ROBINSON, J. P. "Social implications of the Internet", en *Annual Review of Sociology*, vol. 27, 2001. Pp. 307-36.

DONALS MOON, J. "Rawls and Habermas on Public Reason: Human Rights and Global Justice", en *Annual Review of Political Science*, vol. 6 (junio de 2003). Pp. 257-274.

DORNFELD, B. *Producing Public Television, Producing Public Culture*. Princeton: Princeton University Press, 1998.

DOWNING, J. D. H. *Radical Media*. Thousand Oaks, CA: Sage, 2000.

DOYLE, G. *Understanding Media Economics*. Londres: Sage Publications, 2002.

DRUKER, P. *The age of discontinuity*. Londres: Heinemann, 1969.

DUFF, A. *Information society studies*. Londres: Routledge, 2000.

DURKHEIM, E. *Les Formes elementals de la vida religiosa*. Barcelona: Edicions 62, 1987.

DUVERGER, M. *Institutions politiques et Droit constitutionnel*. París, 1970.

EASTON, D. *Enfoques sobre teoría política*. Buenos Aires: Amorrortu Editores, 1969.

ECONOMIDES, N. TAG, J. *Net Neutrality on the Internet: A Two-sided Market Analysis*. <http: //archive.nyu.edu/bitstream/2451/26057/2/07-27.pdf>. Mayo de 2009.

EDWARDS, D.; CROMWELL, D.; Guardians of Power. *The myth of the liberal media*. Londres: Pluto Press, 2006.

El Mundo. 12 /06 /07.

El País. Editorial, 30 de septiembre de 1980.

ENGELMAN, R. *Public Radio and Television in America: A Political History*. Londres: Sage Publications, 1996.

ESPING-ANDERSEN, G. *Los tres mundos del Estado del bienestar*. Valencia: Institució Alfons el Magnànim, 1993.

EUROSTART INFORMATION: http: //epp.eurostat.ec.europa.eu/statistics_explained/index.php/Information_society_statistics_at_regional_level

ETZIONI, A. *The Spirit of Community: Rights, Responsibilities and the Communitarian Agenda*. Londres: Fontana, 1995.

— *The New Golden Rule*. Nueva York: Perseus Books, 1996.

FERGUSON, M.(ed.). *Public Communication: The New Imperatives*. Londres: Sage.

FERGUSON, Y. H. "The crisis of the state in a globalizing world", en *Globalizations*, vol. 3, núm. 1. Pp. 5-8.

FERRÉS, J. "L'educació en comunicació audiovisual en l'era digital", en Barcelona: *Quaderns de CAC*, núm. 24, 2007.

FLEW, T. *New Media. An Introduction* (3ª ed.). Oxford: Oxford University Press, 2008 {2002}.

— *Understanding Global Media*. Nueva York: Palgrave Macmillan, 2007.

FLICHY, P. New Media History, en LIEVROUW, L. A.; LIVINGSTONE, S. M. *The Handbook of New Media: Social Shaping and Consequences of ICT's* (2ª ed.) Londres: Sage, 2005.

FLICHY, P. *The Internet Imaginaire*. Cambridge: MIT Press, 2007.

FOWLER, M. S. "The public's Interest", en *Communication and Law*, vol. 4, 1982. Pp. 51-58.

FOWLER, M. S.; BRENNER, D. L. "A Marketplace Approach to Broadcast Regulation", en *Texas Law Review*, núm 60, 1986. Pp. 207 y ss.

FRIEDMAN, T.L. *The Lexus and the Olive Tree*. Nueva York: Harper Collins, 1999.

— *The world is Flat*. Londres: Penguin, 2005.

FUKUYAMA, F. *La gran ruptura*. Barcelona: Ediciones B, 2000.

— *El final de la Historia y el último hombre*. Barcelona: Planeta, 1994.

FUCHS, C. *Internet and Society: Social Theory in the Information Age*. Londres: Routledge, 2008.

FUENDESCO. *INFORMES ANUALES DE FUENDESCO: Telecomunicaciones 1996*. Madrid: Tendencias, 1996.

GABE, D. "Broadband and universal service. Telecommunications", en *Policy*, vol. 31, núm. 6-7, 2007. Pp. 327-346.

GANLEY, P. ALLGROVE, B. "Network neutrality/Great Britain. Net neutrality: A user's guide", en *Computer Law and Security Report*, vol. 22, núm. 6, 2006. Pp. 454-463.

GAPTEL, Informe 2008, http: //www.ontsi.red.es/informes-anuales/articles/id/3779/informe-anual-2008-edicion-2009.html

GRABACZ, C.; THOMPSON, H. G. "Universal telecommunication service: A world perspective", en *Information Economics and Policy*, vol. 17, núm.4, 2005. Pp. 495-51.

GARNHAM, N. *Capitalism and global Communication: Global Culture and the Politics of Information*. Londres: Sage, 1990.

GRACIA CASTILLEJO, A. *El Consejo Audiovisual de España*. Madrid: Fundación Alternativas, 2003.

— "Convergencia i legislació general audiovisual a Espanya", en Barcelona: *Quaderns del CAC*, núm. 31-32, 2009.

GARTON ASH, T. "La lucha de poder en Internet", en *El País*, 27 de marzo de 2010.

GENTOT, M. *Les autorités administratives indépendantes*. París: Montchrestien, 1991.

GERADIN, D. (ed.) *The WTO and Global Convergence in Telecommunications and Audio-Visual Services*. Cambridge: Cambridge University Press, 2004.

GIBBONS, T. *Regulating the Media*. Londres: Sweet & Maxwell, 1998.

GIDENS, A. *Un mundo desbocado. Los efectos de la globalización en nuestras vidas*. Madrid: Taurus, 2000.

— *Europa en la era global*. Paidós: Barcelona, 2007.

GIFFARD, A. *Unesco and the Media*. Nueva York: Longman, 1989.

GIFREU, J. *El debate internacional de la comunicación*. Barcelona: Ariel, 1986.

— *La Pell de la diferència*. Barcelona: Pòrtic, 2006.

GIL CALVO, E. "Una taxonomía del cuarto poder", en *Revista de Libros*, núm. 144. 2008.

GOMERY, D. "Media economics. Terms of analysis", en Golding P. y Murdock, G.(ed.) *The political economy of the media*. Cheltenham, UK: Edward Elgar, 1989. Pp. 33-50.

— *The FCC's Newspaper-broadcast cross-ownership rules: An analysis*. Washington, DC: Economic Policy Institute.

GLOSNY, M. A. "China and the BRICs: A Real (but Limited) Partnership in a Unipolar World", en *Polity*, vol. 42, núm. 1, 2010. Pp. 100-129.

GOLDSMITH. J. L.; WU, T. *Who Controls the Internet? Ilusions of a Borderless World*. Nueva York: Oxford University Press, 2006.

GORDON, R. "Convergence defined", en *Online Journalism Review*, octubre, 2008. <http: //www.ojr.org/ojr/bussiness/1068686368.php>.

GORE, A. *The Assault on Reason*. Bloomsbury, 2007.

GRANT, A. E.; WILKINSON, J. S. (ed.). *Understanding Media Convergence. The State of the field*. Oxford: Oxford University Press, 2009.

HABERMAS, J. *Theorie des Kommunikativen Handeln* (3ª ed.). Fráncfort: Suhrkamp Verlag, 1981. Nueva edición en castellano: *Teoría de la acción comunicativa*. Madrid: Trotta, 2010

— *Historia y crítica de la opinión pública. La transformación estructural de la vida pública*. Barcelona: Gustavo Gili, 2002 {1962}.

— *Teoría de la acción comunicativa: complementos y estudios previos*. Madrid: Cátedra, 1997.

— *Between facts and norms. Contributions to a discourse theory on law and Democracy*. Cambridge: The MIT Press, 1996. P. 122.

— *Reconciliation through the public use of reason: remarks on John Rawls's political liberalism*. J. Philos, 1995.

HABERMAS, J.; RAWLS, J. *Debate sobre el liberalismo político*. Barcelona: Paidós, 1998.

HACHTEN, W. A. *The World News Prism Chanching Media, Clashing Ideologies*. Ames: Iowa University Press, 1981.

HALLIN, C.; MANCINI, P. *Sistemas mediáticos comparados*. Barcelona: Hacer editorial, 2007.

— "Commercialism and Professionalism in the American News Media", en CURRAN, J.; GUREVITCH, M. *Mass Media and Society*. Londres: Arnold, 2000. Pp.

218 y ss.

HALPIN, T. "Brazil, Russia, India and China form bloc to challenge US dominance", en *The times*, 17 de junio de 2009.

HAMELINK, C. J. "MacBride with hindsight", en GOLDING, P.; HARRIS, P.(ed.) *Beyond cultural Imperialism. Globalization, Communication and the New International Order.* Londres, 1997.

—(ed.). *Communication in the Eighties: A Reader on the MacBride Report.* Roma: IDOC internacional 1980.

— "Did WSIS Achieve Anything at all?", en *Gazette. International Journal of Communication*, vol. 66, núm. 3-4, 2004.

HAMELINK, C.; BECERRA, M. *Sociedad de la información: proyecto, convergencia, divergencia.* Buenos Aires, 2003.

HANCOCK, A. *Communication Planning Revisited. Unesco.* París: Unesco, 1992.

HAMELINK, C. J.(ed.). *Communication in the Eighties: A Reader on the MacBride Report.* Roma: IDOC Internacional, 1980.

HART, R. P. *Seducing America: How Television Charms the Moder Voter.* Thousand Oaks, CA: Sage, 1999.

HART, D. M. "Theodore N. Vail and the civic origins of universal service", en *Business & Economic History*, vol. 28 I 2, núm. 99. P. 71.

HELD, D. *La democracia y el orden global.* Barcelona: Paidós, 1997 {1995}.

— *Modelos de democracia* (3ª ed.). Madrid: Alianza Editorial, 2007.

HELD, D.; McGREW. *Governing Globalization.* Cambridge: Polity Press, 2000.

— *The Global Transformations Reader.* Cambridge: Polity Press, 2000.

HELD, V. *The Public Interest and Individual Interest.* Nueva York: Basie Books, 1970.

HENDRICKS, J. A. "The Telecommunications Act of 1996: Its impact on the Electronic Media of the 21st century", en *Review of Communications and the Law*, núm. 21, 1999.

HOBBS, R. "The seven great debates in the media literacy movement", en *Journal of Comunication*, vol. 48, núm 1, marzo de 1998. Washington.

HORTON, M. "The Agony of Deceit. What some TV Preachers are really teaching", en *Journal of Psychology and theology*, vol. 18, 1990. Pp. 296-297.

HOYNES, W. *Public Television for Sale. Media, the Market and the Public Sphere.* Boulder: Westview Press, 1994.

HUMPHEREYS, P. J. *Mass Media and media policy in Western Europe.* Manchester: Manchester University Press, 1996.

— "The goal of Pluralism and Ownership Rules for Private Broadcasting in Germany: Re-Regulation or De-regulatino", en *Cardozo Arts & Entertainment Law Journal*, núm. 16, 1998. Pp. 527 y ss.

HUNTINGTON, S. P. *Political Order in Changing Societies.* New Haven, 1968. (Traducción al castellano: *El orden político en las sociedades en cambio.* Barcelona: Paidós, 1997)

— *El xoc de civilizaciones.* Barcelona: Paidós, 1997.

INGLEHART. R. *The Silent Revolution: Changing Values and Political Stiles among Western.* Pinceton: Princeton University Press, 1977

— *Culture Shift in Advanced Industrial Society.* Princeton: Princeton University Press, 1990.

— *Modernization and Postmodernization.* Princeton: Princeton University Press, 1997.

INNERARITY, D. *El Nuevo Espacio Público.* Madrid: Espasa, 2006.

INNIS, H. A. *Empire of Communications.* New Haven: Yale University Press, 1953.

JEANNENEY, J. N. *Une historie des médias.* París: Éditions du Seuil, 2001.

JENKINS, H. *Convergence Culture.* Barcelona: Paidós, 2008.

JONGEN, F. *La police de l'audiovisuel. Analyse comparée de la régulation de la radio et de la télévision en Europe.* París: LGDJ, 1994.

KAHN, F. J. (ed.). *Documents of American Broadcasting.* Meridith, 1968.

KALVEN, H. Jr. *A Worthy Tradition: Freedom of Speech in America*. Richard Polenberg, 1988.

KANT, I. *Fundamentación de la metafísica de las costumbres*. Buenos Aires: Eudeba. 1998.

KARST, K. L. "Equality as a central Principle in the First Ammendement", en *University de Chicago Law Review*, 1975. Pp. 20-68.

KATZ, J. E.(ed.). *Handbook of Mobile Communication Studies*. Cambridge: Cambridge University Press, 2008.

KLEINSTEUBER, H. J. *The Internet between Regulation and Governance*. www. osce org.

KELLNER, D. *Media Spectacle and the Crisis of Democracy*. Boulder, CO: Paradigm, 2005.

KENNETH, B. *The normative grounds of social criticism: Kant, Rawls, and Habermas*. Albany State, University of New: Kenneth Baynes Publisher, 1992.

KLINENBERG, E. *Fighting for air: the battle to control America's media*. Nueva York: Metropolitan Books, 2007.

KOREA COMMUNICATIONS COMMISION Report 2008: http: //eng.kcc.go.kr/user/ehpMain.do.

KYMLICKA, W. *Liberty, Community and Culture*. Nueva York: Oxford University Press, 1989.

LAGUNA DE PAZ, J. C. *Telecomunicaciones: Regulación y Mercado*. Madrid: Aranzadi, 2004.

LAPIERRE, J. W. *El Análisis de los Sistemas Políticos*. Barcelona: Editorial Península, 1976.

LASSWELL, H. *Propaganda Techniques in the World War*. Nueva York: Knopf, 1927.

LEDBETTER, J. *Made Possible by: The Death of Public Broadcasting in the United States*. Londres-Nueva York: Verso, 1998.

LESSING, L. *Code and Other Laws of Ciberspace*. Nueva York: Basic Books, 1999.

— *Free Culture: How Big Media Uses technology and the Law to Lock Down Culture and Control Creativity*. Nueva York: Penguin 2004. (Edición en castellano: *Cultura Libre*. Traficante de Sueños, 2005.)

— *Creative Economies*. East Lansing, MI: Michigan State University College of Law, 2006.

LEWIS, Ch. *The Buying of the Congress*. Nueva York: Avon Books, 1998.

— "Media Money: How Corporate Spending Blocked Political Ad reform and Other Stories of Influence", en *Columbia Journalisme review*, vol. 39, núm 3, 2000. Pp.20-27.

LHUMANN, N. *Observaciones de la modernidad*. Barcelona: Paidós, 1997.

— *La realidad de los medios de masas*. Rubí: Anthropos, 2000 {1998}.

LIJPHART, A. *Modelos de democracia. Forma de gobierno y resultados en treinta y seis países*. Barcelona: Ariel, 2000.

LINZER, P. "From the Gutenberg Bible to Net Neutrality. How Technology Makes Law and Why English Majors Need to Understand It", en *McGeorge Law Review*, vol. 39, 2008.

LIPPMANN, W. *La opinión pública*. Madrid: Langre, 2003.

LIVINSTON, S. *Young People and New Media*. Londres: Sage, 2002.

— "Critical Debates in Internet Studies: Reflections an a Emergent Field", en CURRAN, J.; GUVERITCH, M. (ed.) *Mass Media and Society* (4ª ed). Londres: Hodder, Arnold, 2005.

LOCKE, J. *Two Treatises of Government. Ed. Peter Laslett*. Cambridge: Cambridge University Press, 1988.

LOEWENSTEIN, K. *Teoría de la Constitución*. Barcelona: Ariel, 1957.

LUNDBLAD, N.; KIEFER, A. "The economic efficiency of self-regulation University of Goteborg", en *17th Annual BILETA Conference*. Amsterdam: Free University of Amsterdam.

MAALOUF, A. *El desajuste del mundo.* Madrid: Alianza, 2009.

MacBRIDE. S. *Voix Multiples Un Seul Monde. Communication et societé aujourd'hui et demain. Fondo de Cultura Econòmica*; *Unesco.* París, 1988.

MATTELART, A. *Un mundo vigilado.* Barcelona: Paidós, 2008.

McCHESNEY, R. *Corporate Media and the Threat to Democracy.* Nueva York: Seven Stories Press, 1997.

— *Rich Media, Poor Democracy.* Nueva York: The New Press, 1999.

— *The Political Economy of Media.* Nueva York: Monthly Review Press, 2008.

McCHESNEY, R. WATERMAN, R. *The political economy of international communications: foundation for the emerging global debate about media ownership and regulation.* Ginebra: United Nations Research Institute for Social Development, 2003.

MACKEY, M. *Media literacies: major themes in education.* Londres: Routledge, 2008.

McLUHAN, M. *The Gutenberg Galaxy.* Toronto: Toronto University of Toronto Press, 1963.

McNAIR, B. *Cultural Chaos: Journalism, News, and Power in a Globalised World.* Londres: Routledge, 2006.

McMAHON, C. "Why there is no issue between Habermas and Rawls", en *J. Philos*, núm. 99, 2002. Pp.11-29.

McQUAIL, D. *La acción de los medios. Los medios de comunicación y el interés público.* Buenos Aires: Amorrortu, 1998.

— *Introducción a la teoría de la comunicación de masas.* Barcelona: Paidós Ibérica, 1999.

McTAGGARTS, C. "Was the Internet ever neutral", en la *34th research conference on communication information and Internet policy*, Alejandría, VA, 2002.

MAJO, J. *Chips, cables i poder.* Barcelona: Planeta, 1997.

MANDELBAUM, M. *The Ideas that conquered the World.* Nueva York:

PublicAffairs, 2002.

MANSELL, R. (ed.). *Inside the Communication Revolution: Evolving Patterns of Social and Technical Interaction*. Oxford: Oxford University Press, 2002.

MARSDEN, T. C. *Co and Self-Regulation in European Media and Internet Sectors: The Results of University's Study*. Oxford: PCMLP, 2004.

MATTELART, A. *Historia de las teorías de la comunicación*. Barcelona: Paidós, 1997.

— *Historia de la Sociedad de la Información*. Barcelona: Paidós, 2007.

— *Un Mundo Vigilado*. Barcelona: Paidós, 2008.

MEIKLEJOHN, A. *Free speech and its relation to self-government*. Kennikat Press, 1948.

— *Political Freedom. The Constitutional Powers of the People*. Nueva York: Oxford University Press, 1965.

MERINO MERCHÁN, J. F; PÉREZ-UGENA, M. *Régimen de las telecomunicaciones*. Madrid: Tecnos, 1998.

MERRILL, J. C. *The Imperatives od Freedom*. Nueva York: Hastings House, 1974.

MESSERLIN, P.; SIWEK, S.; COCQ, E. *The Audiovisual Services Sector in the GATS Negotiations*. Washington: American Enterprise Institute Press, 2005.

MILTON, J. *Areopagitica: A speech of Mr. John Milton for the liberty of unlicensed printing to the Parliament of England*. Santa Bárbara: Bandana Books, 1992.

MINOW, N. N. *Equal Time The Private Broadcaster and the Public Interest*. Lawrence Laurent (ed.), 1964.

MITNICK, B. M. *The political Economy of Regulation: Creating, Designing, and Romoving Regulatory Forms*. Nueva York: Columbia University Press, 1980.

MONTERO PASCUAL, J. J. *Derecho de las Telecomunicaciones*. Valencia: Tirant lo Blanch, 2007.

MONTESQUIEU, CH. L. *L'esprit de lois*. París: Flammarion, 1999.

MORAGAS, M. DE. "Catalunya i el Nou Ordre Mundial de la Comunicació", en *Re-*

vista de Catalunya, núm. 2.

MORAGAS, M.; PARDO, E. *La televisió* pública a *l'Era Digital*. Barcelona: Pórtic, 2000.

MORA-FIGUEROA, B. *El mercado de la comunicación global*. Navarra: EUNSA, 2009.

MUÑOZ, M. *Tratado de derecho administrativo y de derecho público en general* (2ª ed.). Madrid: Iustel, 2006.

— *Servicio público y mercado. III La televisión*. Madrid: Civitas, 1998.

MOSCO, V. *The political economy of communication*. Londres: Sage, 1996.

NEGROPONTE, N. *Being Digital*. Nueva York: Random House, 1995.

NEUMAN, W. R. *The Future of the Mass Audience*. Cambridge: Cambridge University Press, 1991.

NOAM, E. M. "Digital Convergence and the Next cyber Trade-Wars", en *Communications and Strategies*, 2000.

— *Interconnecting the Wetwork of Networks*. Cambridge, MA: MIT Press, 2001.

— *Media Ownership and Concentration in America*. Oxford. Oxford University Press, 2009.

— "Regulation 3.0 for Telecom 3.0.", en *Telecommunications polity*, vol. 34, núm. 1-2, Feb. 2010. Pp. 4-10.

NORA, S.; MINC, A. *L'informatisation de la societé*. París: La Documentation francaise.

NORDENSTRENG, K; SCHILLER, H. I. (ed.). *Beyond National Sovereignty: International Communication in the 1990s*. Nueva Jersey: Ablex Publishing, 1993.

NORRIS, P. *Digital divide: Civic engagement, information poverty and the Internet worldwide*. Nueva York: Cambridge University Press, 2001.

NORRIS, P.; INGLEHARD, R. *Sacred and Secular: Religion and Politics Worldwide*. Cambridge: Cambridge University Press, 2004.

NUNZIATO, D. C. *Net neutrality and free speech in the Internet age*. California:

Stanford Law Books, 2009.

NYE, J.; DONAHUE, J. D.(ed.). *Governance in Globalizing World.* Washington: Brookings Institution, 2000.

OCDE. *Face aux futurs.* París: OCDE, 1979.

OCDE. *Information and Communication Technologies.* París: OCDE, 2007.

OCDE. *Globalization and Emerging Economies: Brazil, Russia, India, Indonesia, China and South Africa.* Paris: OCDE, 2009.

OFCOM. *Ofcom's strategy and priorities for the promotion ogmedia literacy: a statement.* Londres: OFCOM, 2004.

— *Review of public service television. Phase I, II, III.* Londres: OFCOM, 2004.

— *Communications. The next decade.* Londres: OFCOM, 2006.

— *Report of the Digital Britain Media Literacy Working Group.* Londres: OFCOM, 2009.

OLIVA, M. "Panoramica de l'educació en comunicació audiovisual", en Barcelona: *Quaderns del CAC*, núm. 25, 2007.

OREJA, M.; OREJA, M. "Hacia un espacio audiovisual europeo", en *Revista Cuenta y Razón*. Madrid: Fundes, 1989.

ORENES RUIA, J. C. *Libertad de información y proceso penal. Los límites.* Pamplona: Thompson Aranzadi, 2008.

ORGANIZACIÓN DE NACIONES UNIDAS. *Informe final de la fase de Ginebra de la Cumbre Mundial de la Sociedad de la Información.* Ginebra: Documento WSIS03/GENEVA/9 (Rev.1) -S, 12 de mayo de 2004.

O'SIOCHRU, S.; GIRARD, B.; MAHAN, A. *Global Media Governance. A Beginner's Guide.* Lanham (Md.): Rowman and Littlefield, 2002.

PADOVANI, C. *Debating Communication Imbalances: From the MacBride Report to the World Summit on the Information Society. An Application of exical-Content Analysis for a Critical Investigation of Historical Legacies.* Septiembre de 2004. www.ssrc.org/programs/itic/publications/knowledge_report/memos/

Padovanimmo4.pdf

PADOVANI, C.; TUZZI, A. "WSIS as a World of Words. What can we Say about so much Talking", en *Continuum. Journal of Media and Society*, vol. 18, núm. 3, 2004.

PAGLIN, M. *A Legislative History of The Communications Act of 1934*. Nueva York: Oxford University Press, 1989.

PALZER, C. *Co-Regulation of the Media in Europe: European Provisions for the Establishment of Co-Regulation Frameworks, IRIS plus 6/2002.*

PARLAMENT DE CATALUNYA. *Els valors del servei públic audiovisual en l'era de la liberalització*. Barcelona: Publicacions del Parlament de Catalunya, 2002.

PARSONS, T. *The System of Modern Societies*. Nueva Jersey: Prentice-Hall, 1971.

PASQUALI, A. *Comprender la comunicación*. Barcelona: Gedisa, 2007.

PEDERSEN, J. "Habermas and the Political Sciences: The Relationship between Theory and Practice", en *Philosophy of the Social Sciences. Sage*, vol. 39, núm. 3, septiembre de 2009. Pp. 381-407.

PETTIT, P. *Republicanism. A Theory of Freedom and Government*. Oxford: Oxford University Press, 1997.

PICARD, R. G. *The Press and the Decline of Democracy The Democratic Socialist Response in Public policy*. Wesport, CN: Greenwood Press, 1985.

— *The Economics and Financing of Media Companies*. Nueva York: Fordham University Press, 2002.

PICAR, R. G.; McCOMBS WINTER, J. P; LACY, S. *Press Concentration and Monopoly*. Norwood, NJ: Ablex, 1988.

PIGEAT, H. *Le Noveau Disordre Mondial de l'Information*. París: Hachette, 1987.

PIKE & FISCHER. *The Telecommunications Act of 1996: Law and legislative History*. Bethesda, MD: Pike Fischer, Inc., 1996.

THE ECONOMIST. *Emerging-Market Multinationals: The Challengers*, vol. 386, núm. 8562, Jan 12-18, 2008. Pp. 62-64.

The PIPA/ Knowledge Networks Poll. The American Public on Internacional Issues. *Misperceptions, the media and the Iraq war. October 2, 2003.* Principal Investigator Steven Kull(http: //www.pipa.org/OnlineReports/Iraq/IraqMedia_OctO3/Iraq-Media_Oct03_rpt. pdf).

POSNER, R. A. *The Crisis of Capitalist democracy.* Cambridge and London: Harvard University Press, 2010.

POSTMANN, N. *Amusing Ourselves to Death.* Nueva York: Penguin Books, 1985.

PRICE, M. E. "Free Expression and digital Dreams: the Open and Closed Terrain of Speech", en *Critical Inquiry*, vol. 22-1, 1996. Pp. 64 y ss.

— *Television, the Public Sphere and nation Identity.* Oxford: Clarendon Press, 1995.

— *Media and Sovereignty. The Global Information Revolution ans Its Challenge to State Power.* Cambridge: The MIT Press, 2002.

PRICE, M. E.; WEINBERG, J. "The Telecommunications Actof 1996 and US Media Ownership", en BARENDT, E. M. *The Yearbook of Media and Entertainment Law.* Nueva York: Clarendon Press, 1996. Pp. 61 y ss.

PORTER, M. *Competition in Global industrie.* Boston: Harvard Bussiness School Press, 1986

— *The Second Media Age.* Cambridge: Polity Press, 1995.

— *What's the Matter with the Internet.* Minneapolis: University of Minnesota Press, 2001.

POTTER, J. W. *Media Literacy.* Londres: Sage Editions, 2010.

QUADERNS del CAC, *monográfico sobre el 25 Aniversario del Informe McBride*, núm. 21. Enero-abril de 2005. CAC: Barcelona, 2005.

QUINN, S. "Better journalism or better profits? A key convergence issue in an age of concentrated ownership", en *Pacific Journalism review*, vol. 10, núm. 2. Pp. 111-129.

RAWLS, J. *Theory of Justice.* Cambridge: Harvard University Press, 1971.

— *Political Liberalism*. Nova York: Columbia University Press, 1993.

— *Reply to Habermas*. J. Philos, 1996.

— *Derecho de gentes*. Barcelona: Paidós, 2001 {1999}.

REVISTA CATALANA DE DRET PÚBLIC. *Monográfico "Les autoritats de regulació del'audiovisua"*, núm. 34. Barcelona, 2007.

RICE, D. E. (ed.). *Media Ownership: Research and Regulation*. Cresskill, NJ: Hampton Press, 2008.

RIFKIN, J. *La era del Acceso*. Barcelona: Paidós, 2000.

RISNER, J. *The Evolution of Universal Telephone Service: Its History, Issues, and Alternatives*. Londres: Lambert, 2010.

RIORDAN, M. H. *An Economist's Perspective on Universal Residential Telephone service*. Cambridge and London: MIT Press: 309-30, 2000.

ROBERSTON, R. *Globalization: Global theory and global culture*. Londres: Sage, 1992.

ROUSSEAU, J. J. *El contrato social*. Madrid: Tecnos, 2007.

RUIZ, C. *La agonía del cuarto poder*. Barcelona: Blanquerna, 2009.

SANCHEZ-TABERNERO, A. "THE FUTURE OF Media companies: Strategies for an Unpredictable World", en PICARD, R. G. (ed.) *Statregic Responses to Media Market Changes*. Jönköping International Bussiness School, 2004. Pp. 19-34.

SARTORI, G. *Homo Videns. La sociedad teledirigida*. Madrid: Taurus, 2002.

— *La democracia después del comunismo*. Madrid Alianza Editoria, 1993.

— *Partidos y sistemas de partidos*. Madrid: Alianza Editorial, 1992.

— *Ingeniería constitucional comparada*. México: Fondo de Cultura Económica, 1994.

SASSIA, S. *Territory, Authority, Rights: From Medieval to Global Assemblages*. Princeton: Princeton University Press, 2006.

SCHAUER, F. *Free Speech: A Philosophical Enquiry*. Cambridge: Cambridge University Press.

SCHILLER, D. *Digital Capitalism: Networking the Global Market System.* Cambridge, MA: MIT Press, 1999.

SCHILLER, H. I. *Mass Communication and American Empire.* Boulder: Westview Press, 1992.

SENDEN, L. *Soft law, self-regulation and co-regulation in European law: Where Do They Meet?.* Electronic Journal of Comparative, 2005.

SHAWCROSS, W. *Murdoch: the making of media empire.* Nueva York: Simon & Schuster, 1997.

SHEPERD, R. "Why Teach Media Literacy", en *Teach Magazine, Quadrant Educational Media services*, oct. -nov. Canadá: Toronto, 1993.

SHRIMALI, G. "Surplus extraction by network providers: Implications for net neutrality and innovation", en *Telecommunications Policy*, vol. 32-2008. Pp. 545-558.

SIEBERT; PETERSON; SCHRAMM. *Four Theories of Press.* Illinois: University of Illinois Press, 1963.

SIEYES. E. J. *Qu'est-ce que le Tiers* état. París: Editions du Boucher, 2002.

SILVERSTON, R. *Televisión y vida cotidiana.* Buenos Aires: Amorrortu, 1996.

SIMMONS, S. J. *The Fairness Doctrine and the Media.* Berkeley: University of California Press, 1978.

SINGH GREWAL, D. *Network Power. The Social Dynamics of Globalization.* Yale University Press, 2008.

SKYNNER, Q. *Liberty before Liberalism.* Cambridge: Cambridge University Press, 1998.

SKINER, D.; COMPTON, J. R.; GASHER, M. *Converging media, diverging politics: a political economy of news media in the United States and Canada.* Oxford: Lanham, Lexington Books, c2005.

STEHR, N. *Knowledge & Economic Conduct.* Toronto: University of Toronto Press, 2002.

STIGLITZ, J. E. *El malestar de la globalización*. Madrid: Taurus, 2002.

STONE, M.; BIERHOFF, J. "The satte of multimedia newsrooms in Europe", en *The European Multimedia landscape*. International Institute of Infoeconomics, European Center for Digital Communication, 2002.

STUART-MILL, J. *On Liberty*. Oxford: Rowman & Littlefield, c2005.

SUNSTEIN, C. S. "Television and The Public Interest", en *California Law Review*, núm. 88, 2000. Pp. 499 y ss.

SYMONIDES, J. "International implementation of cultural rights", en *Gazzette*, vol. 60, 1998.

TAP Staff. The Net Neutrality View. 9 Feb. 2010. http: //techpolicy.com/Blog/ February-2010/The-Net-Neutrality -View. aspx

THIERER, A. D. "Net neutrality: Digital discrimination or regulatory gamesmanship in cyberspace? ", en *Cato Institute Policy Analysis*, núm. 507, 2004.

— *Media Miths. Making sense of the Debate Over Media Ownership*. Washington: Progress & Freedom Foundation, 2005.

THOMPSON, J. B. *Los media y la modernidad*. Barcelona: Paidós, 1998.

TOFFLER, A. *El cambio de poder*. Barcelona: Plaza y Janer, 1990.

— *Future Shock*. Nueva York: Bantam, 1971.

TOCQUEVILLE, A. *La democracia en América*. Madrid: Alianza Editorial, 1993.

TÖNNIES, F. VON. *Community and Society*. New Brunswick, NJ: Transaction Books, 1988.

TORNOS MAS, J. *Las autoridades de regulación del audiovisual*. Madrid: Marcial Pons, 1999

TOURAINE, A. *La sociedad post-industrial*. Barcelona: Ariel, 1971{1969}.

TOYNBEE, A. *Lectures on the Industrial Revolution of the 18th Century*. Londres: Longmans, Green & Co, 1937.

TREMBLAY, G. "El Informe MacBride siempre de actualidad", en *Quaderns del*

CAC, 25 Aniversari de l'Informe McBride. Enero-abril de 2005. CAC: Barcelona, 2005.

TYNER, K. *Media Literacy: New Agendas in Communication*. Londres: Routledge, 2009.

UNESCO. *Trends in Audiovisual Markets; Regional perspectives from the South*. París: UNESCO, 2006.

UNESCO. *Conference Educating for the Media and the Digital Age*. París: UNESCO, 1999.

UNIÓN EUROPEA. http: //europa.eu/legislation_summaries/information_society/index_es.htm

UNIÓN EUROPEA. *Programa comunitari sobre l'estratègia de Lisboa*, 2005.

UNIÓN EUROPEA. *Final report: Co-Regulation Measures in the Media Sector. Study for the European Commission, Directorate Information society and Media Unit Al Audiovisual and Media Policies*. 2006. http: //ec.europa.eu/avpolicy/docs/library/studies/coregul/final_rep_en. pdf

VALENZUELA, E. "Religión con mando a distancia. Los telepredicadores", en *GEO*, núm. 12. Enero 1988. Pp. 26-30.

VANDERSANDEN, G. *L'Espace Audiovisuel Europeen*. Bruselas: Université de Bruxelles, 1991.

VAN CUILENBURG, J.; McQUAIL D. Media policy Paradigm Shifts: Towards a New Communication Policy Paradigm, en FERNÁNDEZ ALONSO, I.; MORAGAS I SPA. M. *Communication and Cultural Policies in Europe*. Barcelona: Colección Lexikon. Cátedra UNESCO de Comunicación. INCOM, 2008.

VAN KORNEGAY. "Media Convergence and the Neo-Dark Age", en GRANT, A. E.; WILKINSON J. S. (ed.) *Understanding Media Convergence. The state of the field*. Oxford: Oxford University Press, 2009.

VAN SCHEWICK, B. "Towards an Economic Framework for Network Neutrality Regulation", en *Journal on Telecommunications and High Technology Law*, vol. 5, 2007. Pp. 329-391.

VIDAL BENEYTO, J. (comp.). *La ventana global*. Madrid: Taurus, 2002.

VINCENT, R. C.; NORDENSTRENG, K.; TRABER, M. (ed.). *Towards Equity in Global Communication. MacBride Update*. Hampton Press: Cresskill, 1999.

VIPOND, M. "The Beginnings of Public Broadcasting in Canada: The CRBC, 1932-1936", en *Canadian Journal of Communication*, vol. 19, núm. 2, 1994.

VOLTAIRE. *Tratado sobre la tolerancia*. Madrid: Espasa Calpe, 2007.

WEBER, M. *L'ètica protestant i l'esperit del capitalisme*. Barcelona: Edicions 62, 1984.

WEBSTER, F. *Theories of the Information Society*. Londres: Routledge, 2002.

WILSON, E. J. *The Information Revolution and Developing Countries*. Cambridge, MA: MIT Press. 2004.

WILKINSON, J. S.; GRANT, A. E.; FISHER, D. J. *Principles of media convergence*. Nueva York: Oxford University Press, 2008.

WOLE, M. *The man who owns the news: inside the secret world of Rupert Murdoch*. Londres: Vintage, 2010.

WU, T. "Network neutrality, broadband discrimination", en *Journal of Telecommunications and High Technology Law 2*, 2003. P. 141.

WYVER, J. *The Moving Image: An International History of Film, Television & Radio. Basil Blackwell Ltd.* Londres, 1989.

YAN, Y. "State Power and Cultural Transition in Xina", en BERGER, P. L.; HUNTINGTON, S. P. *Many Globalizations*. Oxford: Oxford University Press, 2002. P. 42.

ZALLER, J. R. *The nature and Origins of Mass Opinion*. Nueva York: Cambridge University Press, 1992.

ZHANG, L. "Behind the Great Firewall: Decoding China›s Internet media policies from he inside", en *Convergence*: *The International Journal of Research into New Media Technologie*, vol. 12, núm. 3, 2006.

WEBS DE REFERENCIA

AGCOM: http: //www.agcom.it/

AUC: http: //www.auc.es/

AUTOCONTROL DE LA PUBLICIDAD: http: //www.autocontrol.es/

CAC: http: //www.cac.cat

CENTER FOR CITIZEN MEDIA: http: //citmedia.org

CENTER FOR MEDIA LITERACY: http: //www.medialit.com/about_cml.html#board

CMT: http: //www.cmt_ext/SelectOption.do

CMSI: http: //www.itu.int/wsis/index-es.html

COUNCIL OF EUROPE: www.coe.int

CSA: http: //www.csa.fr/

EAVI: http: //www.eavi.eu/

FCC: http: //www.fcc.gov/

FREE PRESS: http: //www.freepress.net

INTERNET GOVERNANCE FORUM: http: //www.intgovforum.org/cms/index.php/aboutigf

INTERNET SOCIETY: www.isoc.org

MIT Communications Forum: http: //web.mit.edu/comm-forum

NEW MEDIA STUDIES: http: //www.newmediastudies.com

OBSERVATORIO EUROPEO AUDIOVISUAL: http: //www.obs.coe.int/

OBSERVATORIO DE LA TELEVISIÓN INFANTIL: http: //www.oeti.org/noflash.html

OFCOM: http: //www.ofcom.org.uk/

OMC: http: //www.wto.org/spanish/thewto_s/whatis_s/whatis_s.htm

OXFORD INTERNET INSTITUTE: www.oii.ox.ac.uk

SECRETARÍA DE ESTADO DE TELECOMUNICACIONES: http: //www.mityc.es/telecomunicaciones/es-ES/paginas/index.aspx

TAC: http: //www.taconline.net/

UNESCO: http: //www.unesco.org/new/es/unesco/

http: //portal.unesco.org/culture

http: //www.europarl.europa.eu/sides/

UNIÓN EUROPEA: http: //ec.europa.eu/avpolicy/media_literacy/index_en.htm;

http: //www.eurunion.org/newsweb/euinmedia/vrwstnov162005.htm

http: //eur-lex.europa.eu

http: //ec.europa.eu/competition/state_aid/legislation/broadcasting_communication_se. pdf.

UNIÓN INTERNACIONAL DE TELECOMUNICACIONES: http: //www.itu.int

WIKIPEDIA: http: //www.wikipedia.org

WIKITEL: http: //es.wikitel.info/wiki/Portada

图书在版编目(CIP)数据

传播的未来:网络、媒体与权力 / (西) 约瑟夫·马里亚·卡博内尔著; 宋海莲,杜雯译. -- 北京: 中国传媒大学出版社, 2023.3
(欧洲新闻传播学名著译丛)
ISBN 978-7-5657-3396-3

Ⅰ.①传… Ⅱ.①约… ②宋… ③杜… Ⅲ.①传播学—研究 Ⅳ.①G206

中国国家版本馆 CIP 数据核字(2023)第 017644 号

El futuro de la comunicación:redes, medios y poder, Josep Maria Carbonell, Editorial UOC, 2012.
ISBN:978-84-9029-030-9
《传播的未来:网络、媒体与权力》,约瑟夫·马里亚·卡博内尔著,西班牙文版,UOC 出版社,2012。

北京市版权局著作权合同登记图字:01-2022-1647 号

传播的未来:网络、媒体与权力
CHUANBO DE WEILAI: WANGLUO、MEITI YU QUANLI

著　者	[西]约瑟夫·马里亚·卡博内尔
译　者	宋海莲　杜　雯
责任编辑	张　蕊　沈　悦
封面设计	拓美设计
责任印制	李志鹏

出版发行	中国传媒大学出版社		
社　址	北京市朝阳区定福庄东街 1 号	**邮　编**	100024
电　话	86-10-65450528　65450532	**传　真**	65779405
网　址	http://cucp.cuc.edu.cn		
经　销	全国新华书店		

印　刷	艺堂印刷(天津)有限公司
开　本	710mm×1000mm　1/16
印　张	16.75
字　数	224 千字
版　次	2023 年 3 月第 1 版
印　次	2023 年 3 月第 1 次印刷

书　号	ISBN 978-7-5657-3396-3/G·3396	**定　价**	85.00 元

本社法律顾问:北京嘉润律师事务所　郭建平